Politik und Wirtschaft verstehen

Nordrhein-Westfalen

5·6

Stefan Heck
Karl-Heinz Meyer
Dr. Jelko Peters
Heinz-Ulrich Wolf

Schroedel

Politik und Wirtschaft verstehen 5·6
Nordrhein-Westfalen

bearbeitet von
Stefan Heck, Karl-Heinz Meyer, Dr. Jelko Peters,
Heinz-Ulrich Wolf
in Zusammenarbeit mit der Verlagsredaktion

mit Beiträgen von
Alfons Brockhausen, Dr. Hans Jürgen Smula,
Reinhard Ziegler

Zu diesem Schülerband gibt es Lehrerhandreichungen
mit Kopiervorlagen, Bestell-Nr. 978-3-507-10881-3

© 2008 Bildungshaus Schulbuchverlage
Westermann Schroedel Diesterweg
Schöningh Winklers GmbH, Braunschweig
www.schroedel.de

Das Werk und seine Teile sind urheberrechtlich geschützt. Jede Nutzung in anderen als den gesetzlich zugelassenen Fällen bedarf der vorherigen schriftlichen Einwilligung des Verlages. Hinweis zu § 52a UrhG: Weder das Werk noch seine Teile dürfen ohne eine solche Einwilligung gescannt und in ein Netzwerk eingestellt werden. Dies gilt auch für Intranets von Schulen und sonstigen Bildungseinrichtungen.
Auf verschiedenen Seiten dieses Buches befinden sich Verweise (Links) auf Internet-Adressen. Haftungshinweis: Trotz sorgfältiger inhaltlicher Kontrolle wird die Haftung für die Inhalte der externen Seiten ausgeschlossen. Für den Inhalt dieser externen Seiten sind ausschließlich deren Betreiber verantwortlich. Sollten Sie bei dem angegebenen Inhalt des Anbieters dieser Seite auf kostenpflichtige, illegale oder anstößige Inhalte treffen, so bedauern wir dies ausdrücklich und bitten Sie, uns umgehend per E-Mail davon in Kenntnis zu setzen, damit beim Nachdruck der Verweis gelöscht wird.

Druck A [1] / Jahr 2008

Alle Drucke der Serie A sind im Unterricht parallel verwendbar.

Redaktion: form & inhalt verlagsservice Martin H. Bredol
Herstellung: Sabine Schmidt, Hannover
Umschlaggestaltung: Typocepta, Köln
Layout: Andrea Heissenberg
Illustrationen: H.-J. Feldhaus, Münster
Grafik: Langner & Partner, Hemmingen
Satz und Repro: O & S Satz GmbH, Hildesheim
Druck: westermann druck GmbH, Braunschweig

ISBN 978-3-507-**10880**-6

Inhaltsverzeichnis

Politik/Wirtschaft – ein neues Fach 7

Hinschauen, nachfragen, nachdenken 8
Kinder entdecken Politik und Wirtschaft 9
Kinder und Politik 10

Demokratie 11

Demokratie in der Schule 12
Die Klassengemeinschaft 12
Verhalten in der Klasse 14
Konflikte – und wie man sie lösen kann 16
Konflikte in der Schule 17
Streitschlichter 18
Methode: Gesetzestexte erschließen
Thema: Das Schulgesetz in
    Nordrhein-Westfalen 20
Wohin beim Klassenausflug? 22
Wer wird Klassensprecher
    oder Klassensprecherin? 24
Klassensprecherwahl – ein Fallbeispiel 25
Die Schülervertretung – das sind wir! 26
Das Patensystem 28
Das Wichtige in Kürze 29

Familie und Staat 30
Methode: Texte auswerten
Thema: Was dürfen Eltern,
    was dürfen sie nicht? 30
Elterliche Sorge 32
Staatlicher Schutz für Familien 33
Rechte und Pflichten 34
Jugendschutzgesetz 36
Das Wichtige in Kürze 38

Mitbestimmung in der Gemeinde 39
Methode: Fotostreifzug
Unsere Gemeinde / Unser Stadtteil 39
Eine Klasse macht Vorschläge 40
Methode: Expertenbefragung
Thema: Unsere Gemeinde 42
Entscheidung in der Gemeinde:
    Parkplatz oder Spielplatz 43

Der Gemeinderat wird gewählt 44
Nach der Wahl: Alltag einer Gemeinderätin ... 45
Demokratie in der Gemeinde 46
Engagement in der Gemeinde 48
Das Wichtige in Kürze 50
Zeige deine Kompetenzen! 51

Wirtschaft 53

**Bedürfnisse: Brauchen wir,
    was wir wollen?** 54
Was braucht ein Mensch? 54
Methode: Brainstorming
Thema: Welche Wünsche haben wir? 55
Bedürfnisse und Bedarf 56
Vielfalt der Bedürfnisse 58
Wie entstehen Bedürfnisse? 59
Methode: Karikaturen verstehen
Thema: Bedürfnisse 60
Güter dienen der Bedürfnisbefriedigung 61
Güterarten 62
Das Wichtige in Kürze 63

**Wirtschaftlich handeln –
    Einkäufe gut planen** 64
Fallbeispiel: Familie Nolte 64
Das ökonomische Prinzip 65
Wirtschaften will gelernt sein 66
Haushaltsbuch und Haushaltsplan 67
Erst informieren, dann kaufen 68
Methode: Befragung
Thema: Wie sich Erwachsene
    vor dem Kauf informieren 69
Sich über ein Produkt informieren 70
Methode: Internet-Recherche
Thema: Sich über Angebote informieren 71
„test" – eine Hilfe für Verbraucher 72
Verbraucherberatung 74
Methode: Erkundung im Internet
Thema: Verbraucherzentrale
    Nordrhein-Westfalen 75
Simulation einer Kaufentscheidung 76
Das Wichtige in Kürze 78

Überlegt einkaufen –
  Verkaufsstrategien durchschauen 79
Kinder und Jugendliche als Konsumenten 79
Kinder und Jugendliche:
  eine Zielgruppe für Werbung 80
Wie Marktforscher arbeiten 81
Werbung – warum denn? 82
Methode: Untersuchung von Werbung
Thema: Werbeanzeigen 83
Informative und suggestive Werbung 84
Methode: Simulation
Thema: Wir entwickeln Werbeideen 85
Product Placement und Sponsoring 86
Methode: Pro- und Kontra-Diskussion
Thema: Werbung – hilfreich oder nicht? 87
Verkaufsförderung im Supermarkt 88
Methode: Erkundung
Thema: Verkaufsstrategien im Supermarkt 89
Verkaufsgespräche 90
Methode: Rollenspiel
Thema: Käufer-Verkäufer-Gespräche 91
Das Wichtige in Kürze 92

Kaufen und bezahlen:
  Was man wissen sollte 93
Kaufvertrag: Abschluss, Rechte, Pflichten 93
Verbraucherrecht: Widerruf beim Kauf 95
Kaufvertrag mit Minderjährigen 96
Rechte des Käufers 97
Mangelhafte Ware – was tun? 98
Methode: Rollenspiel
Thema: Reklamation 99
Wie das Geld entstanden ist 100
Bargeldlose Zahlung 101
Das Wichtige in Kürze 102
Zeige deine Kompetenzen! 103

Ökologie 105

Unser täglicher Müll 106
Die Belastung der Umwelt 106
Ein gutes Umweltgewissen? 107
Der Abfallberg 108
Recycling – der ideale Stoffkreislauf 109
Das Duale System 110

Abfallentsorgung:
  ablagern oder verbrennen? 112
Müllexport 114
Bioabfall 116
Müllvermeidung 117
Aktionen für die Umwelt 118
Das Wichtige in Kürze 119

Wasser ist Leben 120
Der Kreislauf des Wassers 120
Methode: Grafiken und Statistiken auswerten
Thema: Wasserverbrauch –
  Wasserknappheit 121
Sauberes Wasser – für viele ein Traum 124
Methode: Internetrecherche
Thema: Trinkwasser- und Gewässerschutz 125
Klimawandel und Wasser 126
Das Wichtige in Kürze 127

Nachhaltiges Handeln 128
Was ist nachhaltiges Handeln? 128
Die umweltbewusste Schule 130
Der neue Fernseher 131
Gibt es umweltschonende Fernseher? 132
Der Umweltverbrauch bei der Herstellung
  eines Fernsehers 133
Woran erkenne ich umweltfreundliche
  Fernseher? 134
Wohin mit dem alten Fernseher? 135
Schulranzen im Ökotest 136
Methode: Ein Flugblatt verfassen
Thema: Sinnvoller Umgang mit Rohstoffen
  ist unsere Zukunft 137
Das Wichtige in Kürze 138
Zeige deine Kompetenzen! 139

Kinder weltweit 141

Wie Kinder leben 142
Kinderarmut in der Welt 142
Methode: Gruppenpuzzle
Thema: Kinderarmut in der Welt 143
Kinderarmut in Deutschland 144
Kinderarmut in Mittel- und Südamerika 146
Kinderarmut in Osteuropa und Asien 148
Kinderarmut in Afrika 150

Methode: Projekt
Thema: Kinder in aller Welt 152
Das Wichtige in Kürze 154

Kinderrechte 155
Kinderrechte sind Menschenrechte 155
Recht auf Überleben 156
Recht auf Schutz 157
Recht auf Entwicklung 158
Recht auf Mitbestimmung 159
Kinderarbeit – Beispiel Indien 160
Das Wichtige in Kürze 162

Spielzeug und gerechter Handel 163
Wo kommen unsere Spielwaren her? 163
Spielzeug aus China 164
Methode: Plakate gestalten
Thema: Fair Trade – gerechter Handel 166
Das Wichtige in Kürze 168
Zeige deine Kompetenzen! 169

Gesellschaft 171

Ich und die anderen 172
Jeder ist einzigartig 172
Wie sehe ich mich? 173
Fremdbestimmung – Selbstbestimmung 174
Freundschaft 176
Typisch Junge – typisch Mädchen? 177
Gruppen 178
Die Clique – Jugendliche unter sich 179
Ein Vorurteil – was ist das? 180
Vorurteile über Kinder und Jugendliche 181
Methode: Rollenspiel
Thema: Vorurteile 182
Das Wichtige in Kürze 183

Wer braucht besonderes Verständnis? 184
Menschen mit besonderen Problemen 184
Nichtsesshafte 185
Service für Senioren 186
Behinderte 188
In Nachbarschaft mit Moslems 190
Problem Integration 191
Russlanddeutsche 192
Straßenkinder in NRW 194
Das Wichtige in Kürze 195

Familie im Wandel 196
Bedeutung der Familie 196
Methode: Erstellen einer Mind Map
Thema: Was ist eine Familie 197
Familie – früher und heute 198
Allein erziehende Mütter und Väter 200
Gleichgeschlechtliche Partnerschaften 201
Aufgabenverteilung in der Familie 202
Konflikte in der Familie 203
Lösung von Familienkonflikten 204
Das Wichtige in Kürze 206
Zeige deine Kompetenzen! 207

Medien 209

Welche Medien gibt es? 210
Arten von Medien 210
Printmedien 212
3 x Information, 2 x Meinung 214
Wie kommt die Nachricht in die Zeitung? 215
Methode: Projekt
Thema: Eine Seite für die Schülerzeitung 216
Eine Nachrichtensendung entsteht:
    Beispiel Tagesschau 217
Fernsehen 218
Aufgaben der Medien 220
Das Wichtige in Kürze 221

Was bedeuten Medien für uns? 222
Methode: Selbsterkundung
Thema: Wir führen ein Medientagebuch 222
Fernsehserien 223
Meine Fernsehgewohnheiten 224
Medien beeinflussen uns 225
Fallbeispiel: Handy 226
Methode: Umfrage
Thema: Handy 227
Internetnutzung 228
Gefahren des Internets 229
Methode: Karikaturen-Rallye
Thema: „Neue Medien" 230
Das Wichtige in Kürze 231
Zeige deine Kompetenzen! 232

Stichwortverzeichnis / Begriffserklärungen 234
Bildquellenverzeichnis 239

Liebe Schülerinnen, liebe Schüler,

mit „Politik und Wirtschaft verstehen" haltet ihr ein modern gestaltetes Buch für den Unterricht im Fach Politik/Wirtschaft in Händen. Dieser Band für die Klassen 5 und 6 enthält sechs Hauptkapitel, in denen ihr wichtige Sachverhalte zu Politik, Wirtschaft und Recht erfahren und erarbeiten könnt.

Die Hauptkapitel sind in Kapitel unterteilt, die jeweils mit einer zusammenfassenden Seite „Das Wichtige in Kürze" enden. Diese Seite kann euch bei der Bearbeitung vieler Aufgaben helfen, sie eignet sich auch gut für eine Wiederholung des Stoffes. Die Seiten „Zeige deine Kompetenzen" am Schluss der Hauptkapitel bieten zudem die Möglichkeit, den eigenen Wissensstand zu überprüfen. Rätsel und Karikaturen sorgen dabei für Abwechselung.

Besonderes Augenmerk legt „Politik und Wirtschaft verstehen" auf methodenorientiertes Lernen. Auf blau unterlegten Seiten wird zu Rollenspielen, Erkundungen, Umfragen, Expertenbefragungen, Karikaturen-Rallyes und vielen weiteren interessanten Unterrichtsmethoden angeregt.

Am Ende des Buches findet ihr ein detailliertes Stichwortverzeichnis mit Seitenverweisen und Begriffserklärungen. Greift auf diese Seiten zurück, wann immer es euch hilfreich erscheint.

Wo dieses Zeichen steht, sind Aufgaben in einer bestimmten Form schriftlich zu beantworten. In das Buch dürft ihr auf keinen Fall schreiben! Deshalb müsst ihr die vorgegebenen Tabellen, Rätsel oder Übersichten auf ein Blatt übertragen oder das Arbeitsblatt benutzen, das euch eure Lehrerin oder euer Lehrer aushändigt.

Das Autorenteam

Politik/Wirtschaft – ein neues Fach

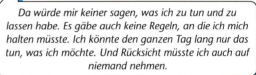

So wie Robinson allein auf einer einsamen Insel leben – das wäre toll!

Warum denn?

Da würde mir keiner sagen, was ich zu tun und zu lassen habe. Es gäbe auch keine Regeln, an die ich mich halten müsste. Ich könnte den ganzen Tag lang nur das tun, was ich möchte. Und Rücksicht müsste ich auch auf niemand nehmen.

Robinson war Schiffbrüchiger und musste allein auf der Insel leben, weil sein Schiff gesunken war. Üblicherweise lebt ein Mensch aber nicht allein. Er hat eine Familie, lebt in einer Gemeinde, in einem Land. Er ist Teil einer Gemeinschaft, in der es auch gemeinschaftliche Interessen gibt.

Aber wenn mehrere Menschen zusammen sind, dann gibt es doch oft Streit. Das ist in unserem Fußballverein zum Beispiel jedes Mal der Fall, wenn es um die Mannschaftsaufstellung geht.

Und was macht ihr dann? Wie löst ihr den Konflikt?

Manchmal gehen wir zum Trainer. Der sagt dann aber immer, wir sollten uns an die gemeinsam vereinbarten Regeln halten.

So ähnlich läuft das auch in größeren Gemeinschaften, wie zum Beispiel unserer Gemeinde. Auch hier gibt es in vielen Angelegenheiten unterschiedliche Meinungen. Kinder und Jugendliche haben andere Vorstellungen als Erwachsene. Und selbst die Erwachsenen untereinander sehen die Dinge oft ganz unterschiedlich und geraten sich in die Haare. Deshalb muss man in einer Gemeinschaft regeln, wie bei Konflikten verfahren werden soll. Eine Gemeinschaft benötigt also Regeln, Robinson brauchte auf seiner Insel keine.

Im Fußballverein sprechen wir im Training über die Regeln. Wie aber erfährt man von den Regeln, die für eine Gemeinschaft gelten?

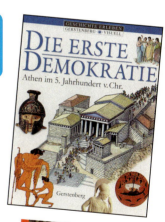

Zum Beispiel in der Schule im Fach Politik/Wirtschaft. Dieses Fach beschäftigt sich mit vielen Fragen, die die Gemeinschaft und das Zusammenleben der Menschen betreffen. Die besonderen Probleme von Kindern werden ebenso angesprochen, wie die Probleme in der Gemeinde und im Land. Ihr könnt dort auch erfahren, wie man diese Probleme zu lösen versucht und welche Regeln dabei gelten. Da wir in einer demokratischen Gesellschaft leben, bestimmt nicht eine einzelne Person, sondern die Gemeinschaft. – Und außerdem gibt es auch Bücher zu diesem Thema.

❶ Besprecht, bei welchen Gelegenheiten ihr euch an Regeln halten müsst.
❷ Regeln in Politik und Wirtschaft: Beschreibt Zusammenhänge, die euch dazu einfallen.
❸ Was erwartet ihr von dem neuen Fach? Sammelt eure Hinweise.
❹ Kennst du eines der beiden oder andere Bücher zum Thema? Welches würdest du lesen? Erkläre.

▶ Hinschauen, nachfragen, nachdenken

In jeder Innenstadt findet man „das Wirtschaftliche" – es ist dort vorhanden als öffentliches Wirtschafts- und Marktgeschehen mit zahlreichen Menschen. Auf der einen Seite sind es Käufer, die nach ganz bestimmten Waren suchen und diese kaufen. Auf der anderen Seite gibt es die unterschiedlichsten Unternehmen, die ihre Waren anbieten. Jede City präsentiert sich dem bummelnden Publikum als Zentrum für „das Wirtschaftliche" mit vielerlei konkurrierenden Angeboten und mit reichlich Werbung.

Und auch „das Politische" zeigt sich dort vielgestaltig – mit Plakaten und in Parolen, an Informationsständen und bei Menschen, die Flyer und Prospekte mit politischen Botschaften verteilen. Manchmal sieht man den Menschen „das Politische" sogar an. Es ist mit Händen zu greifen, wenn Kleidung oder Verhalten als politische Botschaften eingesetzt werden und so wirken sollen.
Es sind aber nicht nur die Personen, Gruppen oder Organisationen, die direkt um Beachtung ihrer ganz unterschiedlichen Anliegen werben. Auch Auslagen in Buchläden und an Zeitungskiosken verweisen auf Politik und Wirtschaft und zeigen Beziehungen dieser Bereiche untereinander.

Und auch der Staat zeigt sich direkt und deutlich; er will Sicherheit garantieren – unaufdringlich haben Ordnungshüter einen wachen Blick darauf, dass sich die Bürger an die Gesetze halten. Gesetze, die von den Vertretern aller Bürger beschlossen worden sind, regeln beispielsweise die Öffnungszeiten der Geschäfte. Sie garantieren aber auch Rechte: So ist im Grundgesetz u. a. festgeschrieben, dass alle Menschen vor dem Gesetz gleich sind und jeder seine Meinung frei äußern darf.

Neben dem Alltag in der Öffentlichkeit gibt es das Alltagsleben in der Schule, in der Familie und in der Gemeinde, also an der Grenze zwischen Privatheit und Öffentlichkeit. Und auch hier findet „Politik" statt, wie wir sehen werden.

❶ Zeige für jedes Foto auf, welche Hinweise es auf „die Politik" und auf „die Wirtschaft" gibt.
❷ Notiere auf zwei Karteikarten je einen Begriff zur Politik und einen zur Wirtschaft.
❸ Sammelt alle Karteikarten ein, befestigt sie an der Pinnwand in eurer Klasse und tauscht eure Eindrücke aus.

Kinder entdecken Politik und Wirtschaft

Politik leitet sich vom griechischen Wort *polis* ab. Im alten Griechenland hießen die Stadtstaaten *polis*; das waren Städte, die sich selbst verwalteten und eine eigene Regierung besaßen. Schon der griechische Philosoph Aristoteles (384–322 v. Chr.) bezeichnete den Menschen als ein politisches Wesen *(zoon politikon)*. Damit wollte er sagen, dass kein Mensch für sich allein leben könne; der Mensch sei von Natur aus auf die Gemeinschaft angewiesen, er brauche andere Menschen und das Leben in der Gruppe, um überleben zu können; ohne ein Miteinander sei menschliches Leben auf Dauer nicht möglich. „Die Politik" will dieses Miteinander regeln. Politik hängt also mit allem zusammen, was Menschen tun. Sie will ihr Zusammenleben ermöglichen und vielleicht auch erleichtern.

1 Politik ist die Festlegung von Zielen und Grundwerten, um eine Gemeinschaft oder Gesellschaft zu gestalten. Solche Grundsätze sind zum Beispiel:
Die Würde des Menschen ist unantastbar.
Und auch:
Jeder hat das Recht auf die freie Entfaltung seiner Persönlichkeit.

2 Die Politik muss Regeln für das Zusammenleben entwickeln – und manchmal auch verändern und erneuern. Alle müssen sich an die Regeln halten. Die Regeln werden in Form von Gesetzen beschlossen und aufgeschrieben. Es geht aber auch darum, wer wofür zuständig ist und wer wo mitentscheiden darf. Die Politik regelt die Verteilung öffentlicher Aufgaben und gibt Rahmenbedingungen für die Wirtschaft vor. So muss sich auch die Wirtschaft an Regeln halten, die von der Politik festgesetzt werden.

3 Politik und Wirtschaft haben mit den unterschiedlichen Interessen von Menschen zu tun. Jede Gruppe, z. B. auch eine Partei oder ein Unternehmen, versucht bestimmte Ziele durchzusetzen. In der Politik wird um Macht und Einfluss gestritten, in der Wirtschaft um Märkte und um Gewinne.

4 Oberstes Ziel der Politik muss es sein, dafür zu sorgen, dass das Zusammenleben der Menschen in einem Land friedlich, frei und in Sicherheit erfolgt. Dabei muss die Politik – zusammen mit der Wirtschaft – auf das Wohl aller bedacht sein. Wie das aber zu bewerkstelligen ist, ist meistens umstritten.

❶ Erkläre anhand von Beispielen, warum kein Mensch allein leben kann.
❷ Berichte, was du aus den vier Kurztexten über „die Politik" und über „die Wirtschaft" erfährst.
❸ In jedem Foto stecken Informationen aus der Politik und/oder aus der Wirtschaft. Beschreibe die vier Fotos und suche nach Politischem bzw. nach Wirtschaftlichem.

Kinder und Politik

Wählen dürft ihr nicht, dennoch habt ihr Rechte
Nur wenn ihr sie kennt, nützen sie euch / Wir nennen Ansprechpartner

(mako) Ihr dürft noch nicht wählen, und die meisten von euch dürfen noch nicht einmal in den Bundestag, wenn sich dort die Politiker streiten. Denn Besucher müssen mindestens 15 Jahre alt sein. Viele Kinder haben den Eindruck, als hätten sie nichts zu sagen, auch wenn es um ihre eigenen Interessen geht. Trotzdem habt natürlich auch ihr Rechte. Aber die nützen euch nur, wenn ihr sie auch kennt.

Die Vereinten Nationen, also der Zusammenschluss aller Länder dieser Welt, haben vor fünfeinhalb Jahren die Rechte der Kinder festgelegt. Das entsprechende Papier heißt Kinderrechtskonvention. Das ist eine Sammlung von allen Rechten der Kinder, die auf der ganzen Welt gelten sollen.

Was steht drin? Zum Beispiel: Kein Kind darf benachteiligt werden. Kinder haben das Recht, dass ihre Privatsphäre geachtet wird. Sie haben das Recht, bei allen Fragen mitzubestimmen, die sie betreffen. Es muss ihnen ermöglicht werden, zu lernen und eine Ausbildung abzuschließen. Sie müssen vor Gewalt, Misshandlung und Ausbeutung besonders geschützt werden. Und sie haben ein Recht darauf, gesund und ohne Not zu leiden, aufzuwachsen.

Politiker, die für Kinder zuständig sind, haben zusammen mit der ZDF-Kindersendung „Logo" ein kleines Buch geschrieben, in dem alle Rechte verständlich erklärt werden. Wenn ihr glaubt, dass jemand gegen eure Rechte verstößt, könnt ihr euch darüber beim Bundestag beschweren. Dort kümmert sich die Kinderkommission. Der könnt ihr einen Brief oder eine E-Mail schreiben:

Deutscher Bundestag, Kinderkommission, Platz der Republik 1, 11011 Berlin. Internet: www.bundestag.de/interakt/kinder. Die Broschüre über die Kinderrechte könnt ihr bestellen beim: Bundesministerium für Familie, Senioren, Frauen und Jugend. Broschürenabteilung, 11018 Berlin. Sie kostet nichts.

(www.westfalenpost.de/kinderpost)

1. *Was meinst du zu den Aussagen in den Sprechblasen?*
2. *Weiter hinten im Buch (S. 155) erfahrt ihr mehr über die Kinderrechte und über die Kinderrechtskonvention der Vereinten Nationen (United Nations = UN). Überlegt, weshalb die UN Rechte für Kinder weltweit festgeschrieben haben und diese überall verbindlich machen wollen?*

Demokratie

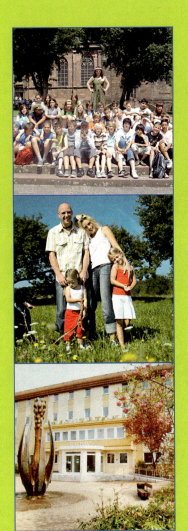

Ein zufriedenstellendes Schulleben und eine gute Klassengemeinschaft sind fürs Wohlbefinden und für den angestrebten Lernerfolg wichtig. Deshalb ist es notwendig, dass Schülerinnen und Schüler miteinander auskommen. Jeder muss wisen, was er tun darf und was nicht; man muss seine Möglichkeiten und die Grenzen kennen. Damit das Zusammenleben in der Klasse und in der Schule funktioniert, sind Regeln notwendig, wie Schule funktionieren soll, wie Entscheidungen getroffen und wie Konflikte gelöst werden sollen.

Wie in der Schule, so sind auch das Zusammenleben in der Familie und das Miteinander in der Gemeinde nicht nur von Gewohnheiten, sondern von Regeln und Normen geprägt. In Schule, Familie und Gemeinde zeigt sich Demokratie in ganz praktischer Art und Weise. Das folgende Kapitel geht auf solche Fragen ein:

- Nach welchen Regeln funktioniert „meine" Gruppe – in der Schule, als Familie, in meiner Gemeinde?
- Was ist für das alltägliche Miteinander und für vernünftiges Zusammenleben wichtig? Wie können Konflikte vermieden werden? Wie werden Konflikte gelöst?
- Welche Möglichkeiten haben Schülerinnen und Schüler, ihre Interessen zu vertreten? Welche Rolle spielt dabei die SV?
- Welche Rechte und welche Pflichten haben Kinder? Wie können sie das Alltagsleben in Schule, Familie und Gemeinde mitgestalten?

▶ Die Klassengemeinschaft

Susanne: Herr Baumann hat einfach gesagt, ich wäre ab jetzt die Verantwortliche für das Klassenbuch. Warum muss gerade ich mich darum kümmern? Die anderen tun gar nichts!

Timo: Eigentlich finde ich die Klasse okay. Mir gefällt aber nicht, dass ich neben Alan sitzen muss. Ich würde lieber neben Patrick sitzen. Mit dem verstehe ich mich viel besser als mit Alan.

Michael: Gruppenarbeit finde ich blöd. Immer, wenn wir als Gruppe etwas machen sollen, geht der Streit los. Franco tut gar nichts und Dominik spielt sich als der große King auf, der alles besser weiß.

Claudia: Melanie, Yvonne und Daniela – die drei denken wohl, sie sind die Tollsten. Ständig hängen sie in den Pausen zusammen, tuscheln über die anderen und giften sie an.

Mirko: In unserer Klasse gibt es oft Streit. Ich wäre lieber in der 5c, die haben schon einen Klassenausflug gemacht. Wir seien viel zu undiszipliniert für so etwas, sagt Frau Rath, unsere Lehrerin.

Mona: Ich bin froh, dass ich neben Claudia sitze, wir sind richtig gute Freundinnen. Einige Mädchen in der Klasse schneiden mich, die sind neidisch, dass ich bessere Noten als sie habe.

Unser Klassenporträt

Jede Schülerin und jeder Schüler eurer Klasse bringt zunächst ein Porträtfoto mit in den Unterricht.

Dann klebt jede Schülerin und jeder Schüler sein Foto in die Mitte eines größeren Blattes und zeichnet um das Foto herum Sprechblasen. In diese Sprechblasen schreibt jeder hinein, was er den anderen über sich selbst mitteilen möchte, zum Beispiel:

– Hobby
– Lieblingsbücher
– Lieblingsfilme
– Erwartungen an die Klasse
– …

Zum Schluss werden alle Blätter unter der Überschrift „Unsere Klasse" auf einem langen Streifen Packpapier aufgeklebt und im Klassenzimmer ausgehängt. So habt ihr ein Klassenporträt, auf dem sich jede Schülerin und jeder Schüler vorstellt.

Demokratie in der Schule — 13

Diese Aussage finde ich … Mädchen ○ Junge ○	falsch	eher falsch als richtig	eher richtig als falsch	richtig
1. Die Klasse hat kaum einen Zusammenhalt.				
2. An Diskussionen im Unterricht nehmen immer nur wenige Schülerinnen und Schüler teil.				
3. Wenn die Lehrerin oder der Lehrer nicht in der Klasse ist, geht es drunter und drüber.				
4. Es gibt mehrere Schülerinnen und Schüler bei uns, die immer die Antwort zuerst geben wollen.				
5. Hier in der Klasse kümmert sich keiner um den anderen.				
6. In dieser Klasse werden von den Schülerinnen und Schülern oft Vorschläge zur Verbesserung des Unterrichts gemacht.				
7. In dieser Klasse kann man viel lernen.				
8. In unserer Klasse herrscht ein guter Klassengeist, also ein Gefühl der Zusammengehörigkeit.				
9. Ein Teil der Klasse träumt im Unterricht meistens vor sich hin.				
10. In dieser Klasse dauert es lange, bis man Freunde findet.				
11. Einige Schülerinnen und Schüler unserer Klasse sieht man in den Pausen oft allein.				
12. Im Unterricht arbeitet fast immer die gesamte Klasse mit.				
13. Noten spielen bei uns in der Klasse eine große Rolle.				
14. Viele Schülerinnen und Schüler der Klasse sind miteinander befreundet.				
15. In dieser Klasse sieht jeder in seinem Mitschüler oder seiner Mitschülerin einen Gegner oder eine Gegnerin.				
16. In unserer Klasse wurde schon öfter etwas zusammen geplant und unternommen.				

Wie ist unsere Klasse?
Die Tabelle enthält Aussagen zum Verhalten von Schülerinnen und Schülern in der Klasse. Benutze das Arbeitsblatt oder übertrage die Tabelle auf ein Blatt Papier. Es reicht auch aus, von jeder Aussage nur die Nummer zu notieren. Beurteile dann diese Aussagen. Gib auf dem Blatt keinen Namen an. So kann jeder ehrlich das ankreuzen, was für ihn zutrifft. Lediglich durch ein „J" oder „M" könnt ihr festhalten, ob die Bewertung von einem Jungen oder von einem Mädchen stammt. Wenn ihr alle Bewertungen an der Tafel zusammenfasst, lässt sich erkennen, ob es in eurer Klasse Probleme gibt. Erstellt die Zusammenfassung an der Tafel in Form von Strichlisten. Unterscheidet dabei farblich zwischen den Angaben von Jungen und Mädchen. So erkennt ihr, ob die Jungen und Mädchen bestimmte Punkte unterschiedlich beurteilen.

❶ *In jeder Klasse kann es Probleme geben. Welche werden in den Äußerungen der Schülerinnen und Schüler auf Seite 12 deutlich?*
❷ *Macht Vorschläge, wie man diese Probleme lösen könnte.*
❸ *Erstellt in eurer Klasse ein „Klassenporträt".*
❹ *Zur Tabelle: Geht vor, wie im Kasten beschrieben. Besprecht dann anhand der Ergebnisse, ob es in eurer Klasse Probleme gibt und wie sie möglicherweise abgebaut werden können.*

Verhalten in der Klasse

Situation 1

Vanessa will sich an ihren Gruppentisch setzen, allerdings fehlt ein Stuhl. Am benachbarten Gruppentisch ist ein Stuhl noch nicht besetzt.

A Vanessa nimmt sich den Stuhl und sagt: „He, Leute, den brauche ich!"
B Vanessa wendet sich an die am Gruppentisch Sitzenden: „Hallo, Tom, hallo, Denise! Kann ich den Stuhl nehmen? Anne fehlt heute, da braucht ihr ihn doch nicht – oder?"
C Vanessa zieht den Stuhl wortlos zu sich herüber.

Situation 2

Kathi braucht zum Unterstreichen einen Rotstift, hat aber keinen dabei. Sie sagt zu ihrer Nachbarin:

A „Hast du einen Rotstift für mich?"
B „Christina, ich habe keinen Rotstift, möchte aber schnell etwas unterstreichen. Gibst du mir deinen, bitte?"
C „He, her mit dem Rotstift!"

Situation 3

Wladimir will hinten im Klassenzimmer zwischen dem Bücherregal und einem Gruppentisch durchgehen. An der engen Stelle blättert Florian gerade in einem Buch. Wladimir sagt:

A „Aus dem Weg!"
B „Florian, lässt du mich bitte mal durch?"
C „Hallo, Florian, Platz machen!"

STICHWÖRTER

IN DER PAUSE

MITEINANDER REDEN

WENN ES STREIT GIBT

UMGANG MIT SACHEN

IN DER GRUPPE

Wenn Menschen zusammenleben und zusammenarbeiten, kann nicht jeder machen, was er will. Deshalb muss verabredet werden, wie man sich in bestimmten Situationen verhalten soll. Solche Regeln sind auch in der Schule wichtig.

Eine Klassenordnung enthält Regeln für das Verhalten der Schülerinnen und Schüler einer Klasse untereinander und während des Unterrichts. Klassenordnungen können unterschiedlich sein, denn es kommt darauf an, was Lehrer und Schüler einer bestimmten Klasse verabredet haben – oft nur mündlich, manchmal auch schriftlich.

UNSERE KLASSENORDNUNG

– Wenn eine Schülerin oder ein Schüler Geburtstag hat …
– Am Morgen beginnt der Unterricht damit, dass …
– Wer die Hausaufgaben nicht erledigt hat, der …
– Am Ende des Unterrichts …
– Das Abwischen der Tafel …
– Kommt eine Schülerin oder ein Schüler zu spät zum Unterricht …
– Betritt während des Unterrichts eine andere Person das Klassenzimmer …
– Unter den Bänken …
– An die Wände im Klassenzimmer …
– Muss eine Schülerin oder ein Schüler während des Unterrichts auf die Toilette …
– In den Pausen soll im Klassenzimmer …
– Wenn eine Schülerin oder ein Schüler einen anderen beschimpft …
– Gesprochen werden darf während der Stillarbeit …
– Essen und Trinken …
– Für die Ordnung im Klassenzimmer …
– Jacken, Anoraks und andere Kleidungsstücke …
– Die Pflanzen im Klassenzimmer …
– Herumrennen im Klassenzimmer …
– Wer im Unterricht etwas sagen will …
– Die Fenster dürfen …

Unsere Klassenordnung

1. _____
2. _____
3. _____
4. _____
5. _____
6. _____
7. _____
8. _____
9. _____
10. _____

Diskussion der Klassenordnung

❶ Entscheide für jede der drei Situationen, welche der angegebenen Möglichkeiten du jeweils für die beste hältst. Begründe deine Auswahl.
❷ Entwickelt aus den Stichwörtern Regeln für gutes Verhalten in der Klasse.
❸ Formuliert aus den Satzanfängen eine Klassenordnung, die für euch gelten soll. Überlegt dabei: Welche Regelungen würdet ihr weglassen, welche noch hinzufügen?

Konflikte – und wie man sie lösen kann

Konflikt

In der Klasse 5a des Goethe-Gymnasiums ist die Mathe-Klassenarbeit voll im Gange. Niklas, in der Klasse bekannt als guter Mathematiker, merkt, wie sein Nachbar Florian ständig zu ihm herüberschielt und bei ihm abschreibt.
Niklas mag das eigentlich nicht. Denn er meint: Abschreiben ist nicht ehrlich. Er sieht auch nicht ein, dass Abschreiber fast gleich gute Noten haben wie diejenigen, die es wirklich können und für die Klassenarbeit viel lernen.
Außerdem: Florian hat in Sport immer ein „sehr gut", Niklas selbst immer nur „ausreichend" oder „mangelhaft". Da kann Florian ihm auch nicht helfen. Aber dann möchte Niklas seinen Vorsprung in Mathematik behalten, auch um die schlechte Sport-Note ausgleichen zu können.
Wenn Partnerarbeit angesagt ist, arbeiten sie schon gut zusammen. Aber Klassenarbeiten sind etwas anderes, auch wenn viele in der Klasse der Meinung sind, man soll abschreiben lassen.
Nach der Klassenarbeit will Niklas mit Florian darüber reden, dass Abschreiben bei der Klassenarbeit nicht in Ordnung ist.

Gespräch

1. Anfang
Niklas: Hallo, Florian. Ich habe vorhin bemerkt, wie du die ganze Zeit bei mir abgeschrieben hast.
Florian: Ist das schlimm? Das machen doch viele.
Niklas: Ich finde das nicht fair. Im Sport kann ich nämlich bei dir auch nicht abschreiben.
Florian: Im Sport geht's halt nicht.
Niklas: Ja, da hast du schon Recht. Aber deshalb muss ich in Fächern wie Mathe ausgleichen, sonst geht's ungerecht zu.
Florian: Ach, so siehst du das?
Niklas: …

2. Anfang
Niklas: Glaubst du, ich würde in Mathe so viel lernen, damit du dann bei mir abschreiben kannst?
Florian: Blödes Geschwätz. Man wird wohl noch abschreiben dürfen, wenn der Lehrer nichts merkt.
Niklas: Du bist ein richtiger Schmarotzer: Nichts lernen, und dann abschreiben!
Florian: So kann nur ein Streber wie du daherreden.
Niklas: …

10 Regeln zur Vermeidung oder Lösung von Konflikten

1. Nimm den andern ernst und höre ihm wirklich zu!
2. Sage, was du empfindest und was du für eine Meinung hast! Tue nicht so, als ob nur du Recht haben kannst!
3. Begründe deine Meinung, mache dabei nicht den anderen persönlich schlecht!
4. Stelle den andern nicht als den Dummen oder Bösen hin! Gehe davon aus oder hoffe, dass auch er den Konflikt vermeiden oder eine Lösung finden will!
5. Beschreibe auch das Verbindende, nicht nur das Trennende! So kannst du am besten überzeugen.
6. Wende dich gegen Unrecht! Nimm aber auch einmal einen „Gegenstoß" hin, ohne gleich gekränkt zu sein!
7. Scheue die Auseinandersetzung nicht, bleibe aber ruhig und sachlich!
8. Wenn der andere unfair wird, ist Humor oft die beste Entgegnung.
9. Wenn du einen eigenen Irrtum einsiehst, dann scheue dich nicht, ihn zuzugeben!
10. Unterlasse auch persönliche Angriffe gegen Dritte, die sich nicht wehren können. Mache sie nicht lächerlich! Setze sie nicht herab, um selbst als der Größte erscheinen zu können!

❶ Bei welchem der beiden Gesprächsanfänge wurden die „10 Regeln zur Vermeidung oder Lösung von Konflikten" beachtet, bei welchem nicht? Schreibe zu dem Anfang, bei dem die Regeln beachtet wurden, eine Fortsetzung.

Konflikte in der Schule

Schulgesetz für das Land Nordrhein-Westfalen
§ 2 Bildungs- und Erziehungsauftrag der Schule
[...]
(5) Die Schülerinnen und Schüler sollen insbesondere lernen
1. selbstständig und eigenverantwortlich zu handeln,
2. für sich und gemeinsam mit anderen zu lernen und Leistungen zu erbringen,
3. die eigene Meinung zu vertreten und die Meinung anderer zu achten,
4. in religiösen und wertanschaulichen Fragen persönliche Entscheidungen zu treffen und Verständnis und Toleranz gegenüber den Entscheidungen anderer zu entwickeln,
5. die grundlegenden Normen des Grundgesetzes und der Landesverfassung zu verstehen und für die Demokratie einzutreten,
6. die eigene Wahrnehmungs-, Empfindungs- und Ausdrucksfähigkeit sowie musisch-künstlerische Fähigkeiten zu entfalten,
7. Freude an der Bewegung und am gemeinsamen Sport zu entwickeln, sich gesund zu ernähren und gesund zu leben,
8. mit Medien verantwortungsbewusst und sicher umzugehen
(6) [...]

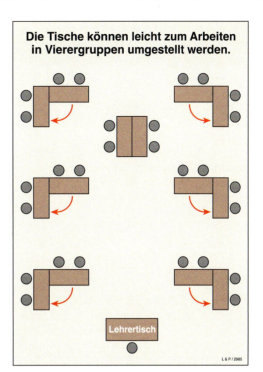

Vorschlag für eine Sitzordnung von Erziehungswissenschaftler Prof. Heinz Klippert

Richard Burscheid, Klassenlehrer: Zettel aus dem Kummerkasten meiner Klasse

1 In unserer Klasse gibt's ja neben uns fünfzehn Mädchen auch zehn Jungen. Einige von ihnen finde ich ganz übel, weil sie mich betatschen, kneifen, schlagen und dann auch doch meinen, wir passten zusammen! Ich halte es nicht länger aus! Was soll ich bloß machen?

2 Ich habe Angst in die Schule zu gehen. Ein paar Jungen machen mir Angst. Ich gehe ihnen zwar aus dem Weg, aber sie kommen immer und bedrohen mich. Ich weiß gar nicht, was ich machen soll. Ich möchte nicht mehr in die Schule gehen. Sie haben einmal zu mir gesagt, wenn sie mich auf der Straße sehen, dann verprügeln sie mich! Darauf bin ich während der ganzen Sommerferien zu Hause geblieben, bin einfach nicht mehr raus gegangen. Was soll ich machen?

3 In unserer gemischten Jungen-Mädchen-Klasse gibt es ja zwei Gruppen, die in den Pausen auch immer zusammen herumstehen. Ich gehöre zu der Gruppe, aus der einige schon mal rauchen, frech zu den Lehrern sind und auch schon mal klauen; aber ich finde die Gruppe cool. Die andere Gruppe ist irgendwie weniger cool und so brav. Die nehmen auch die Schule, die Eltern viel ernster. Ich finde es aber trotzdem doof, dass wir fast nie mit der anderen Gruppe sprechen. Ich fühle mich irgendwie nicht gut dabei. Es ist doch albern, wenn die einen auf die andern herunterblicken. Was soll ich tun?

❶ Erstellt eine Liste der Ziele, die den Schulen in NRW vorgegeben sind.
❷ Prüft und diskutiert, ob und wie die vorgeschlagene Sitzordnung von Heinz Klippert eine Hilfe sein kann, die Ziele von § 2 zu erreichen.
❸ Besprecht die Kummerkasten-Zettel im Gruppengespräch: Wie ließen sich eurer Meinung nach die Fälle lösen?

Streitschlichter

Auszüge aus einem Gespräch mit einem Streitschlichter und einer Streitschlichterin

Ruben und Ann-Sophie

Ann-Sophie und Ruben – ihr beide seid Streitschlichter. Wie wird man das denn?

Wir sind von unserer Beratungslehrerin angesprochen worden. Sie hat erklärt, worum es bei der Streitschlichtung geht. Dann hat sie gefragt, wer dabei mitmachen will. Da haben wir uns gemeldet.

Wir haben dann mit der Sozialarbeiterin eine Schulung gemacht. Da haben wir erfahren, wie man ein Schlichtungsgespräch führt und eine Lösung finden kann.

Wie läuft eine Streitschlichtung ab?

Eine Streitschlichtung läuft ungefähr so ab: Aus irgendeinem Grund bekommen zwei Schüler Streit miteinander. Sie wenden sich dann an uns Streitschlichter und wir machen mit ihnen einen Termin für ein Treffen aus.

Wenn wir uns dann mit den beiden Streithähnen treffen, erklären wir zuerst die Regeln. Und dass es das Ziel der Schlichtung ist, dass beide mit dem Ausgang zufrieden sind. Es gibt also weder Gewinner noch Verlierer.

Dann kann jeder der Streitenden erzählen, wie er den Fall sieht. Wichtig ist, dass dabei keiner den anderen unterbrechen darf. Wir Streitschlichter stellen nur Fragen, wenn wir etwas nicht verstanden haben.

Danach fordern wir beide auf, Vorschläge zur Lösung des Konflikts aufzuschreiben. Dabei soll jeder auch notieren, was er selbst zu tun bereit ist.

Und wie kommt man dann zu einer Lösung?

Das ist das Schwierigste. Wir vergleichen die Lösungsvorschläge und versuchen dabei, das Gespräch so zu führen, dass beide Seiten sich am Ende auf eine gemeinsame Lösung einigen.

Demokratie in der Schule

Gibt es auch eine Kontrolle, ob die Schlichtung erfolgreich war?

Ja. Wir machen einen Termin aus – vielleicht eine oder zwei Wochen später – und dann fragen wir, ob sich beide an die Vereinbarung gehalten haben.

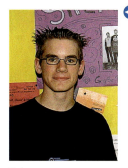

Ruben

Welche Arten von Streitereien können denn von euch geschlichtet werden?

Wir können uns nur mit kleineren Streitereien des Schulalltags befassen. Größere Streitereien, Gewalt, kriminelle Sachen oder Ähnliches gehören nicht in die Schülerschlichtung.

Ann-Sophie

1 Marcel regt sich auf, weil Adina in sein Deutschheft gezeichnet hat.

2 Nicole ist wütend auf Herrn Rückert. Sie findet, dessen Note im Englisch-Test sei ungerecht.

3 Andreas fordert von Jan zwei Euro. Sonst bekomme er von ihm nach dem Unterricht Prügel.

4 Marc versteckt in den Pausen immer wieder Dinge von Anette, zum Beispiel ihr Stifteetui. Darüber regt sich Anette ziemlich auf.

5 Katharina streitet sich mit Sonja. Sie glaubt, Sonja habe den Brief, den sie von Benjamin erhalten hat, laut vor allen in der Klasse vorgelesen.

6 Zwischen deutschen und ausländischen Schülern gibt es Ärger. Vor dem Unterricht kam es zu einer Schlägerei. Dabei wurde Eldin das Nasenbein gebrochen.

Streitschlichtung: Streitschlichter und Streithähne an einem Tisch

❶ Gibt es an eurer Schule Streitschlichter? Was wisst ihr über deren Arbeit?
❷ Welche der sechs Fälle sind für eine Streitschlichtung durch Schüler geeignet, welche nicht? Begründe.
❸ Streitschlichtung durch Schüler – wie ist deine Meinung dazu?

Methode: Gesetzestexte erschließen

Thema: Das Schulgesetz in Nordrhein-Westfalen

Einen längeren Text zu verstehen, ist nicht immer leicht. Durchlesen allein reicht nicht, um den Inhalt zu verstehen. Besonders schwierig sind Gesetzestexte, weil darin Fachbegriffe und juristische Wendungen vorkommen. Diese muss man ggf. in einem Wörterbuch nachschlagen und in die Alltagssprache „übersetzen", ohne dabei den Text zu verfälschen. Gesetzestexte werden üblicherweise auf ein und dieselbe Art und Weise präsentiert. Diese Darstellungsweise muss man kennen und mit ihren Einzelheiten vertraut sein, wenn man sich anschließend auf den Inhalt des Gesetzestextes konzentrieren möchte.

Hier wird das **Thema** bzw. der **Gegenstand** benannt.
Man erfährt das offizielle **Kürzel**, das **Erstellungsdatum** und die **Fundstelle** für das Gesetz. Damit ist auch klar, dass es sich hier um den **Originaltext** handelt und zwar um einen **Auszug** – nicht um das ganze **Gesetz**, denn am Ende steht ein Auslassungszeichen!

Jedes Gesetz ist in **Paragrafen** und weiter in **Absätze** und **Sätze** gegliedert.
Man liest zum Beispiel diese Textstelle dann so vor: „Paragraf eins, Absatz zwei, zweiter Satz". Will man aus einem Gesetz zitieren, verwendet man Abkürzungen:
§ steht für einen bestimmten Paragrafen,
§§ steht für mehrere Paragrafen,
(2) für den zweiten Absatz,

Die **Fundstelle** wird ganz am Ende angegeben. Zitiert man aus dem **Internet**, gibt man die **Adresse** der besuchten Seite und außerdem den **Tag des Zugriffs** an – das ist wichtig, weil sich Internet-Seiten häufig und schnell ändern.

Land Nordrhein-Westfalen (Schulgesetz NRW – SchulG)
Vom 15. Februar 2005
(GV. NRW. S. 102)
zuletzt geändert durch Gesetz vom 27. Juni 2006
(GV. NRW. S. 278)

§ 1 Recht auf Bildung, Erziehung und individuelle Förderung
(1) Jeder junge Mensch hat ohne Rücksicht auf seine wirtschaftliche Lage und Herkunft und sein Geschlecht ein Recht auf schulische Bildung, Erziehung und individuelle Förderung. Dieses Recht wird nach Maßgabe dieses Gesetzes gewährleistet.
(2) Die Fähigkeiten und Neigungen des jungen Menschen sowie der Wille der Eltern bestimmen seinen Bildungsweg. Der Zugang zur schulischen Bildung steht jeder Schülerin und jedem Schüler nach Lernbereitschaft und Leistungsfähigkeit offen.
[...]

(www.schulministerium.nrw.de/ Schulgesetz; Zugriff am 10. Januar 2008)

Was steht im Text?

Es ist egal, woher der junge Mensch stammt, ob aus einem reichen oder aus einem armen Haushalt,

ob aus einer alteingesessenen oder aus einer zugewanderten Familie,

ob er Junge oder Mädchen ist:

Jeder hat ein Recht auf persönliche Förderung!

Drei Faktoren bestimmen z. B. über die Anmeldung des „jungen Menschen" in Klasse 5 eines Gymnasiums:

– die nachgewiesene Leistung,
– die Wünsche des jungen Menschen,
– sowie der Wille der Eltern.

Die drei Pünktchen in Klammern sind ein **Auslassungszeichen**. Sie zeigen, dass hier bewusst Text weggelassen worden ist.

Schulgesetz NRW
§ 2 Bildungs- und Erziehungsauftrag der Schule
(1) Die Schule unterrichtet und erzieht junge Menschen auf der Grundlage des Grundgesetzes und der Landesverfassung.
[...]
(4) Die Schule vermittelt [...] Kenntnisse, Fähigkeiten, Fertigkeiten und Werthaltungen und berücksichtigt dabei die individuellen Voraussetzungen der Schülerinnen und Schüler. Sie fördert die Entfaltung der Person, die Selbstständigkeit ihrer Entscheidungen und Handlungen und das Verantwortungsbewusstsein für das Gemeinwohl, die Natur und die Umwelt. Schülerinnen und Schüler werden befähigt, verantwortlich am sozialen, gesellschaftlichen, wirtschaftlichen, beruflichen, kulturellen und politischen Leben teilzunehmen und ihr eigenes Leben zu gestalten. Schülerinnen und Schüler werden in der Regel gemeinsam unterrichtet und erzogen (Koedukation).
[...]
(6) Die Schule wahrt Offenheit und Toleranz gegenüber den unterschiedlichen religiösen, weltanschaulichen und politischen Überzeugungen und Wertvorstellungen. Sie achtet den Grundsatz der Gleichberechtigung der Geschlechter und wirkt auf die Beseitigung bestehender Nachteile hin. Sie vermeidet alles, was die Empfindungen anders Denkender verletzen könnte. Schülerinnen und Schüler dürfen nicht einseitig beeinflusst werden.
[...]
(10) Die Schule fördert die Integration von Schülerinnen und Schülern, deren Muttersprache nicht Deutsch ist, durch Angebote zum Erwerb der deutschen Sprache. Dabei achtet und fördert sie die ethnische, kulturelle und sprachliche Identität (Muttersprache) dieser Schülerinnen und Schüler. Sie sollen gemeinsam mit allen anderen Schülerinnen und Schülern unterrichtet und zu den gleichen Abschlüssen geführt werden.
[...]

§ 42 Allgemeine Rechte und Pflichten aus dem Schulverhältnis
(1) Die Aufnahme der Schülerin oder des Schülers in eine öffentliche Schule begründet ein öffentlich-rechtliches Schulverhältnis. Aus ihm ergeben sich für alle Beteiligten Rechte und Pflichten. Dies erfordert ihre vertrauensvolle Zusammenarbeit.
(2) Schülerinnen und Schüler haben das Recht, im Rahmen dieses Gesetzes an der Gestaltung der Bildungs- und Erziehungsarbeit der Schule mitzuwirken und ihre Interessen wahrzunehmen. Sie sind ihrem Alter entsprechend über die Unterrichtsplanung zu informieren und an der Gestaltung des Unterrichts und sonstiger schulischer Veranstaltungen zu beteiligen.
(3) Schülerinnen und Schüler haben die Pflicht daran mitzuarbeiten, dass die Aufgabe der Schule erfüllt und das Bildungsziel erreicht werden kann. Sie sind insbesondere verpflichtet, sich auf den Unterricht vorzubereiten, sich aktiv daran zu beteiligen, die erforderlichen Arbeiten anzufertigen und die Hausaufgaben zu erledigen. Sie haben die Schulordnung einzuhalten und die Anordnungen der Lehrerinnen und Lehrer, der Schulleitung und anderer dazu befugter Personen zu befolgen.
[...]

(www.schulministerium.nrw.de/Schulgesetz; Zugriff am 10. Januar 2008)

❶ *Untersuche § 2 und § 42 genauer: Arbeite die Inhalte heraus und notiere.*
Die folgenden Anregungen helfen dir:
  – Die Schule soll vielerlei leisten. Zähle auf und gib Beispiele an.
  – Jede Schülerin und jeder Schüler hat nicht nur Rechte, sondern auch Pflichten – und
    alle müssen friedlich und ohne Gewalt miteinander umgehen. Erstelle eine Liste.
  – Schülerinnen und Schüler müssen durch ihre Mitarbeit und durch ihr Verhalten zum
    Erfolg von Unterricht und Schule beitragen. Notiere, was zu tun ist.

▶ Wohin beim Klassenausflug?

Die 5a besteht aus 28 Schülerinnen und Schülern – 15 Mädchen und 13 Jungen. Klassenlehrer ist Herr Käuper, der mit seiner Klasse ganz zufrieden ist. Als er der Klasse für den Monat Juni einen Ausflug ankündigt, sind alle begeistert. Auf seine Frage, wohin es denn gehen soll, melden sich viele zu Wort.

Denise: Ich bin dafür, dass wir eine Burg besichtigen. Im Fernsehen läuft gerade die Serie „Alte Burgen". Das ist sehr interessant.

Sebastian: Burgen sind langweilig. Ich will lieber Action! Am besten wir machen eine Wanderung zu einem Freibad und da bleiben wir dann.

Nicole: Freibad? Und vorher noch wandern? Das ist ja wie Sportunterricht. Warum fahren wir nicht nach Wattenscheid? Da können wir zusammen ins Kino gehen.

Dirk: Kino? Das ist doch kein Klassenausflug! Das kann ich auch mit meinen Eltern machen.

Boris: Du vielleicht – ich nicht! Meine Eltern gehen nie ins Kino. Ich finde, ein Kinobesuch mit der ganzen Klasse ist eine prima Idee.

Udo: Die Kinovorstellungen sind aber erst am Nachmittag. Und was machen wir bis dahin?

Nicole: Das ist doch kein Problem. Wir können uns die Läden anschauen und Eis essen gehen.

Yvonne: Läden anschauen? So was Blödes! Da finde ich Sebastians Vorschlag mit dem Freibad viel besser. Das macht wenigstens Spaß!

Jan: Ich bin für die Burg.

Mirko (laut): Ich will ins Freibad!

Julia (lauter): Nein, nach Wattenscheid!

Herr Käuper: Halt, halt – wenn alle schreien, wird das nichts. Jetzt müssen wir zuerst einmal überlegen, wie die Frage nach dem Ausflugziel entschieden werden soll.

Nicole: Herr Käuper soll das entscheiden. Als Klassenlehrer weiß er das doch am besten. Er muss den Ausflug ja auch organisieren.

Timo: Das ist doch ganz einfach: Wir stimmen ab! Jeder hat eine Stimme. Wir machen dann das, wofür es die meisten Stimmen gibt. Die anderen müssen sich damit eben abfinden.

Demokratie in der Schule 23

Andreas

Andreas: Abstimmung nach Mehrheit? Wir sind 28 – wenn dann 11 für das Freibad sind, 9 fürs Kino und 8 für die Burg, dann haben 11 die Entscheidung getroffen. Aber 17 sind überstimmt worden. Wenn wir abstimmen, müsste wirklich die Mehrheit der Klasse für ein Ziel sein – mindestens also 15.

Das ist zwar die Mehrheit, aber wenn 13 mit dem Ziel unzufrieden sind, dann wäre das nicht gut. Abstimmung ja, aber es sollten mindestens 19 Stimmen für einen Vorschlag sein, damit die Entscheidung dann auch überzeugend ausfällt.

Sabrina

Laura: So eine Abstimmung bringt bloß Streit in die Klasse. Nachher giften sich alle gegenseitig an, nur weil ihr Ziel nicht gewonnen hat. Ich finde, das Ausflugziel sollten die Klassensprecherin und ihr Stellvertreter mit Herrn Käuper ausmachen. Wozu haben wir sie denn als unsere ständigen Vertreter gewählt?

Laura

Mathias

Matthias: Abstimmen? Ich weiß nicht. Eigentlich möchte ich auf die Burg. Aber Sebastian, Mirko und die anderen wollen ins Freibad. Wenn die sehen, dass ich für die Burg stimme, dann fallen die nachher bestimmt über mich her.

Sabrina: Es sollten doch möglichst viele mit dem Ausflugziel einverstanden sein. Bei einer Abstimmung kann es 15 gegen 13 ausgehen.

Herr Käuper: Nicole und Laura haben zwei Entscheidungswege vorgeschlagen, bei denen nicht abgestimmt wird und Mehrheiten keine Rolle spielen. Dann haben zuerst Timo, dann Andreas und danach Sabrina je einen Vorschlag für ein Abstimmverfahren gemacht. Wir müssen uns jetzt auf ein Entscheidungsverfahren verständigen …

Bei 28 Stimmberechtigten in einer Klasse kann eine „Mehrheit" beispielsweise so aussehen:

Einfache Mehrheit	Absolute Mehrheit	Zweidrittelmehrheit
9 Ja-Stimmen	15 Ja-Stimmen	19 Ja-Stimmen
8 Nein-Stimmen	13 Nein-Stimmen	9 Nein-Stimmen
11 Enthaltungen		
oder:	oder:	oder:
2 Ja-Stimmen	15 Ja-Stimmen	19 Ja-Stimmen
1 Nein-Stimmen	1 Nein-Stimmen	1 Nein-Stimmen
25 Enthaltungen	12 Enthaltungen	8 Enthaltungen
oder:	oder:	oder:
1 Ja-Stimmen	15 Ja-Stimmen	19 Ja-Stimmen
27 Enthaltungen	13 Enthaltungen	9 Enthaltungen

❶ *Die Auffassungen darüber, auf welchem Wege man zu einem Ziel für den Ausflugstag kommen sollte, gehen in der Klasse 5a weit auseinander. Notiert alle Verfahrensvorschläge in einer Tabelle an der Tafel.*
❷ *Sammelt Argumente für jeden Verfahrensvorschlag; nehmt auch Gegenargumente in die Tabelle auf.*
❸ *Diskutiert die Argumente in der Klasse. Dann entscheidet in eurer Klasse, wie ihr verfahren würdet.*
❹ *Überlegt einen Vorschlag, wie man Matthias helfen kann.*

Wer wird Klassensprecher oder Klassensprecherin?

Was heißt das denn: „Der Klassensprecher vertritt die Interessen der Schüler?" – Soll ich mich etwa für die anderen mit Frau Baumann anlegen und mit ihr herumstreiten? Dann bekomme ich am Ende schlechte Noten – und die anderen lachen sich eins ins Fäustchen.

Ich werde mich aufstellen lassen, auch wenn ich nicht weiß, ob ich gewählt werde. Wenn jeder nur „nein" sagt, gibt es am Ende gar keine Auswahl. Und bei einer Wahl zu verlieren, das ist doch nichts Schlimmes.

Wenn die mich als Kandidat vorschlagen, lasse ich mich streichen. Wäre doch peinlich, wenn ich bei der Wahl nur wenige Stimmen bekommen würde. Petra würde sich dann sicher über mich lustig machen.

Ich will nicht Klassensprecherin werden. Warum denn gerade ich? Wenn ich gewählt werde, müsste ich auch zu den Sitzungen der Schülervertretung, vielleicht sogar in der Freizeit. Nein danke – ohne mich.

Mir würde es Spaß machen, Klassensprecherin zu sein. Ich kann gut reden. Und ich setze mich auch gerne für andere ein.

Ich finde es gut, dass es einen Klassensprecher oder eine Klassensprecherin gibt. Die können etwas für uns erreichen. Es ist doch wichtig, dass jemand den Lehrern sagt, was die Klasse will oder was ihr nicht passt.

❶ Sprecht in euren Tischgruppen über die Ansichten der Schülerinnen und Schüler. Welche entsprechen eurer Meinung, welche nicht?

Klassensprecherwahl – ein Fallbeispiel

Bei der Klassensprecherwahl kann nach folgendem „Regelwerk für Wahlen" verfahren werden:

§ 1 Bestimmung des Wahltermins.
§ 2 Einladung zur Wahl, wobei der Gewählte des Vorjahres zur Wahl einlädt. Einer förmlichen – also schriftlichen – Einladung bedarf es nicht.
§ 3 Wahlleiter ist der Einladende.
§ 4 Abstimmungsverfahren: offen oder geheim mit Stimmzetteln?
§ 5 Gestaltung des Stimmzettels
§ 6 Auszählverfahren: Zählen nur Ja- und Nein-Stimmen oder auch Enthaltungen? Wer gilt mit wie viel Stimmen als gewählt, also: Welcher Mehrheitsbegriff soll gelten?
§ 7 Bekanntgabe des ausgezählten Wahlergebnisses durch den Wahlleiter.
§ 8 Aufbewahrung der Stimmzettel: zwei Wochen beim Wahlleiter.
§ 9 Einspruch gegen das Wahlergebnis: nur innerhalb einer Frist von zwei Wochen.
§ 10 Zu wählende Personen: Sprecher(in) und sein(e)/ihr(e) Vertreter.
§ 11 Protokollführung: nicht der Wahlleiter, sondern eine andere Person.
§ 12 Inhalt des Wahlprotokolls: Angaben zu Wahlzeitpunkt, Zahl der Stimmberechtigten, Namen der Kandidaten für das jeweilige Amt, ausgezähltes Wahlergebnis und Festlegung, ob der/die Gewählte(n) das Amt angenommen hat/haben, sowie Unterschriften aller Gewählten.
§ 13 Amtsdauer: jeweils bis (Schul-) Jahresende.
§ 14 Vertretung im Schülerrat der Schule: Automatische Mitgliedschaft des Klassensprechers bzw. der Klassensprecherin
§ 15 Wiederwahl: ist möglich.
§ 16 Abwahl: ist möglich mit Zweidrittelmehrheit der Mitglieder bei gleichzeitige Wahl eines Nachfolgers mit Zweidrittelmehrheit.

Stimmzettel

für die Klassensprecherwahl der Klasse 5 a

◯ Sabrina   ◯ Boris

◯ Jan   ◯ Julia

◯ Nicole   ◯ ENTHALTUNG

❶ *Untersucht das „Regelwerk für Wahlen", das nur ein Vorschlag ist. Welche Regeln sind für die Schule sinnvoll, welche sind eurer Meinung nach unnötig?*
❷ *Worin zeigt sich „das Demokratische" dieses Regelwerks?*
❸ *Erstellt eigene Regeln für die Wahl des Klassensprechers bzw. der Klassensprecherin eurer Klasse. Nutzt den abgedruckten Stimmzettel-Vorschlag. Weist nach, dass eure Regeln demokratisch sind.*

Die Schülervertretung – das sind wir!

Schülerinnen und Schüler haben in Nordrhein-Westfalen das Recht, sich als Schülervertretung (SV) im Rahmen der Schule zu organisieren. Nicht nur den einzelnen Schülerinnen und Schülern werden zahlreiche Rechte gewährt, auch der Schülervertretung wird Mitverantwortung übertragen. So soll die SV einerseits die Interessen aller Schülerinnen und Schüler der Schule vertreten, andererseits aber auch Aufgaben übernehmen und Verpflichtungen im Rahmen des Schulalltags erfüllen. Der Paragraf 74 im Schulgesetz für Nordrhein-Westfalen regelt die Einzelheiten.

Schulgesetz in Nordrhein-Westfalen § 74 Schülervertretung

(1) Die Schülervertretung nimmt die Interessen der Schülerinnen und Schüler wahr. [...]

(2) Die Schülerinnen und Schüler der Klasse, des Kurses und der Jahrgangsstufe wirken in ihrem Bereich an der Bildungs- und Erziehungsarbeit mit. Sie wählen von der fünften Klasse an ihre Sprecherinnen und Sprecher und deren Stellvertretungen. Die Schülerschaft der Vollzeitschulen kann im Monat [...] eine Stunde während der allgemeinen Unterrichtszeit für Angelegenheiten der Schülervertretung (SV-Stunde) in Anspruch nehmen.

(3) Der Schülerrat vertritt alle Schülerinnen und Schüler der Schule; er kann Anträge an die Schulkonferenz richten. Mitglieder des Schülerrats sind die Sprecherinnen und Sprecher der Klassen und Jahrgangsstufen sowie mit beratender Stimme deren Stellvertretungen. [...] Der Schülerrat wählt eine Vorsitzende oder einen Vorsitzenden (Schülersprecherin oder Schülersprecher) und bis zu drei Stellvertretungen. [...]

(4) Der Schülerrat kann im Benehmen mit der Schulleiterin oder dem Schulleiter eine Versammlung aller Schülerinnen und Schüler (Schülerversammlung) einberufen. Die Schülerversammlung lässt sich über wichtige Angelegenheiten der Schule (von der Schulleiterin oder dem Schulleiter) unterrichten und berät darüber. [...]

(6) Schülerinnen und Schüler dürfen wegen ihrer Tätigkeit in den Mitwirkungsgremien weder bevorzugt noch benachteiligt werden. Auf Antrag ist die Tätigkeit im Zeugnis zu vermerken.

(7) Verbindungslehrerinnen und Verbindungslehrer unterstützen die Arbeit der Schülervertretung. [...]

(8) Schülervertretungen können auf örtlicher oder überörtlicher Ebene zusammenwirken und ihre Interessen gegenüber Schulträger und Schulaufsicht vertreten.

(www.schulministerium.nrw.de/Schulgesetz; Zugriff am 10. Januar 2008)

Luan

Schade, dass wir keine gemeinsame Weihnachtsfeier an unserer Schule machen. Wir haben auch keinen Weihnachtsbasar. Das wäre doch eine Sache, um die sich unsere SV mal kümmern könnte!

Anna-Louisa

Unsere Schule ist eine bunte Schule – ich zum Beispiel komme aus dem Kosovo. Es gibt hier Jungen aus Angola, aus dem Irak und aus Marokko. Und einige Mädchen kommen aus Sri Lanka und andere aus dem Irak. Und einige sind Russlanddeutsche. Aber man kennt die Länder der Mitschüler gar nicht richtig: Wir haben keinen „Ländertag"! An solch einem Ländertag könnten wir gruppenweise alle Heimatländer erkunden und uns gegenseitig vorstellen. Das könnte doch die SV organisieren!

Christoph

Ich fände es gut, wenn unsere SV erreichen würde, dass an unserer Schule mehr Sportturniere stattfinden.

Demokratie in der Schule | 27

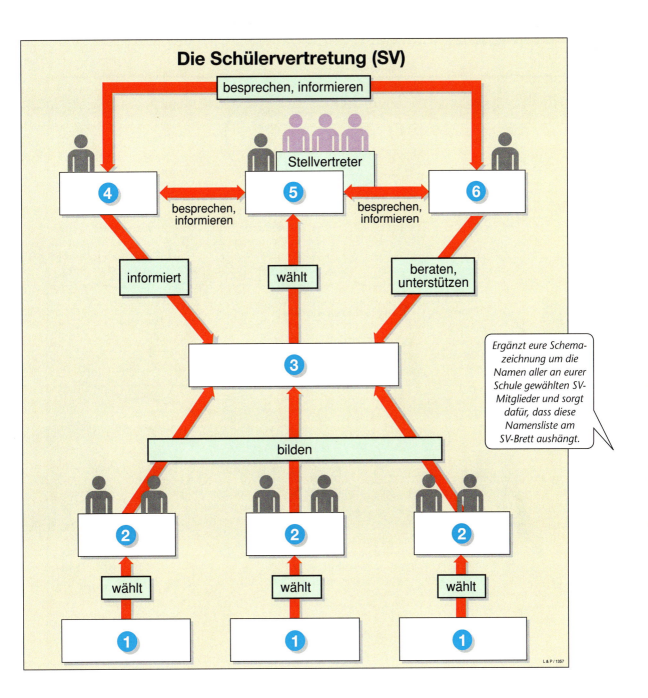

1. Arbeitet aus dem Schulgesetz (§74) heraus, auf welche Weise die Wahl der Schülervertretung abläuft. Erstellt selbst eine Schemazeichnung, die zeigt, wie die SV aufgebaut ist und wie sie arbeitet; vergleicht mit der obigen Übersicht. Tragt dann die blau unterlegten Begriffe in eure Übersicht ein.
2. Erörtert, was Christoph, Anna-Louisa und Luan konkret dafür tun müssen, dass ihre Vorschläge umgesetzt werden.
3. Ladet eure Schülersprecherin bzw. euren Schülersprecher zu einem Gespräch über die SV und die SV-Arbeit an eurer Schule und über die Rolle der Verbindungslehrer in den Politik-Unterricht ein.

Das Patensystem

1. Welche Aufgaben, die sich die Schüler vorstellen, werden die Paten übernehmen, welche wohl nicht?
2. Besprecht, was ihr von eurem Paten erwartet. Welche Gründe könnte ein Pate haben, diese Aufgabe zu übernehmen?
3. Findet heraus, ob es an eurer Schule auch Paten gibt. Falls ja, informiert euch über eure Paten.

Das Wichtige in Kürze

Zusammenleben mit Regeln in der Schule

In der Familie ist ein Kind heutzutage oft Einzelkind oder es hat nur ein Geschwisterteil. Anders in der Schule: Hier muss man lernen, mit vielen anderen Kindern auszukommen. In eine Klasse gehen Schülerinnen und Schüler mit unterschiedlichen Erwartungen, Fähigkeiten und Voraussetzungen. Trotz der Unterschiede sollen alle miteinander auskommen und eine Gemeinschaft bilden. Das funktioniert nur mithilfe von Regeln, die eingehalten werden.

Umgangsformen und Konfliktverhalten

Für ein zufrieden stellendes Zusammenleben ist gutes Benehmen wichtig. Es schafft in der Klasse eine gute Atmosphäre. Schon dadurch können viele Konflikte vermieden werden. Gewalt als Mittel zur Lösung von Konflikten ist in Schule, Familie und Öffentlichkeit geächtet.

Entscheidungen treffen mit Mehrheitsentscheidungen

In einer Gemeinschaft müssen immer wieder Entscheidungen getroffen werden. Am häufigsten ist die Mehrheitsentscheidung. Es kann aber auch sein, dass einer allein oder eine kleinere Gruppe für die anderen entscheidet. Zumeist entscheidet die Mehrheit. Wichtig ist zu wissen, dass es höchst unterschiedliche Mehrheiten gibt, dass das Entscheidungsverfahren vorher verabredet werden muss und dass es der Sache angemessen sein muss.

Streitschlichter

Streitschlichter vermitteln zwischen Streitenden. Sie helfen jüngeren Schülerinnen und Schülern, Streitursachen festzustellen und den Willen zum Ausgleich zu entwickeln; sie helfen, Konflikte in Gesprächen zu regeln, statt Gewalt anzuwenden; ihre Vorschläge zur Verständigung helfen bei der Vermittlung.

Schülervertretung und Klassensprecher

Durch die Schülervertretung (SV) sollen die Schülerinnen und Schüler an der Verwirklichung der Bildungs- und Erziehungsziele mitwirken. Gewählte Klassensprecherinnen und Klassensprecher und die SV setzen sich für Schülerinteressen ein und können selbst gestellte Aufgaben in eigener Verantwortung erledigen. Ab Klasse 5 wählt die Schülerschaft einer Klasse den Klassensprecher bzw. die Klassensprecherin und einen Stellvertreter oder eine Stellvertreterin. Alle Klassensprecher und deren Stellvertreter bilden den Schülerrat einer Schule. Der Schülerrat ist für alle Fragen der Schülermitverantwortung zuständig, die die gesamte Schule betreffen. Der Schülerrat wählt den Schülersprecher bzw. die Schülersprecherin und einen Stellvertreter oder eine Stellvertreterin. Der Schülersprecher oder die Schülersprecherin leitet den Schülerrat und vertritt die Interessen aller Schüler der Schule.

Verbindungslehrer und Patensystem

In vielen Schulen gibt es Verbindungslehrer und ein Patensystem. Paten sind ältere Schülerinnen und Schüler, die den neuen Schülerinnen und Schülern den Übergang von der Grundschule in die weiterführende Schule erleichtern sollen. Die Paten sind Ansprechpartner für die Fünftklässler und helfen ihnen, sich in der neuen Schule zurechtzufinden, beispielsweise bei der Raumsuche oder bei Fragen zum Unterricht, aber auch bei Problemen mit Mitschülern und Mitschülerinnen und Lehrern oder Lehrerinnen. Verbindungslehrer beraten die Schülerinnen und Schüler in Fragen der SV und unterstützen deren Arbeit.

Methode: Texte auswerten

Thema: Was dürfen Eltern, was dürfen sie nicht?

Einen längeren Text zu verstehen, ist nicht immer leicht. <u>Durchlesen allein reicht</u> meist <u>nicht,</u> um den Inhalt zu verstehen.

Es gibt <u>zwei Methoden,</u> aus einem Text wichtige Informationen herauszuholen. Diese beiden <u>unterscheiden sich</u> danach, ob man <u>in den Text hineinschreiben darf oder nicht.</u> In ein kopiertes Arbeitsblatt oder in ein Buch, das einem gehört, darf man Vermerke machen, unterstreichen usw. Das darf man jedoch <u>keinesfalls bei Büchern oder Zeitschriften, die man entliehen hat.</u>

1 Für beide Methoden gilt, dass man <u>zuerst</u> den Text <u>ganz durchliest.</u> Nur so weiß man, worum es in dem Text überhaupt geht und an welchen Stellen Informationen stehen, die man sich merken will.

2 Wenn man in den Text Vermerke machen darf, ist das ==Markieren oder Unterstreichen== sinnvoll. Allerdings unterstreichen oder markieren anfangs die meisten viel zu viel. Wenn man später den Text erneut liest oder überfliegt, dann nützen viele Markierungen wenig. Also: ==Nicht zu viel unterstreichen oder markieren!==

Man sucht dafür die <u>Wörter</u> oder <u>Begriffe, die</u> am besten <u>in Kürze sagen, worum es in dem Textabschnitt geht.</u> Nur diese unterstreicht oder markiert man. Wenn man sie sieht, fällt einem beim erneuten Lesen oder Überfliegen das Wichtigste des ganzen Abschnittes wieder ein. Diese Wörter erschließen gewissermaßen den Abschnitt, sind also „Schlüsselwörter" zum Verstehen des Textes.

2 Wenn man nicht in den Text schreiben darf, muss man das Wichtigste beim Durchlesen herausschreiben. Man legt ein Blatt neben den Text und notiert sich beim Durchlesen, was man sonst markiert hätte.

Dafür gibt es zwei Möglichkeiten: Man kann die Informationen genau so abschreiben, wie sie im Text stehen. Oft ist es aber besser, man fasst das Wesentliche mit eigenen Worten zusammen.

<u>Blatt neben den Text zum Notieren</u>

Informationen genau so abschreiben, wie sie im Text stehen

Oder:
Zusammenfassung mit eigenen Worten

3 Man kann auch Zeichen auf den Rand setzen. Ein <u>Ausrufezeichen</u> passt, wenn man etwas für besonders wichtig hält. Ein <u>Fragezeichen</u> kann man anbringen, wenn man etwas nicht verstanden hat, z. B. weil ein Begriff noch im Lexikon nachgeschlagen werden muss.

Welche Methode ist grundsätzlich besser geeignet?
Das Herausschreiben von Informationen erscheint mühsamer als das Unterstreichen oder Markieren. Der Vorteil liegt jedoch darin, dass man sich in der Regel eigenhändig Geschriebenes besser merken kann.

Familie und Staat | **31**

„Das kannst du doch nicht anziehen. So lassen wir dich nicht aus dem Haus!" Bestimmt haben viele Jugendliche solche Sätze schon einmal von ihren Eltern gehört. Und bestimmt haben sich viele in solchen oder ähnlichen Streitsituationen schon einmal gefragt, wo eigentlich die Rechte der Eltern aufhören und die eigenen Rechte anfangen? Dürfen Eltern ihre Kinder tatsächlich zwingen, zu Hause zu bleiben, nur weil ihnen die Klamotten der Sprösslinge nicht zusagen?

Um Klarheit über solche und ähnliche Fragen zu schaffen, hat das Bundesjustizministerium die Broschüre „Meine Erziehung – da rede ich mit" herausgegeben. Sie gibt Antworten auf typische Fragen des täglichen Miteinanders in Familien: Dürfen Eltern Hausarrest geben? Haben Kinder ein Recht auf Taschengeld? Dürfen Eltern ihren Kindern den Kontakt zu bestimmten Freunden verbieten? Oder den Gang in die Disko? Dürfen sie sie zum Abwasch zwingen?

Obwohl unmittelbar an Jugendliche gerichtet, soll die Broschüre in Erziehungsfragen auch für Eltern interessant sein. Ziel sei, dass sich Eltern und Kinder besser verstehen lernen, so Bundesjustizministerin Brigitte Zypries.

Die verschiedenen Fragen werden jeweils mit anschaulichen Beispielen erklärt. Hier wird gezeigt, wie man Probleme am besten lösen kann. Ein Beispiel: Eine 13-Jährige macht sich mit Minirock, Netzstrümpfen und Lippenstift fertig für eine Party. Die Eltern verbieten ihr, in diesem Aufzug aus dem Haus zu gehen. Der Ratgeber erklärt nun, dass die Eltern verantwortungsbewusst handeln, denn schließlich könne es sein, dass manche Männer denken, das Mädchen sei auf ein sexuelles Abenteuer aus. Die Eltern möchten die Tochter schützen, da sei das Verbot gerechtfertigt. Dennoch sollten sie bedenken, dass ein Verbot das Problem nicht löst. Viel besser sei daher ein Gespräch mit der Tochter abseits der Streitsituation. Die Eltern sollten signalisieren, dass sie die sexuelle Entwicklung ihrer Tochter akzeptieren, sie aber auf Gefahren hinweisen wollen.

Meist ahnen Eltern oder Jugendliche, dass sie bestimmte Rechte haben. Der Ratgeber jedoch gibt genau Auskunft über die tatsächliche Rechtslage und beleuchtet konkrete Gesetze. Mehrfach weist das Bundesjustizministerium in der Broschüre auf den Grundsatz einer partnerschaftlichen Erziehung hin, der im Bürgerlichen Gesetzbuch festgeschrieben ist. „Es ist nicht nur Wunsch vieler junger Menschen, bei ihrer eigenen Erziehung nicht umgangen zu werden, es ist auch ihr gutes Recht", sagt Zypries. „Wichtigstes Ziel der Erziehung ist, die Entwicklung des Kindes zu eigenverantwortlich handelnden Menschen zu fördern." Aus diesem Grund sollten Eltern bei der Erziehung die wachsende Fähigkeit des Kindes zu selbstständigem, verantwortungsbewusstem Handeln berücksichtigen. „Erziehung ist keine Einbahnstraße der Eltern, die Jugendlichen dürfen dabei mitreden", so Zypries.

Besonders wichtig war den Herausgebern, dass neben der Beantwortung der rechtlichen Fragen auch Wege zur Problemlösung und Kontaktadressen in die Broschüre aufgenommen werden, an die sich die Jugendlichen im Falle einer ungerechten Behandlung durch ihre Eltern wenden können. Nun wolle der Ratgeber nicht erreichen, dass Kinder ihre Eltern sofort verklagen, wenn diese mit Verboten oder Auferlegung von Pflichten zu weit gehen. Trotzdem trage der Staat Verantwortung, Kinder und Jugendliche zu schützen, manchmal eben auch vor den Eltern: „Auch Eltern sind keine Superhelden und brauchen gewisse Spielregeln. Diese Spielregeln findet man im Gesetz", so die Bundesjustizministerin.

Ziel des Ratgebers ist, jungen Menschen zu zeigen, was sie dürfen und wo ihre Grenzen sind, und im gleichen Atemzug Eltern darauf aufmerksam zu machen, dass nicht alles, was sie theoretisch dürfen, auch tatsächlich sinnvoll für die Erziehung ihrer Sprösslinge ist. Die Erziehungsverantwortung liegt zwar bei den Eltern, aber am besten sei, Fragen der Erziehung gemeinsam zu entscheiden.

(Vom Zwang abzuwaschen – das Bundesjustizministerium informiert über die Rechte von Kindern im Familienalltag; aus: Berliner Zeitung vom 24. September 2007, S. 24; Autorin: Vivian Yurdakul, 17 Jahre)

❶ Erschließe den Text wie auf S. 30 beschrieben. Fertige dazu ggf. eine Kopie an.
❷ Fasse die sieben Abschnitte des Textes anschließend jeweils zu knappen Kernaussagen zusammen.

Elterliche Sorge

Aus dem Bürgerlichen Gesetzbuch

§ 1626 Elterliche Sorge, Grundsätze

(1) Der Vater und die Mutter haben das Recht und die Pflicht, für das minderjährige Kind zu sorgen (elterliche Sorge). Die elterliche Sorge umfasst die Sorge für die Person des Kindes (Personensorge) und das Vermögen des Kindes (Vermögenssorge).

(2) Bei der Pflege und Erziehung berücksichtigen die Eltern die wachsende Fähigkeit und das wachsende Bedürfnis des Kindes zu selbstständigem verantwortungsbewusstem Handeln. Sie besprechen mit dem Kind, soweit es nach dessen Entwicklungsstand angezeigt ist, Fragen der elterlichen Sorge und streben Einvernehmen an.

§ 1631 Inhalt und Grenzen der Personensorge

(1) Die Personensorge umfasst insbesondere das Recht und die Pflicht, das Kind zu erziehen, zu beaufsichtigen und seinen Aufenthalt zu bestimmen.

(2) Kinder haben ein Recht auf gewaltfreie Erziehung. Körperliche Bestrafungen, seelische Verletzungen und andere entwürdigende Maßnahmen sind unzulässig.

§ 1666 Gerichtliche Maßnahmen bei Gefährdung des Kindeswohls

(1) Wird das körperliche, geistige oder seelische Wohl des Kindes oder sein Vermögen durch missbräuchliche Ausübung der elterlichen Sorge, durch Vernachlässigung des Kindes [oder] durch unverschuldetes Versagen der Eltern […] gefährdet, so hat das Familiengericht, wenn die Eltern nicht gewillt oder nicht in der Lage sind, die Gefahr abzuwenden, die zur Abwendung der Gefahr erforderlichen Maßnahmen zu treffen.

Fall Sabrina

Sabrina Bertold ist 16 $\frac{1}{2}$ Jahre. Sie hat seit einigen Wochen einen 25-jährigen Freund, der einen neuen Wagen fährt und ihr „Klamotten" schenkt. Auf die Fragen ihrer Eltern nach dem Beruf ihres Freundes weiß Sabrina keine Antwort: „Darüber reden wir nicht." Sie kommt in letzter Zeit viel später nach Hause, als ihre Eltern ihr das erlaubt haben, und einige Male hatte sie ziemlich viel Alkohol getrunken. Ein Gespräch mit den Eltern über dieses Verhalten und über den Freund kommt nicht mehr zustande, weil Sabrina bei solchen Gelegenheiten schweigt. Die Eltern wollen den Freund sprechen, doch dieser findet angeblich so eine Vorstellung bei den Eltern altmodisch. Da verbieten ihr die Eltern jeden Umgang mit diesem Mann. Sabrina ist verzweifelt und reagiert wütend: „Ihr könnt nicht entscheiden, mit wem ich mich treffe."
Können dies die Eltern?

(aus: Elternrecht – Kinderrecht. In: Zeitlupe 30/Familien, S. 18. Hg.: Bundeszentrale für politische Bildung, Bonn 1994)

Minderjährig ist man, solange man das 18. Lebensjahr noch nicht vollendet hat.

❶ Dürfen die Eltern Sabrina den Umgang mit dem Freund verbieten? Begründe.
❷ Untersuche BGB §§ 1626, 1631, 1666 mit der Methode von S. 20.
❸ Schreibe einen Zeitungsbericht mit ca. 150 Wörtern, in dem der Normalfall der „elterlichen Sorge" beschrieben wird.

Staatlicher Schutz für Familien

Grundgesetz Artikel 6

[Ehe – Familie – Kinder]

(1) Ehe und Familie stehen unter dem besonderen Schutze der staatlichen Ordnung.
(2) Pflege und Erziehung der Kinder sind das natürliche Recht der Eltern und die zuvörderst ihnen obliegende Pflicht. Über ihre Betätigung wacht die staatliche Gemeinschaft.
(3) Gegen den Willen der Erziehungsberechtigten dürfen Kinder nur auf Grund eines Gesetzes von der Familie getrennt werden, wenn die Erziehungsberechtigten versagen oder wenn die Kinder aus anderen Gründen zu verwahrlosen drohen.
(4) Jede Mutter hat Anspruch auf den Schutz und die Fürsorge der Gemeinschaft.
(5) Den nichtehelichen Kindern sind durch die Gesetzgebung die gleichen Bedingungen für ihre leibliche und seelische Entwicklung und ihre Stellung in der Gesellschaft zu schaffen wie den ehelichen Kindern.

Das .... wird grundsätzlich bis zur Vollendung des 18. Lebensjahres gezahlt, in bestimmten Fällen, z. B. bei Studium oder Berufsausbildung, auch länger.

Beim .... ist gesetzlich geregelt, dass jede erwerbstätige Frau sechs Wochen vor der Geburt ihres Kindes und acht Wochen danach nicht beschäftigt werden darf. Von Beginn der Schwangerschaft bis vier Monate nach der Geburt darf ihr grundsätzlich nicht gekündigt werden.

Väter oder Mütter, die ihr neugeborenes Kind selbst betreuen, erhalten ....

Ziel des Berufsausbildungsförderungsgesetzes (BAföG) ist es, jungen Menschen, die es sich sonst finanziell nicht leisten könnten, eine ihrer Neigung, Eignung und Leistung entsprechende Ausbildung zu ermöglichen. Die Höhe dieser .... richtet sich nach der Art der Ausbildungsstätte, der Unterbringung und dem Einkommen der Eltern.

Der Staat will Ehe und Familie durch .... fördern. Verheiratete, von denen nur einer verdient, zahlen weniger Steuern als Alleinstehende.

Durch die .... haben Erwerbstätige die Möglichkeit, sich eine längere Zeit ohne Sorgen um den Arbeitsplatz nur ihrem Baby widmen zu können. Es besteht für drei Jahre Kündigungsschutz, d. h. der Arbeitsplatz bleibt garantiert.

Kindergeld
Elterngeld
Elternzeit
Steuererleichterungen
Mutterschutz
Ausbildungsförderung

---

❶ Warum wird die Familie durch das Grundgesetz ausdrücklich geschützt?
❷ Die Begriffe am Rand nennen Beispiele, wie der Staat Familien durch Gesetze schützt und finanziell unterstützt. Welcher Begriff gehört zu welcher Erklärung? Notiere auf deinem Arbeitsblatt oder in deinem Heft.

▶ Rechte und Pflichten

Von Geburt an:
- Rechtsfähigkeit

6 Jahre:
- Beginn der Schulpflicht
- Kinobesuch bis 20 Uhr
- Filme, PC-Spiele usw. „ab 6 Jahren"

12 Jahre:
- Erziehung in einem anderen Glauben nur mit Zustimmung
- Filme, PC-Spiele usw. „ab 12 Jahren"

7 Jahre:
- beschränkte Geschäftsfähigkeit
- beschränkte Deliktfähigkeit

13 Jahre:
- leichte geeignete Arbeiten sind stundenweise erlaubt

14 Jahre:
- Religionsmündigkeit
- bedingte Strafmündigkeit
- Kinobesuch bis 22 Uhr

15 Jahre:
- Ende des Beschäftigungsverbots

16 Jahre:
- Ausweispflicht
- Ehefähigkeit
- Eidesfähigkeit
- Besuch von Gaststätten, Discos und Kinos bis 24 Uhr
- Filme, PC-Spiele usw. mit Freigabe „ab 16 Jahren"
- Moped-Führerschein möglich

18 Jahre:
- Volljährigkeit
- volle Geschäftsfähigkeit
- Strafmündigkeit
- aktives und passives Wahlrecht
- Ehemündigkeit
- Wehrpflicht für Männer
- Ende der Berufsschulpflicht

Familie und Staat **35**

A Man muss einen Personalausweis besitzen.

B Schon ein Säugling kann z. B. erben oder klagen, also Rechtsgeschäfte tätigen. Für ihn handeln die Eltern oder der Vormund.

C Vor Gericht kann man als Zeuge vernommen und vereidigt werden.

D Man ist nun für sich selbst verantwortlich und muss auch für alle Taten selbst einstehen.

E Jeder kann seine Religionszugehörigkeit selbst bestimmen, also z. B. auch aus dem Religionsunterricht oder aus der Kirche austreten.

F Unter bestimmten Voraussetzungen (z. B. Zustimmung des Vormundschaftsgerichtes) darf man heiraten, wenn der Ehepartner volljährig ist.

G Kinder können über ihr Taschengeld selbst verfügen.

H Man darf wählen und kann sich zur Wahl aufstellen lassen.

I Man wird bestraft, wenn man von seiner Entwicklung her reif genug war zu wissen, dass man ein Unrecht begeht.

J Unter bestimmten Voraussetzungen muss ein Kind für den Schaden haften, den es verursacht hat.

K Ohne Genehmigung der Eltern darf nun geheiratet werden.

L Man darf unbeschränkt Verträge abschließen und ist für alle eingegangen Verpflichtungen haftbar.

❶ Ordne die Erklärungen A bis L den gelb unterlegten Fachausdrücken in der Übersicht auf Seite 34 zu.
❷ Für euch gelten bereits eine Reihe dieser Bestimmungen. Nennt die, die euch bekannt sind.
❸ Vervollständige die Sätze mit den richtigen Bezeichnungen für die Altersstufen.

Jugendschutzgesetz

JuSchG	Gefährdungsbereiche	Kinder unter 14 Jahren ohne Begleitung einer erziehungsbeauftragten Person	Kinder unter 14 Jahren in Begleitung einer erziehungsbeauftragten Person	Jugendliche unter 16 Jahren ohne Begleitung einer erziehungsbeauftragten Person	Jugendliche unter 16 Jahren in Begleitung einer erziehungsbeauftragten Person	Jugendliche unter 18 Jahren ohne Begleitung einer erziehungsbeauftragten Person	Jugendliche unter 18 Jahren in Begleitung einer erziehungsbeauftragten Person
§ 4 Abs. 1 + 2	Aufenthalt in Gaststätten	nicht erlaubt	erlaubt	nicht erlaubt	erlaubt	bis 24 Uhr	erlaubt
§ 4 Abs. 3	Aufenthalt in Nachtbars oder Nachtclubs	nicht erlaubt	nicht erlaubt	nicht erlaubt	nicht erlaubt	nicht erlaubt	nicht erlaubt
§ 5 Abs. 1	Anwesenheit bei öffentlichen Tanzveranstaltungen z.B. Disco	nicht erlaubt	erlaubt	nicht erlaubt	erlaubt	bis 24 Uhr	erlaubt
§ 5 Abs. 2	Tanzveranstaltungen anerkannter Träger der Jugendhilfe oder bei künstlerischer Betätigung oder zur Brauchtumspflege	bis 22 Uhr	erlaubt	bis 24 Uhr	erlaubt	bis 24 Uhr	erlaubt
§ 6	Anwesenheit in Spielhallen, Teilnahme an Glücksspielen	nicht erlaubt	nicht erlaubt	nicht erlaubt	nicht erlaubt	nicht erlaubt	nicht erlaubt
§ 7	Anwesenheit bei jugendgefährdenden Veranstaltungen und in Betrieben	nicht erlaubt	nicht erlaubt	nicht erlaubt	nicht erlaubt	nicht erlaubt	nicht erlaubt
§ 8	Aufenthalt an jugendgefährdenden Orten	nicht erlaubt	nicht erlaubt	nicht erlaubt	nicht erlaubt	nicht erlaubt	nicht erlaubt
§ 9 Abs. 1,1	Abgabe und Verzehr branntweinhaltiger Getränke (auch alkoholische Mixgetränke oder überwiegend branntweinhaltige Lebensmittel)	nicht erlaubt	nicht erlaubt	nicht erlaubt	nicht erlaubt	nicht erlaubt	nicht erlaubt
§ 9 Abs. 1,2	Abgabe und Verzehr anderer alkoholischer Getränke (z.B. Bier, Wein u. Ä.)	nicht erlaubt	nicht erlaubt	nicht erlaubt	(*)	erlaubt	erlaubt
§ 10	Abgabe und Konsum von Tabakwaren	nicht erlaubt	nicht erlaubt	nicht erlaubt	nicht erlaubt	erlaubt	erlaubt
§ 11	Besuch von öffentlichen Filmveranstaltungen nur nach Freigabekennzeichnung: ohne Altersbeschr. /ab 6 / 12 / 16 J.	ab 6 Jahre: bis 20 Uhr	erlaubt	bis 20 Uhr	erlaubt	bis 24 Uhr	erlaubt
§ 12	Abgabe von Datenträgern und Filmen oder Spielen nur nach Freigabekennzeichnung: ohne Altersbeschr. /ab 6 / 12 / 16 J.	erlaubt	erlaubt	erlaubt	erlaubt	erlaubt	erlaubt
§ 13	Spielen an elektronischen Bildschirmspielgeräten ohne Gewinnmöglichkeit nur nach Freigabekennzeichnung: ohne Altersbeschr. /ab 6 / 12 / 16 J.	erlaubt	erlaubt	erlaubt	erlaubt	erlaubt	erlaubt

■ ist nicht erlaubt ■ ist erlaubt (*) in Begleitung der Eltern bei 14- und 15-jährigen erlaubt

Bestimmungen des Jugendschutzgesetzes (JuSchG)

JUGENDSCHUTZ-QUIZ

Was passt wohin? Notiere die sieben Situationen so in die Übersicht, dass die Aussagen für Tina, Marc und Mustafa stimmen. Am besten gehst du so vor: Zuerst eine Situation auswählen, dann in der Tabelle mit den Bestimmungen nachsehen, schließlich nach der passenden Stelle in der Übersicht suchen.

- Trinken von Branntwein
- Anwesenheit in einer öffentlichen Spielhalle
- Ausleihe von DVD-Spielen mit Freigabekennzeichnung
- Rauchen in der Öffentlichkeit
- Aufenthalt in einer Gaststätte
- Besuch einer öffentlichen Tanzveranstaltung
- Spielen an elektronischen Bildschirm-Unterhaltungsspielgeräten

Familie und Staat 37

1 Silke ist 13 Jahre alt geworden. Zu ihrem Geburtstag hat sie sich gewünscht, an einem Samstagabend mal ganz lange tanzen zu gehen. Ihr Vater hat ihr versprochen, mit ihr in der Kreisstadt in eine Disco zu gehen.

2 Bernd, 16 Jahre alt, und Rainer, 15 Jahre alt, haben am Nachmittag auf der Ruhr in ihrem Zweier-Ruderboot für die Vereinsmeisterschaften am Wochenende trainiert. Der Tag war heiß und das Training anstrengend. Jetzt wollen sich die beiden in der Vereinsgaststätte mit Bier erfrischen.

3 Ulrike und Özlem, beide 13 Jahre alt, freuen sich auf die Disco-Party, die der Stadtjugendring am Freitagabend im Jugendhaus veranstaltet. Da am nächsten Tag keine Schule ist, wollen die beiden lange bleiben und erst um 23 Uhr nach Hause gehen.

4 Carsten, 16 Jahre alt, will mit seinen Freunden in einem Billard-Café feiern. Er will mindestens bis 23 Uhr bleiben. Carsten hat auch versprochen, eine Runde Whisky auszugeben.

5 Stephanie, 15 Jahre, möchte gerne am Abend in die Disco „Aramis" zum Tanzen gehen. Damit ihre Eltern nicht dagegen sind, hat sie versprochen, spätestens um 22 Uhr wieder zu Hause zu sein.

6 Okan und Lars, beide 17 Jahre alt, haben gehört, dass die neue DVD „Fighting the last battle" echt spannend sein soll. Leider kann man sie erst ausleihen, wenn man über 18 Jahre alt ist. Lars überredet seinen volljährigen Bruder, dass er in den Video-Shop geht und ihm die DVD ausleiht.

7 Reiner und Mustafa, beide 15 Jahre alt, warten in dem Vorraum eines Kinos auf den Beginn der Filmvorführung. In der Ecke steht ein Video-Spielautomat. „Da ist ja das tolle Ninja-Fighter-Spiel drauf," sagt Reiner zu Mustafa, „4 Euro habe ich noch. Da können wir noch einige Runden spielen!"

8 Wiebke, 14 Jahre alt, hat sich wie immer mit den anderen aus ihrer Clique auf dem Parkplatz neben der Festhalle getroffen. „Hier sind wir unter uns," sagt sie und zündet sich eine Zigarette an.

❶ *Untersuche die acht Fälle: Was bestimmt jeweils das Jugendschutzgesetz?*
❷ *Prüfe die acht Situationen ein zweites Mal: Wie verhältst du dich in der dort jeweils beschriebenen Situation – wie vom JSchG vorgeschrieben oder doch ganz anders?*
❸ *Bei Verstößen gegen das Jugendschutzgesetz werden nicht die Jugendlichen bestraft, sondern die Erwachsenen, wie z. B. Wirte, Veranstalter. Wie ist das zu erklären?*

	Tina (14 J.) (in Begleitung ihres Vaters)	Marc (15 Jahre)	Mustafa (17 Jahre)
	erlaubt	nicht erlaubt	erlaubt
	nicht erlaubt	nicht erlaubt	nicht erlaubt
	erlaubt	nicht erlaubt	erlaubt
	nicht erlaubt	nicht erlaubt	erlaubt
	nicht erlaubt	nicht erlaubt	nicht erlaubt
	erlaubt	erlaubt	erlaubt
	erlaubt	nicht erlaubt	erlaubt

Das Wichtige in Kürze

Familie

Die Familie ist tragende Säule unseres Alltagslebens, also eine jener Institutionen, die den Zusammenhalt der Gesellschaft im Kleinen und im Großen bewirken und fördern. Eltern und Kinder bilden eine Familie. Im weiteren Sinne gehören auch die Verwandten zur Familie.

Elterliche Sorge

Der Staat hat den Eltern weit gehende Rechte in der Erziehung ihrer Kinder gegeben. Damit sind für die Eltern viele Pflichten und Aufgaben verbunden. Diese elterliche Sorge umfasst neben der Sorge um die Person des Kindes (Personensorge) auch die Sorge um das Vermögen des Kindes (Vermögenssorge). Die Eltern erziehen das Kind, bestimmen seinen Aufenthaltsort und vertreten die Rechtsansprüche und Rechtspflichten des Kindes, bis es als Kind 14 Jahre ist. Auch für Jugendliche bis zu ihrer Volljährigkeit mit 18 Jahren tragen die Eltern die Verantwortung.

Schutz der Familie

Die Familie ist die erste und die wichtigste Erziehungsgemeinschaft für das Kind. Sie erbringt damit grundlegende Leistungen für das Leben des Einzelnen, aber auch für die Gesellschaft und für den Staat. Deshalb, und weil sich die Familie in unserem Kulturkreis als beständigste Form menschlichen Zusammenlebens erwiesen hat, steht die Familie unter dem besonderen Schutz der staatlichen Ordnung. Mutterschutz, Elternzeit und Elterngeld sowie Kindergeldzahlungen sind wichtige Instrumente der Familienförderpolitik des Staates.

Rechte und Pflichten

Kinder und Jugendliche haben noch nicht die gleichen Pflichten, aber auch nicht die gleichen Rechte wie Erwachsene. Da Kinder und Jugendliche die Folgen ihres Handelns oft noch nicht abschätzen können, sind sie nur beschränkt geschäftsfähig, aber auch nur bedingt strafmündig. Mit zunehmendem Alter nehmen die Rechte und die Pflichten zu, bis man mit 18 Jahren volljährig wird. Erst dann ist man z. B. voll geschäftsfähig und darf selbst Verträge abschließen.

Jugendschutzgesetz

Auch wenn bestimmte Rechte von Kindern und Jugendlichen bereits vor dem Erreichen dieser Altersgrenze wahrgenommen werden können, so gibt insbesondere das Jugendschutzgesetz Rahmenbedingungen vor, nach denen sich Kinder und Jugendliche zu richten haben.

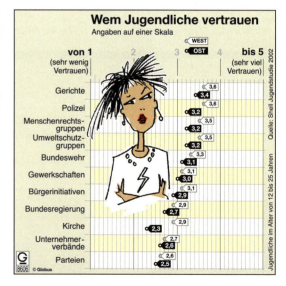

Methode: Fotostreifzug

Thema: Unsere Gemeinde/Unser Stadtteil

Fotostreifzüge sind eine Methode, um das eigene Umfeld zu erforschen. Der Sinn eines Fotostreifzugs „vor Ort" ist es zu zeigen, wie man die eigene Gemeinde bzw. die eigene Stadt sieht.

Vorbereitung: Bildet Gruppen von max. vier Personen. Erstellt ein Konzept für euren Fotostreifzug: Ziele, Absichten, Erwartungen. Überlegt, was ihr insbesondere festhalten wollt. Es empfiehlt sich auch, den beabsichtigten Weg vorher auf dem Stadtplan zu markieren.

Durchführung: Nehmt, je nach den verkehrstechnischen Bedingungen in eurer Stadt oder Gemeinde, einen Erwachsenen (z. B. euren Lehrer oder eure Lehrerin) mit auf euren Streifzug. Haltet mit der Foto- und/oder Videokamera fest, was ihr zeigen wollt. Fertigt außerdem Notizen zu euren Schnappschüssen an und tragt den zurückgelegten Weg genau auf dem Stadtplan ein; so entsteht ein Wegeprotokoll.

Auswertung: Wertet euer Bild- und Textmaterial entsprechend eurer Zielsetzung aus. Ihr könnt auch eine Präsentation zusammenstellen und die Ergebnisse eures Fotostreifzugs euren Mitschülern vorstellen, z. B. indem ihr eine Bildergalerie in einer Wandzeitung anfertigt.

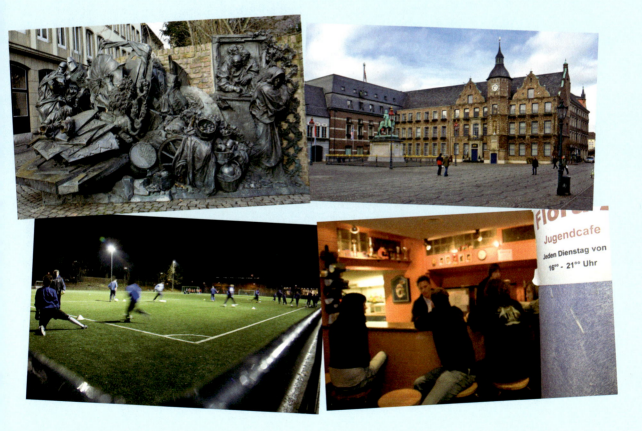

❶ Führt den Fotostreifzug „Unsere Gemeinde" durch.
❷ Was hat der Fotostreifzug ergeben? Bereitet eure Ergebnisse auf und berichtet darüber vor der Klasse.

Eine Klasse macht Vorschläge

Sehr geehrter Herr Bürgermeister,

wir, die Klasse 5A des Lise-Meitner-Gymnasiums Ochtrup, haben in den letzten Wochen gezielt unsere Stadt und die verschiedenen Stadtteile erkundet, indem wir Fotostreifzüge durchgeführt haben. Dabei haben wir auch Dinge gesehen und fotografiert, die uns vorher gar nicht aufgefallen sind und die wir so gar nicht vermutet haben. Natürlich sind uns dabei auch etliche Mängel aufgefallen, die – aus unserer Sicht – unbedingt behoben werden sollten.

Gerne würden wir Ihnen in einem Gespräch unsere Bilder, unsere Erfahrungen und einige Vorschläge vorstellen. Wir glauben nämlich, dass Erwachsene viele Dinge oft nur aus Sicht der Erwachsenen betrachten und also manches Mal nicht erkennen, was uns Kindern fehlt und wo uns der Schuh drückt. Und weil wir dazu beitragen möchten, dass sich Dinge bessern und dass unsere Stadt attraktiver wird, listen wir hier auf, was uns aufgefallen ist. Denken Sie bitte darüber nach und lassen Sie unsere Vorschläge bitte von den Fachleuten in der Verwaltung prüfen. Vielleicht lässt sich etwas davon umsetzen.

Leider gibt es im Umfeld unserer Schule nicht überall rotfarbige Fahrradwege. Mit dem Fahrradsymbol extra gekennzeichnete Fahrradwege würden nicht nur für uns Schülerinnen und Schüler wesentlich mehr Sicherheit im Straßenverkehr bedeuten. Vielleicht würden solche Radwege auch mehr Mitschüler dazu bewegen, mit dem Fahrrad zur Schule zu fahren, anstatt sich von ihren Eltern mit dem Auto bringen zu lassen. Ein so verändertes Verhalten würde auch die ständigen Staus bei der Einfahrt auf das Schulgelände verhindern und die Unfallgefahr mindern.

Der Zustand des Schulgeländes der benachbarten Sophie-Scholl-Realschule ist auch nicht mehr so gut. Die Imprägnierung der Sitzgelegenheiten aus Holzbalken muss dringend erneuert werden. Die farbigen Linien auf den asphaltierten Flächen sind abgenutzt, der Sand in den Sandkästen wirkt verbraucht, die Wippen haben ihre Sitze verloren und einige Dreh- und Klettergeräte sind so stark beschädigt, dass sich spielende Kinder daran verletzten können. Und natürlich sollte der Schulhof endlich für die Nachmittage zum Spielen freigegeben werden – bis jetzt ist das Spielen dort verboten.

In der Schulstraße ist uns aufgefallen, dass immer noch die alte und hässliche Begrenzungsmauer der früheren Gaststätte „Zum ewigen Frieden" steht. Wann greift die Gemeinde dort ein und sorgt für eine Neugestaltung des ungepflegt wirkenden Geländes und dieser unansehnlichen Backsteinmauer? Oder soll unsere Plakat-AG die Mauer bemalen und so zur Verschönerung unseres Schulumfeldes beitragen? Wir haben mit unserer Kunstlehrerin bereits einige Ideen zusammengestellt, wie die Mauer bemalt werden könnte. Wir laden Sie zu uns in die Schule ein, damit wir Ihnen unsere Skizzen zur Bemalung der Gaststätten-Mauer vorstellen können.

Mit freundlichen Grüßen von der Klasse 5A
Kai-Svea Schroven
Klassensprecherin

Kinderfreundliche Gemeinde – Was sollte verbessert werden?

Einrichtung einer Verkehrsschule für 10- bis 14-Jährige	Tempo 30 – Zone vor der Schule auch am Nachmittag	häufigere Mülleimer-Leerung	Verschönerungsaktion an der Gaststätten-Mauer
Fahrradsymbole auf den rot markierten Radwegen	kleinere Gruppen in der Nachmittagsbetreuung	weniger unnütze Warn- und Verbotsschilder	mehr Fußgängerampeln in der Stadt
zusätzlicher Wendehammer vor der Schule	Freigabe des Schulhofs als nachmittäglicher Spielplatz	regelmäßige Säuberung der Gehwege in unserem Hundehalter-Bezirk	rotfarbige Radwege

① Hast du Vorschläge, was in deiner Gemeinde, deinem Stadtteil verbessert werden könnte? Notiere.
② Sammelt eure Vorschläge in der Klasse und wählt zwei oder drei aus.
③ Beschreibt einen Vorschlag genauer und teilt ihn eurem Bürgermeister/eurer Bürgermeisterin mit.

Methode: Expertenbefragung

Thema: Unsere Gemeinde

Viele Themen, die ihr im Unterricht behandelt, betreffen auch Erwachsene. Wenn ihr diese Erwachsenen befragt, könnt ihr bislang Unbekanntes erfahren. Mit „Expertenbefragung" ist somit gemeint, dass eine fachkundige Person zu ihrer Tätigkeit, zu ihren Erfahrungen usw. befragt wird.

Experten können zur Befragung in den Unterricht eingeladen werden. Ihr könnt die Experten aber auch an den Orten aufsuchen, an denen sie tätig sind, z. B. an ihrem Arbeitsplatz in ihrem Unternehmen oder in ihrem Büro in der Gemeindeverwaltung.

In einem Bürgerbüro

Im Jugendamt

Vorbereitung
Ihr müsst frühzeitig bei den Experten anfragen, ob sie zu einer Befragung bereit sind. Dabei besprecht ihr, ob sie zu euch in die Klasse kommen oder ob ihr zu ihnen geht. Ihr müsst auch mitteilen, worum es euch bei dem Gespräch vor allem geht. Dann kann sich der Experte oder die Expertin besser auf euch einstellen. Vor der Befragung macht ihr euch zur Sache kundig. Dann sammelt ihr Fragen und legt fest, wer sie stellt. Ihr müsst auch vereinbaren, wie die Antworten auf die Fragen festgehalten werden sollen, z. B. mit dem Kassettenrekorder (den Gast um Erlaubnis bitten!) oder durch Notizen mehrerer Protokollanten.

Durchführung
Beginnt eure Befragung mit einer Begrüßung und beendet sie mit einem Dank. Sagt vorab an, welcher Zeitaufwand vermutlich erforderlich ist. Benennt ggf. einen Ton- oder Filmexperten, der für die Aufnahmetechnik zuständig ist. Während des Gesprächs ist es wichtig, dass ihr nachfragt, wenn ihr etwas nicht verstanden habt.

Auswertung
Tragt die Ergebnisse eurer Befragung zusammen und haltet sie fest. Ihr könnt zu den Ergebnissen eurer Befragung gemeinsam ein Plakat gestalten oder einen Hefteintrag vornehmen.

❶ Was würdet ihr euren Bürgermeister oder eure Bürgermeisterin bzw. einen der Referatsleiter oder eine der Referatsleiterinnen gerne fragen? Stellt Fragen für eine Expertenbefragung zusammen und führt diese dann durch.

Entscheidung in der Gemeinde: Parkplatz oder Spielplatz?

1. Schritt
Der Bürgermeister führt ein Gespräch mit der Bürgerinitiative „Spielplatz Sand". Er ist nicht gegen einen Spielplatz, möchte aber zunächst noch Gespräche mit anderen Einwohnern und Gemeinderäten führen. Er verspricht der Bürgerinitiative, das Anliegen „Spielplatz" von der Gemeindeverwaltung prüfen zu lassen.

2. Schritt
Die Fachleute in der Gemeindeverwaltung, z. B. im Jugendamt, erarbeiten für den Bürgermeister eine Vorlage. In dieser Vorlage wird begründet, warum ein Spielplatz nötig ist und was er kosten wird. Die Vorlage endet mit dem Vorschlag: „Die Gemeinde errichtet im Wohngebiet Sand einen Spielplatz". Allen Mitgliedern des Gemeinderates wird diese Vorlage zugeschickt.

3. Schritt
Die Gemeinderäte beraten in ihren Fraktionen über die Vorlage des Bürgermeisters. Sie überlegen sich, welchen Standpunkt sie einnehmen wollen. Manche befürworten die Errichtung des Spielplatzes, andere wollen lieber zunächst einen Parkplatz in der Nähe der Schule und des Einkaufszentrums bauen.

4. Schritt
Bei der nächsten Sitzung des Gemeinderats steht das Thema „Spielplatz Sand" auf der Tagesordnung. Bei dieser Sitzung wird über die Errichtung des Spielplatzes entschieden. Der Bürgermeister eröffnet die Sitzung …

„Meine Damen und Herren, ich eröffne die heutige Sitzung des Gemeinderates … Wir kommen zu Punkt 1 der Tagesordnung:

Errichtung eines Spielplatzes im Wohngebiet Sand. Dazu liegt Ihnen eine Vorlage der Gemeindeverwaltung vor. Sie haben zunächst das Wort, Herr Schmiela, dann Frau Korell und Herr Joos und anschließend Frau Wagner."

„Herr Bürgermeister, meine Damen und Herren, ich meine, dass wir den Spielplatz errichten sollten. Im Wohngebiet Sand fehlt ein Spielplatz, die Kinder in den anderen Wohngebieten haben Spielplätze. Wir können die Kinder in Sand nicht länger benachteiligen. Ich meine, dass die Errichtung eines Parkplatzes noch warten kann."

„Frau Korell und Herr Joos, bitte."

„Wir haben immer wieder beteuert, dass wir etwas für die Kinder und Jugendlichen in unserer Gemeinde tun wollen. Jetzt können wir zeigen, wie ernst es uns damit ist. Schon um die Kinder in Sand vor Unfällen auf der Straße zu bewahren, sollten wir den Spielplatz bauen."

„Ich meine auch, dass wir einen Spielplatz in Sand brauchen. Die Kinder haben oft Ärger mit Erwachsenen, weil sie Krach auf den Gehwegen machen. Ein Spielplatz nützt auch zukünftigen Kindern."

„Frau Wagner, bitte."

„Auch ich bin für die Zukunft unserer Kinder. Ich meine aber, dass es genügend Spielmöglichkeiten im Wohngebiet Sand gibt. Wir brauchen dringender einen Parkplatz zwischen Einkaufszentrum und Schule. Dort gibt es viel zu wenig Parkmöglichkeiten. Egal ob man zum Einkaufen fährt oder sein Kind in die Schule bringt, die Parkplatzsuche ist stets zeitraubend."

„Vielen Dank für Ihre Beiträge. Wir kommen jetzt zur Abstimmung über die Vorlage, ich bitte um Handzeichen: Wer ist dafür? … Wer ist dagegen? … Enthaltungen? … Ich stelle das Ergebnis der Abstimmung fest: Für die Vorlage haben … gestimmt, dagegen … . Enthalten haben sich … Damit ist die Vorlage … ."

❶ Wie wurde die Sitzung des Gemeinderates vorbereitet?
❷ Welche Argumente wurden in der Sitzung vorgebracht?
❸ Was meint ihr – wie könnte der Gemeinderat entschieden haben?

Mitbestimmung in der Gemeinde

▶ Der Gemeinderat wird gewählt

Gesetzliche Regelungen zur Wahl des Gemeinderats

Die Ratsmitglieder werden in **allgemeiner, unmittelbarer, freier, gleicher** und **geheimer** Wahl für die Dauer von fünf Jahren gewählt.

Wahlberechtigt sind Deutsche und Staatsbürger eines anderen Mitgliedstaates der Europäischen Union (Unionsbürger), wenn sie das 16. Lebensjahr vollendet haben. Sie müssen in der Gemeinde wohnen.

Wählbar sind alle Deutschen und Unionsbürger über 18 Jahre, die seit mindestens drei Monaten in der Gemeinde wohnen.

Okay – allgemein, unmittelbar, frei, gleich und geheim sind die fünf Wahlgrundsätze. Aber was bedeuten sie denn im Einzelnen genau?

A Die Wähler wählen die Gemeinderäte direkt. Sie wählen also keine Zwischeninstanz, die dann die Gemeindevertreter wählen.

B Die Wähler können ihre Stimme ohne staatlichen Druck und ohne Angst vor Nachteilen abgeben.

C Jeder Bürger darf wählen. Keine Gruppe ist von der Wahl ausgeschlossen.

D Alle Wähler haben gleich viele Stimmen und alle Stimmen haben gleiches Gewicht.

E Niemand darf die Wahlentscheidung des Bürgers erfahren.

F Frauen durften im Deutschen Reich bis 1918 nicht wählen.

G In Diktaturen ist eine solche Stimmabgabe nicht oder kaum möglich. Oft fehlen Wahlkabinen.

H In Diktaturen wird oft eine bestimmte Stimmabgabe erzwungen.

I In Preußen hatte bis 1918 ein Wähler, der viel Steuern bezahlte, mehr Stimmen als ein Wähler, der wenig Steuern bezahlte.

J Bei der Präsidentenwahl in den USA werden zunächst Wahlmänner gewählt, die dann den Präsidenten wählen.

---

❶ *Die gesetzlichen Regelungen zur Wahl enthalten fünf Wahlgrundsätze. Sie gelten bei allen Wahlen in der Bundesrepublik Deutschland. Um welchen Wahlgrundsatz geht es jeweils in den Beschreibungen im Kasten?*

Nach der Wahl: Alltag einer Gemeinderätin

Schulzeitung: Frau Jäger, Sie sind seit drei Jahren Mitglied im Gemeinderat. Wie sind Sie dazu gekommen, sich politisch zu engagieren?
Frau Jäger: Eigentlich habe ich mich immer schon für Politik interessiert und mich engagiert. In meiner Schulzeit war ich zum Beispiel Klassensprecherin und später sogar Schülersprecherin. Dann, während meiner Ausbildung zur Krankengymnastin, lief bei uns die Diskussion um die Einrichtung des Spiel- und Sportparks für Kinder und Jugendliche. Als begeisterte Skateboardfahrerin war ich Feuer und Flamme für den Park und habe bei der Bürgerinitiative mitgemacht – schließlich sollte ja auch eine Skaterbahn gebaut werden. Wie ihr wisst, hat sich der Einsatz der Bürger gelohnt: Der Freizeitpark ist seit langem einer der beliebtesten Treffpunkte für die Kinder und Jugendlichen in der Gemeinde.
Ja, der Park ist klasse! Wie sind Sie denn nun aber in den Gemeinderat gekommen?
Vor knapp vier Jahren hat mich ein Bekannter angesprochen, der Mitglied im Gemeinderat war und nach Bürgerinnen und Bürgern suchte, die in der Gemeindepolitik aktiv werden wollen. Ich habe bei der Gemeinderatswahl kandidiert und bin auf Anhieb gewählt worden.
Wie schaffen Sie es, die politische Arbeit mit Beruf und Familie zu vereinbaren?
Ach, eigentlich klappt das ganz gut. Mein Mann und ich haben uns schon immer Haushalt und Kinderbetreuung geteilt. Unsere Tochter geht jetzt das dritte Jahr zur Realschule, unser Sohn das erste. Die Kinder sind schon recht selbstständig und helfen auch mal zuhause mit. Schwieriger ist das schon mit meinen Pflichten im Beruf. Ich arbeite halbtags am Vormittag in der Praxis, muss manchmal aber auch nachmittags einspringen. Viele politische Termine wie Ratssitzungen oder Besichtigungen von Straßen, Plätzen und öffentlichen Gebäuden finden schon frühzeitig ab etwa 17 Uhr statt, und oft wird es abends spät. Das belastet schon sehr.
Wie viel Zeit wenden Sie jeden Tag für die politische Arbeit auf?
Das lässt sich so nicht beantworten, die zeitliche Belastung ist ganz unterschiedlich. An Tagen mit Ratssitzungen können das vier bis fünf Stunden sein. Hinzu kommt dann noch die Zeit für die Vorbereitung auf die Sitzung: Sitzungsunterlagen lesen, mich mit meinen Fraktionskollegen und -kolleginnen abstimmen. Nicht selten geht für mein politisches Engagement auch noch ein Teil der Wochenenden drauf.

❶ Zeige an der Zeichnung auf, dass der Wahlvorgang geheim ist. Sind auch alle anderen Wahlgrundsätze erkennbar?
❷ Beschreibe, worin das politische Engagement von Frau Jäger besteht. Woran wird deutlich, dass ihre Tätigkeit als Mitglied des Gemeinderates nicht als Beruf, sondern als Ehrenamt gesehen werden muss?

Demokratie in der Gemeinde

In der Gemeinde werden politische Entscheidungen durch Wahlen und durch Abstimmungen getroffen. Dazu kommen die Bürgerinnen und Bürger jedoch nicht jedes Mal selbst zusammen. Sie entscheiden nicht selbst und nicht direkt, sondern sie lassen sich repräsentieren, also durch von ihnen gewählte Personen vertreten. In der Gemeinde entscheiden die Bürgerinnen und Bürger also indirekt, die Gemeinde-Demokratie ist eine indirekte, eine repräsentative Demokratie.

Die Bürgerinnen und Bürger der Gemeinde wählen auf fünf Jahre den Gemeinderat. Je nach Größe der Gemeinde umfasst der Gemeinderat unterschiedlich viele Mitglieder. Auch wenn die in den Gemeinderat gewählten Personen ganz unterschiedliche Ziele haben und verschiedene Interessen verfolgen, so vertritt der Gemeinderat als Ganzes gleichwohl die Interessen aller Bürgerinnen und Bürger; er entscheidet in allen wichtigen Angelegenheiten der Gemeinde.

In Städten führt ein Gemeinderat die Bezeichnung Stadtrat. Und wenn dort das Gebiet einer Stadt in Bezirke aufgeteilt ist, kann der Stadtrat wichtige politische Entscheidungen für die Bezirke den so genannten Bezirksvertretungen überlassen.

Alle gewählten Vertreter sind ehrenamtlich tätig. Sie bekommen für ihre Tätigkeit kein Gehalt und keinen Lohn, lediglich eine Aufwandsentschädigung – und die Kosten für die Teilnahme an den Sitzungen werden ihnen erstattet. Gewählte Vertreter, die der gleichen Partei angehören, also die gleichen Interessen vertreten, bilden im Gemeinderat zusammen jeweils eine Fraktion. Im Beispiel auf der nächsten Seite gibt es drei Fraktionen: Fraktion A, Fraktion B und Fraktion C.

Der Bürgermeister oder die Bürgermeisterin beruft die Sitzungen des Gemeinderats ein, führt dort den Vorsitz und leitet die Sitzungen. Gemeinderatssitzungen sind öffentlich, d. h. dass die Einwohner der Gemeinde an den Sitzungen teilnehmen und die Diskussionen verfolgen können. Dies gilt aber nur für den öffentlichen Teil. Im so genannten nichtöffentlichen Teil beraten die gewählten Politikerinnen und Politiker ohne Zuhörer, z. B. über Personal- und über Grundstücksangelegenheiten.

Der Gemeinderat bildet Ausschüsse, z. B. den Bildungsausschuss oder den Jugendhilfeausschuss. Die Ausschüsse bereiten die Entscheidungen des Gemeinderats vor. In den Ausschüssen beraten die Ausschussmitglieder die anstehenden Probleme.

Die Bürgerinnen und Bürger der Gemeinde wählen auf fünf Jahre den hauptamtlichen Bürgermeister bzw. die hauptamtliche Bürgermeisterin. In kleineren Gemeinden gibt es keinen hauptamtlichen, sondern nur einen ehrenamtlichen Bürgermeister. Der Bürgermeister vertritt die Gemeinde nach außen und leitet die Gemeindeverwaltung. Der Bürgermeister bzw. die Bürgermeisterin ist im Gemeinderat stimmberechtigt. Bürgermeister bzw. Bürgermeisterin führen die Beschlüsse der Gemeindevertretung aus. Der Gemeinderat kontrolliert den Bürgermeister bzw. die Bürgermeisterin, außerdem kontrolliert er die Gemeindeverwaltung. In größeren Städten führt der hauptamtliche Bürgermeister die Bezeichnung Oberbürgermeister. Er hat in der Regel zwei Stellvertreter, die ehrenamtlich als Bürgermeister tätig sind.

Gemeinderatssitzung. Das Foto zeigt den Gemeinderat einer kleineren Gemeinde.

Mitbestimmung in der Gemeinde

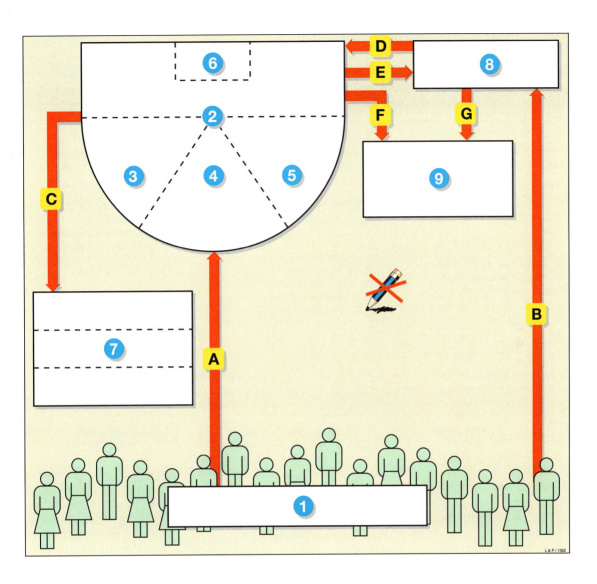

- Wie heißt euer Bürgermeister/Oberbürgermeister bzw. eure Bürgermeisterin/Oberbürgermeisterin?
- Welcher Partei gehört er bzw. sie an?
- Welche Parteien und Wählervereinigungen sind in eurem Gemeinderat / Stadtrat vertreten?
- Wie viele Sitze haben sie jeweils inne?
- Wie viele Sitze gibt es insgesamt in eurem Gemeinderat / Stadtrat?

Wo könnt ihr euch erkundigen, um diese Fragen zu beantworten?

❶ Im Schaubild oben fehlen die auf Seite 46 blau und gelb markierten Begriffe und Beschreibungen. Was gehört wohin? Füge Fehlendes auf dem Arbeitsblatt ein oder übertrage das Schaubild in dein Heft; formuliere auch eine passende Überschrift.

❷ Beantworte die Fragen im Kasten für deine Gemeinde.

Engagement in der Gemeinde

Die Lebensqualität in einer Gemeinde wird nicht nur von der Arbeit der Gemeindeverwaltung und von den Entscheidungen der Kommunalpolitiker bestimmt, sondern auch von den Vereinen, Bürgerinitiativen, Parteien und sonstigen in der Gemeinde aktiven Gruppen. Solche Zusammenschlüsse von Bürgerinnen und Bürger fördern das kulturelle und das sportliche Leben; soziales Engagement hilft die Not vieler Menschen zu lindern.

Vereine, Initiativen und Parteien haben auch Einfluss auf die Kommunalpolitik. So bestimmen Sportvereine beim Bau von Sportstätten in der Gemeinde mit. Umgekehrt versuchen die Parteien, prominente Vereinsmitglieder als Kandidaten zu gewinnen, um von deren Bekanntheit und Ansehen zu profitieren.

A
„Ohne die Jugendgruppe meines Vereins wäre für mich das Leben in diesem Dorf ziemlich öde. So kann ich hier auch mal was mit Leuten machen."

B
„Die Vereinsvorstände wimmeln von Parteipolitikern. Die versuchen doch nur Beziehungen aufzubauen, damit sie bei den nächsten Wahlen wieder genügend Wählerstimmen bekommen."

C
„Die Ehrenamtlichen in Vereinen tun ohne Bezahlung viel Gutes für sich und andere. Ihr Engagement hält viele Leute davon ab, ständig vor der Glotze zu sitzen und zu vereinsamen."

D
„Sportvereine kosten doch vor allem Geld. Ständig fordern sie neue Turnhallen oder andere Sportanlagen. Und wer einfach nur so mal kicken will, der darf nicht einmal den Rasen betreten."

E
„Viele Vereine bilden doch eine geschlossene Gesellschaft. Kontakte zwischen Alten und Jungen gibt es da kaum, Neubürger und Einwanderer nehmen die gar nicht erst auf. Bei Sportvereinen ist das zum Glück doch meist anders."

Bürger vor Ort werden aktiv

Beispiel 1: Jugendrotkreuz
Das Jugendrotkreuz hat in Buxtehude ungefähr 70 Mitglieder. Mädchen und Jungen sind etwa gleichstark vertreten. Es gibt zwei Jugendgruppen, die sich wöchentlich einmal treffen. In den Gruppenstunden gibt es Unterweisung in Erster Hilfe, aber auch Spiele, Basteln und Diskussionen. Zum Jahresprogramm gehören auch Wettbewerbe, Zeltlager und Ferienfahrten. An zwei Schulstandorten haben sich Schülerinnen und Schüler zu Schulsanitätsdiensten zusammengefunden. Sie bieten Hilfe von Schülern für Schüler an.

Beispiel 2: Freiwillige Feuerwehr
Rund 1,3 Millionen Feuerwehrleute zählt der Deutsche Feuerwehrverband, davon löscht und rettet eine Million ehrenamtlich. Deutschlandweit gibt es etwa 10 000 Einsätze pro Tag. Damit ihnen der Nachwuchs nicht ausgeht, versuchen die Feuerwehren dreierlei: In vielen Kommunen gibt es Jugendfeuerwehren; Frauen werden angeworben – sie sind häufiger zu Hause und so besser für den Feuerwehrjob geeignet; und neue Hausbesitzer werden gezielt angesprochen und zum Mitmachen aufgefordert.

Beispiel 3: Parteien
Die politischen Parteien in einer Kommune sind Vereinigungen solcher Bürgerinnen und Bürger, die dauernd oder für längere Zeit in einer Gemeinde politische Interessen vertreten und bestimmte politische Ziele verfolgen. Parteien wollen und sollen auf die politische Willensbildung Einfluss nehmen; sie streben nach Macht. Die Parteien und die Kandidaten der Parteien treten bei Wahlen gegeneinander an.

Beispiel 4: Bürgerinitiativen

Bürgerinitiativen sind meistens spontan gegründete, zeitlich begrenzte und eher lockere Zusammenschlüsse von Menschen in einer Gemeinde. Sie wollen eng umgrenzte Ziele erreichen. Bürgerinitiativen entstehen in der Regel aus einem konkreten Anlass. Ihre Mitglieder fühlen sich von einer bestimmten Entwicklung oder einem geplanten Vorhaben unmittelbar betroffen. Dafür bzw. dagegen wollen sie etwas tun. Bürgerinitiativen versuchen, ihre Absicht auf dem Wege der Selbsthilfe oder aber mittels Öffentlichkeitsarbeit und mittels politischem Druck auf die „kommunalen Entscheidungsträger" durchzusetzen – z. B. mit dem Sammeln von Unterschriften oder mit Leserbriefen.

Beispiel 5: Selbsthilfegruppen

In Selbsthilfegruppen schließen sich Menschen zusammen, denen eine bestimmte Problemlage gemeinsam ist, z. B. eine Krankheit. Mitglieder von Selbsthilfegruppen tauschen ihre Erfahrungen aus. Das trägt dazu bei, die Vereinzelung abzumildern, unter der gerade Menschen in schwierigen Problemlagen leiden. Selbst auferlegte Aufgabe solcher Selbsthilfegruppen ist es, die Situation ihrer Mitglieder in der örtlichen Gemeinschaft bekannt zu machen und ihre Interessen gegenüber Gemeinde und Öffentlichkeit zu vertreten.

Beispiel 6: Schülerlotsen

55 000 Schülerlotsen mit rot-weißen Kellen überwachen nun wieder den Weg zum Unterricht. Doch in manchen Ländern wie Bayern oder dem Saarland melden sich immer weniger Ehrenamtliche. Michael Hartje, Geschäftsführer der Deutschen Verkehrswacht: „Generell ist die Zahl der Schülerlotsen eher rückläufig. Wir beobachten in unserem Bereich ein nachlassendes ehrenamtliches Engagement. Vielleicht, weil die Jugendlichen ihre Zeit lieber mit anderen Dingen verbringen ..."

(Beispiel 6 aus: Süddeutsche Zeitung vom 12. September 2007, S. 36)

Plakate zur Kommunalwahl 2004 in Köln

1999 in NRW: Erstmals Kommunalwahl mit 16

❶ Was meinst du zu den Sprechblasen? Begründe. Berichte dabei, ob du auch Mitglied in einem Verein, in einer Bürgerinitiative oder in einer Jugendgruppe bist.
❷ Ordne die Aussagen der Sprechblasen A – E Personen zu, die in einer der sechs Beispiel-Gruppen aktiv sind. Tipp: Es sind verschiedene Lösungen möglich.
❸ Welche Gruppen engagieren sich in deiner Gemeinde, in deinem Stadtteil? Wie wichtig sind – deiner Meinung nach – diese Gruppen, Initiativen, Parteien für deine Gemeinde, für deinen Stadtteil?
❹ Stelle eine Liste der Parteien zusammen, die in deiner Gemeinde aktiv sind; löse dabei die Abkürzungen der Parteien auf.

Das Wichtige in Kürze

Gemeinde / Kommune

Jeder von uns lebt in einer Gemeinde. Das kann ein Dorf, eine Kleinstadt oder auch eine Großstadt sein. Der Sammelbegriff für diese verschiedenen Siedlungen ist Kommune. Das Wort „Gemeinde" stammt von „gemein" im Sinne von „gemeinsam" ab, das Wort „Kommune" kommt aus dem Lateinischen und bedeutet „allen gemeinsam". Die beiden Begriffe bezeichnen also ein und denselben Sachverhalt. In seiner Gemeinde oder Kommune kennt man viele andere Einwohner und wird von zahlreichen Angelegenheiten gemeinsam betroffen.

Gemeindeverwaltung / Kommunalverwaltung

Damit die Kommune ihre Aufgaben erfüllen kann, benötigt sie eine Verwaltung. Die Kommunal- bzw. Gemeinde- bzw. Stadtverwaltung berät, überwacht und genehmigt. Zu den Ämtern der Kommune gehören z. B. das Standesamt, das Einwohnermeldeamt und das Steueramt.

Gemeindeordnung / Stadtrat / Stadtbezirksvertretung

In jeder Gemeinde müssen immer wieder wichtige Entscheidungen getroffen werden. Da hierzu nicht alle Bürgerinnen und Bürger der Gemeinde ständig zusammenkommen können, benötigen sie Personen, die sie vertreten. Diese Vertreter sind die Gemeinderäte oder Stadträte. Sie werden von den Bürgerinnen und Bürgern auf fünf Jahre gewählt. Die Gemeinderäte oder Stadträte sind ehrenamtlich tätig und werden für ihre Tätigkeit nicht bezahlt. Der Bürgermeister bzw. die Bürgermeisterin beruft die Sitzungen des Gemeinde- oder Stadtrats ein und leitet sie. Der Gemeinderat oder der Stadtrat kontrolliert den Bürgermeister und die Gemeindeverwaltung. Der Bürgermeister bzw. die Bürgermeisterin ist selbst Mitglied im Gemeinderat oder Stadtrat.
In vielen Städten ist das Stadtgebiet noch einmal in Bezirke unterteilt. In diesen Bezirken treffen die so genannten Bezirksvertretungen wichtige politische Entscheidungen für ihr Gebiet, während der Stadtrat die übergeordneten Entscheidungen für das gesamte Stadtgebiet fällt.

Bürgermeister bzw. Bürgermeisterin

Die hauptamtliche Bürgermeisterin bzw. der hauptamtliche Bürgermeister wird von den Bürgerinnen und Bürgern auf fünf Jahre gewählt. Sie oder er vertritt die Interessen der Gemeinde, leitet die Gemeindeverwaltung und muss dafür sorgen, dass die Beschlüsse der Gemeindevertretung ausgeführt werden. In größeren Städten führt die Bürgermeisterin / der Bürgermeister die Bezeichnung Oberbürgermeisterin / Oberbürgermeister.

Mitwirkungsmöglichkeiten der Bürgerinnen und der Bürger

Die Einwohner haben verschiedene Möglichkeiten, am politischen und kulturellen Leben der Gemeinde mitzuwirken. Sie können Mitglied in Parteien, Bürgerinitiativen und Vereinen werden und dort mitarbeiten. Sie können auch bei der Kommunalwahl alle fünf Jahre Einfluss nehmen, indem sie diejenigen Politiker bzw. Politikerinnen in den Gemeinde- bzw. Stadtrat wählen, deren Ansichten sie teilen und deren Ziele sie mittragen. Jeder Bürger und jede Bürgerin kann auch selbst ein politisches Amt anstreben und sich – unter bestimmten Bedingungen – zur Wahl stellen.

Zeige deine Kompetenzen!

Urteilskompetenz

Untersuche die Karikatur nach der auf S. 60 beschriebenen Methode.

Was will die Karikatur zum Ausdruck bringen? Wie ist deine Meinung?

Methodenkompetenz

Bildet in der Klasse Gruppen und sammelt zwei Wochen lang Pressemeldungen aus verschiedenen Zeitungen zum Thema „Familie". Stellt das gewonnene Material übersichtlich zusammen und wertet es inhaltlich aus. Berichtet dann den anderen Gruppen über eure Ergebnisse.

Kinderarmut nimmt drastisch zu
Rund 1,1 Mill. Jungen und Mädchen müssen von der Sozialhilfe leben
Hannoversche Allgemeine vom 27. Juni 2001

Die Kinder bleiben auf der Strecke
Hannoversche Allgemeine vom 2. März 2002

Beruf und Kinder sind für Eltern nach wie vor schwer zu vereinbaren
Süddeutsche Zeitung vom 23. Juli 2002

Niedrige Geburtenraten, hohe Armutsquoten in den Familien und viele unerfüllte Wünsche nach Kindern. Warum nur?
Die Zeit vom 11. Juli 2002

Scheidungswut bricht alle Rekorde
Der Spiegel vom 29. November 2004

Deutschland entwickelt sich zur Single-Gesellschaft
Die Welt vom 21. Dezember 2003

Magdeburg: mehr uneheliche als eheliche Kinder
Magdeburger Volksstimme vom 3. September 2001

Die meisten Frauen in den USA arbeiten
Frankfurter Allgemeine Zeitung vom 2. Mai 2002

Zeige deine Kompetenzen!

Sachkompetenz

Schreibe einen kurzen Bericht über das Ergebnis der Kommunalwahl 2004 in Ochtrup. Zeige darin auf, wie im neu gewählten Stadtrat unterschiedliche Mehrheiten gebildet werden können; nutze ggf. S. 46/47.

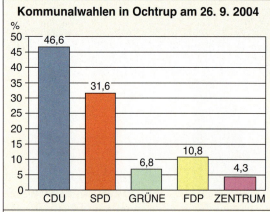

Kommunalwahlen in Ochtrup am 26. 9. 2004 – Gewählte Vertreter/-innen

Merkmal	Anzahl	%	Insgesamt	Frauen
Wahlberechtigte insgesamt	14 718	100		
Wähler/-innen	9 260	62,9		
Ungültige Stimmen	140	1,5		
gültige Stimmen / gewählte Vertreter insgesamt	9 120	100	34	7
davon				
CDU	4 249	46,6	16	3
SPD	2 878	31,6	11	4
GRÜNE	616	6,8	2	-
FDP	986	10,8	4	-
ZENTRUM	391	4,3	1	-

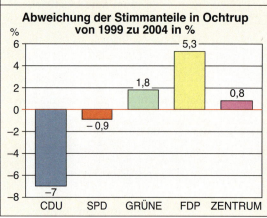

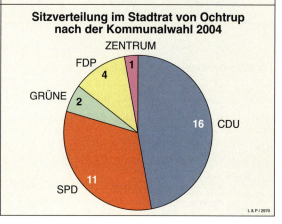

Ergebnisse der Kommunalwahl am 26. September 2004 in Ochtrup

Handlungskompetenz

Löst in Partnerarbeit das folgende Problem:
In einer Klasse wird gestritten, wie man es mit den Klassendiensten halten soll: Welche sind notwendig? Wer soll sie übernehmen?
Erarbeite mit deiner Partnerin/deinem Partner einen Vorschlag, wie die Klasse dieses Problem lösen kann.
Setzt euch dann mit einem anderen Team zusammen und vergleicht eure Vorschläge.

Wirtschaft

Alle Menschen haben Bedürfnisse. Sie brauchen zum Beispiel Lebensmittel, Kleidungsstücke und Unterkünfte. Daher werden Güter hergestellt, die jedoch Geld kosten. Da die Bedürfnisse vielfältig, die vorhandenen Geldmittel jedoch knapp sind, müssen Einnahmen und Ausgaben genau geplant werden. Das ist ein Grundgedanke beim Wirtschaften. Dazu gehört auch, dass man sich von der Werbung und der Vielfalt der Angebote nicht verführen lässt, sondern überlegt einkauft. Man sollte auch wissen, welche Möglichkeiten der Verbraucherberatung es gibt und welche Rechte man als Käufer hat. Um solche Fragen geht es in diesem Kapitel:

- Welche Bedürfnisse gibt es? Wie lassen sie sich ordnen? Wie entstehen sie?
- Wie lassen sich Einnahmen und Ausgaben planen? Was nützt ein Haushaltsbuch?
- Wie kann man sich über Angebote informieren? Wer berät Verbraucher?
- Auf welche Weise versucht Werbung, zum Kauf anzuregen? Welche Verkaufsstrategien wenden Supermärkte an?
- Welche Rechte und Pflichten ergeben sich aus einem Kauf? Welche Möglichkeiten der Bezahlung gibt es?
- Was tun, wenn sich nach dem Kauf Probleme ergeben? Wie ist das mit der Garantie?

▶ Was braucht ein Mensch?

Kennt ihr den Film „CAST AWAY"? Chuck Noland (Tom Hanks) lebt nur für seinen Job. Als Inspektor einer Transportfirma kann man ihn in den entlegensten Winkeln der Erde eher antreffen als zu Hause. Der gestresste Manager ist wie üblich auf Geschäftsreise am anderen Ende der Welt, als es passiert: Sein Flugzeug stürzt mitten über dem Ozean ab. Gibt es eine Rettung? Chuck glaubt sich schon verloren, doch er erreicht den rettenden Strand. So glücklich seine Rettung zunächst auch ist – welches Schicksal steht ihm jetzt bevor? Er ist der einzige Überlebende des Flugzeugabsturzes. Das einsame Inselparadies ist für einen zivilisierten Menschen die Hölle. Was Chuck bisher für notwendig und wichtig hielt, ist hier ohne Bedeutung. Jetzt muss er sich zuallererst um die Beschaffung von Wasser und Nahrung und um einen Unterschlupf sorgen. Daraus wird für ihn täglich ein harter Überlebenskampf.

Stellt euch vor, ihr wäret in einer ähnlichen Situation wie Chuck und mit einem Flugzeug vor der Küste einer menschenleeren Insel notgelandet. Unter großen Gefahren versucht ihr aus dem Flugzeug zu bergen, was euch zum Überleben nützlich scheint.

Schwimmend könnt ihr immer nur einen Gegenstand nach dem anderen an Land bringen. Da das Flugzeug bald im Meer versinken könnte, müsst ihr genau überlegen, welchen Gegenstand ihr als ersten, welchen als zweiten usw. holen wollt.

❶ Welchen von den abgebildeten Gegenständen würdest du als ersten aus dem Flugzeug holen?

❷ Bildet Arbeitsgruppen und diskutiert in den einzelnen Gruppen, in welcher Reihenfolge ihr die Gegenstände bergen würdet. Jede Gruppe hält ihre Rangliste schriftlich von 1 bis 23 fest.

❸ Vergleicht in der Klasse die Gruppenergebnisse miteinander: Wo gibt es Abweichungen? Jede Gruppe begründet, warum sie sich so und nicht anders entschieden hat.

Methode: Brainstorming

Thema: Welche Wünsche haben wir?

In einer Klasse oder Gruppe wird man immer wieder versuchen, zu einer Frage oder Problemstellung möglichst viele Ideen und Gedanken zusammenzutragen. Dafür eignet sich eine Gesprächsform, die man Brainstorming nennt. Übersetzt heißt das so viel wie „Gedankensturm". Brainstorming ist also eine Methode, die jeden in einer Gruppe dazu bringen soll, spontan seine Gedanken zu äußern. So soll eine Ideensammlung entstehen, die dann gemeinsam diskutiert wird. Beim Brainstorming gelten drei Regeln:

1. Jeder in der Gruppe darf das sagen, was ihm zur Frage durch den Kopf geht, auch wenn der Gedanke ungewöhnlich ist.
2. Es ist verboten, eine Äußerung sofort zu kritisieren oder zu bewerten. Das würde den Gedankenfluss in der Gruppe hemmen. Erst wenn alle ihre Ideen eingebracht haben, wird darüber diskutiert.
3. Jeder darf Ideen von anderen aufgreifen, ergänzen oder weiterentwickeln.

Ein Brainstorming kann auf unterschiedliche Weise durchgeführt werden. Die einfachste Form ist die, jeden in der Klasse der Reihe nach das sagen zu lassen, was ihm zur Frage einfällt. Das geht rasch, allerdings weiß später in der Auswertungsphase nicht mehr jeder, was alles gesagt worden ist. Deswegen ist es oft sinnvoll, die Äußerungen schriftlich festzuhalten. Das kann so geschehen, dass zwei vorher bestimmte Schüler und Schülerinnen abwechselnd die Äußerungen stichwortartig notieren, z. B. an der Tafel oder auf einer Folie für den Tageslichtprojektor. Es kann auch jeder seinen Gedanken in Kurzform auf ein Blatt oder Kärtchen schreiben. Diese werden laut vorgelesen und dann an die Tafel oder Pinnwand geheftet.

❶ Führt das Brainstorming „Welche Wünsche haben wir?" in der Klasse durch. Jeder Schüler und jede Schülerin darf drei Wünsche äußern.

Bedürfnisse und Bedarf

„Ich wünsche mir …"

„… eine Freundin, auf die ich mich verlassen kann."

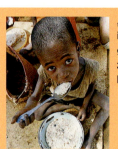
„… dass ich immer genug zu essen habe."

„… dass meine Herzbeschwerden endlich aufhören."

Jeder Mensch auf der Welt hat vielfältige Wünsche, die er sich erfüllen möchte. So wollen z. B. alle Menschen essen und trinken oder die Zuneigung und Anerkennung von Eltern, Geschwistern oder Freunden. Solche Wünsche nennt man auch Bedürfnisse. Wenn man sich seine Wünsche erfüllen, seine Bedürfnisse also befriedigen will, braucht man in der Regel Geld. Damit kann man die gewünschten Waren und Dienstleistungen bezahlen. Wer beispielsweise das Bedürfnis hat, jederzeit mit anderen telefonieren zu können, der kann sich ein Handy kaufen. Es gibt aber auch Bedürfnisse, die man nicht mit Geld befriedigen kann, z. B. wenn man sich einen guten Freund wünscht oder Erfolg in der Schule. Bedürfnisse können also danach unterschieden werden, ob man sie sich mit Geld erfüllen kann oder nicht.
Eine andere Unterscheidung geht von der Dringlichkeit der Bedürfnisse aus.

Grundbedürfnisse
Allen Menschen ist gemeinsam, dass sie grundlegende Bedürfnisse befriedigen müssen. Sie brauchen Lebensmittel, um sich zu ernähren. Sie brauchen Kleidungsstücke, um sich gegen Kälte zu schützen. Und sie brauchen Unterkünfte, wie z. B. Zelte oder Häuser, damit sie auch bei ungünstiger Witterung überleben können. Da der Mensch nur existieren kann, wenn diese grundlegenden Bedürfnisse erfüllt sind, nennt man sie auch Existenzbedürfnisse.

Kulturbedürfnisse
Es gibt Bedürfnisse, die nicht unbedingt lebensnotwendig sind, aber das Leben angenehmer machen. So möchte man abwechslungsreiche Mahlzeiten genießen, modische Kleidung tragen und in einer schönen Wohnung leben. Bildung, Unterhaltung, Reisen gehören auch zu diesen Bedürfnissen, die man meist als Kulturbedürfnisse bezeichnet. Sie dienen der geistigen und kulturellen Entfaltung des Menschen.

Luxusbedürfnisse
Darunter versteht man Bedürfnisse, die über die Kulturbedürfnisse hinausgehen und die Lebensqualität und das soziale Ansehen erhöhen, z. B. der Wunsch nach kostbaren Antiquitäten, einer teuren Armbanduhr oder einer Villa mit Park. Was als Luxusbedürfnis zu werten ist, sehen Menschen unterschiedlich. Ihre Einschätzung hängt dabei von verschiedenen Bedingungen ab, z. B. vom Einkommen, von den Lebensgewohnheiten oder vom Preis, der für die Ware oder Dienstleistungen bezahlt werden muss. So hält z. B. eine teure Markenjeans der eine für notwendig und der andere für Luxus, den er nicht braucht.

Die Bedürfnisse nach Gütern und Dienstleistungen sind nahezu unbegrenzt. Dagegen sind die finanziellen Mittel zur Befriedigung dieser Bedürfnisse meist knapp. Man wünscht sich sehr viel, kann sich aber nur einiges kaufen. Diejenigen Bedürfnisse, die der Verbraucher tatsächlich finanzieren kann, nennt man in der Wirtschaft Bedarf. Der Bedarf ist also aus der Vielzahl der Bedürfnisse der Teil, den man sich tatsächlich leisten kann. Ein Beispiel: Eldin möchte sich von der Rockband Franz Ferdinand eine CD kaufen. Da sein Taschengeld dafür reicht, kann er sich seinen Wunsch erfüllen – aus seinem Bedürfnis wurde wirtschaftlich gesehen Bedarf. Eldin wünscht sich auch ein tolles Rennrad. Da er dafür jedoch kein Geld hat, bleibt sein Wunsch zwar ein Bedürfnis, wird jedoch nicht zum Bedarf.

Bedürfnisse: Brauchen wir, was wir wollen?

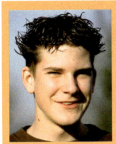 „… eine Karte für das Jugendfestival."

 „… dass ich später eine weltberühmte Primaballerina werde."

 „… so sehr, dass meine Eltern mir ein Reitpferd kaufen."

Die Verwandlung der Familie Jäger

Herr und Frau Jäger haben zwei Kinder: Julia (14 Jahre) und Timo (11 Jahre). Die Familie hat ein monatliches Einkommen von rund 2800 Euro und wohnt in einer deutschen Kleinstadt.

Wir wollen uns nun vorstellen, wie die Familie Jäger in eine Familie in einem unterentwickelten Land verwandelt werden kann. Zuerst werden die Möbel weggeschafft: Betten, Stühle, Tische, Fernsehapparat, Lampen. Wir lassen der Familie ein paar alte Decken, einen Küchentisch, zwei Holzstühle. Herr Jäger darf seinen ältesten Anzug und ein paar Schuhe behalten, Frau Jäger und die Kinder müssen barfuß gehen. Die Speisekammer wird bis auf ein Paket Mehl, etwas Zucker, Salz und Streichhölzer geleert. Außerdem bleiben in der Küche eine Hand voll Zwiebeln und eine Schüssel trockene Bohnen. Die alten Kartoffeln werden aus dem Abfalleimer wieder hervorgeholt. Sie ergeben das Abendessen. Alles andere verschwindet: das Fleisch, das frische Gemüse, die Konserven, die Kekse, die Süßigkeiten.

Jetzt zum übrigen Haus: Das Badezimmer wird zugemauert, das fließende Wasser abgestellt, die elektrischen Leitungen und Anlagen werden herausgerissen. Ja, wir nehmen das ganze Haus weg. Die Familie muss in den Werkzeugschuppen umziehen. Die Häuser in der Nachbarschaft werden ebenfalls abgerissen. Der ganze Ort wird zur Barackensiedlung.

Es verschwindet für die Familie aber noch mehr: Zeitungen, Bücher, Videos … Ganz großzügig sind wir, wenn wir der Familie ein einfaches Radio belassen. Die Schule ist 12 Kilometer entfernt. Sie hat nur zwei Klassenräume und kann nur die Hälfte der Kinder im Schulalter aufnehmen. Bis zum nächsten Krankenhaus sind es über 80 Kilometer. Dorthin kann man mit dem Bus fahren – nicht immer im Bus, oft ist nur Platz auf dem Dach.

Lebensbedingungen in einem Entwicklungsland: Wohnhäuser, Wasserstelle, Verkehrsweg, Küche

❶ Grundbedürfnisse – Kulturbedürfnisse – Luxusbedürfnisse: Welche Wünsche der sechs Personen kannst du zuordnen?
❷ Wozu würdest du die anderen Wünsche zählen? Sind das überhaupt Bedürfnisse?
❸ Bedürfnisse und Bedarf: Erläutere den Unterschied.
❹ „Was für den einen ein Existenzbedürfnis, ist für den anderen unerreichbarer Luxus." Erläutere diese Aussage. Beziehe dabei die Bilder aus dem Entwicklungsland ein.

▶ Vielfalt der Bedürfnisse

Die Einteilung nach Grund-, Kultur- und Luxusbedürfnissen ist nur eine Möglichkeit, die Vielfalt der menschlichen Wünsche zu ordnen. Eine andere Einteilung geht von der Überlegung aus, ob ein Bedürfnis von dem einzelnen Mensch allein oder nur von vielen Menschen gemeinsam befriedigt werden kann.
- **Individualbedürfnisse** werden die Wünsche genannt, die sich jeder allein erfüllen kann, z. B. Essen kaufen, einen Film ansehen oder Wandern gehen.
- Es gibt Bedürfnisse, die nur von vielen Menschen gemeinsam befriedigt werden können, z. B. der Wunsch nach einer gesunden Umwelt, nach Sicherheit im Land oder nach guter Schulbildung für alle Kinder. Solche Wünsche werden **Kollektivbedürfnisse** genannt, weil sie nur von der Gemeinschaft – das Fremdwort dafür ist Kollektiv – befriedigt werden können.

Andere haben sich Gedanken darüber gemacht, ob es eine Reihenfolge innerhalb der Bedürfnisse gibt, ob also bestimmte Bedürfnisse zuerst befriedigt sein müssen, bevor man an andere denkt und dann wieder an andere. Weil man beim Anordnen der Bedürfnisse wie bei einer Pyramide Stufe um Stufe nach oben gelangt, spricht man bei solchen Überlegungen auch von „Bedürfnispyramiden". Der amerikanische Psychologe Maslow hat diese Bedürfnispyramide entwickelt, die vielfach genutzt wird.

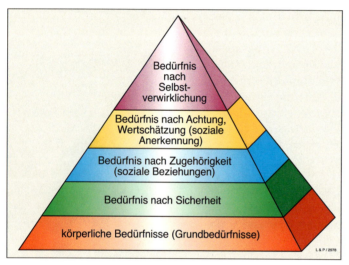

Die Bedürfnispyramide nach Maslow

Weil sich die Lebensumstände der Menschen unterscheiden, sind auch die Bedürfnisse von Mensch zu Mensch unterschiedlich. Die Wünsche werden von verschiedenen Bedingungen beeinflusst, z. B. vom Einkommen. Wer von Sozialhilfe leben muss, kann sich weniger Wünsche erfüllen als ein Angestellter oder Beamter. Oder der Wohnort als anderes Beispiel: Ein Bewohner der Alpen hat andere Bedürfnisse als ein Wüstenbewohner. Alter, Bildung, berufliche Tätigkeit, Religion usw. sind weitere Beispiele für Bedingungen, die die Bedürfnisse der Menschen beeinflussen.

❶ *Kennst du weitere Beispiele für Individual- und für Kollektivbedürfnisse? Nenne jeweils drei.*
❷ *Zeichne die Bedürfnispyramide auf ein Blatt. Ordne dann die Stichwörter im Kasten zu – jeweils zwei passen zu einer Stufe. Findest du für jede Stufe noch ein weiteres Beispiel?*
❸ *Alter, Bildung, berufliche Tätigkeit: Wähle eine dieser Bedingungen aus und beschreibe beispielhaft, wie sie sich unterschiedlich auf Bedürfnisse auswirken kann.*

Bedürfnisse: Brauchen wir, was wir wollen? **59**

Wie entstehen Bedürfnisse?

A: Wie ist das denn mit den Bedürfnissen? Das klingt so komisch.
B: Eigentlich ist es sehr einfach. Nehmen wir ein Beispiel: Fehlt dir im Augenblick etwas?
A: Na ja, ich habe Durst. Ich würde gerne etwas trinken.
B: Du verspürst einen Mangel, also hast du ein Bedürfnis. Und dieses Bedürfnis willst du befriedigen.
A: Was soll das denn heißen?
B: Auch sehr einfach. Du gehst in den Laden, kaufst dir eine Flasche Mineralwasser und trinkst. Dann ist dein Durst gestillt, dein „Mangel" also beseitigt.
A: Aber umonst war das nicht! Die Flasche Wasser musste ich bezahlen.
B: Siehst du, jetzt wird es wirtschaftlich interessant. Viele Bedürfnisse lassen sich nur durch Güter – in unserem Beispiel durch Mineralwasser – befriedigen. Und dafür muss man zahlen.
A: Verstehe. Aber Mineralwasser hätte ich mir nicht gekauft. Lieber „Fructi-Limonade".
B: Warum denn?
A: „Fructi-Limonade" schmeckt einfach besser! Alle meine Kumpels trinken die! Und in der Fernsehwerbung heißt es, dass „Fructi-Limonade" gesund sei.
B: Fachleute würden dir sagen, dass reines Mineralwasser auch gesund ist. Dass du dein Bedürfnis Durst durch „Fructi-Limonade" befriedigen willst, ist ein Erfolg der Werbung.
A: Irgendwas muss ich doch trinken, wenn ich durstig bin. Du willst mir doch nicht sagen, dass die Werbung mir Bedürfnisse einreden kann?
B: Doch! Bedürfnisse sind nicht nur naturgegeben, sie können auch geweckt werden.
A: Beweise das mal!
B: Warum hast du eine Wollmütze auf? Heute ist es doch gar nicht kalt.
A: Nein, kalt ist es nicht. Aber so eine Mütze haben zurzeit alle auf.
B: „In"? Aha, dein Bedürfnis, eine Wollmütze zu tragen, ist nicht naturgegeben, sondern künstlich geweckt! Weil du es überall in den Jugendzeitschriften und in der Werbung siehst.
A: Aber es ist doch kein künstlich gewecktes Bedürfnis, dass ich etwas anziehen will.
B: Sich zu bekleiden, ist ein natürliches Bedürfnis. Aber die teuren Jeans aus den USA, die speziellen Turnschuhe, die T-Shirts mit einem bestimmten Aufdruck anzuziehen – das sind geweckte Bedürfnisse.

❶ Werte das Gespräch aus: Wann ist ein Bedürfnis naturgegeben? Wann ist ein Bedürfnis künstlich geweckt?

❷ Notiere Beispiele für künstlich geweckte Bedürfnisse.

Methode: Karikaturen verstehen

Thema: Bedürfnisse

Eine Karikatur ist ein zeichnerisch gestalteter Kommentar zu einem politischen, gesellschaftlichen oder wirtschaftlichen Sachverhalt. Dabei versucht der Zeichner durch seine übertreibende oder verzerrende Darstellung auf ein Problem hinzuweisen, Stellung zu beziehen bzw. Kritik zu üben und zum Nachdenken anzuregen. Meist enthält eine Karikatur eine Bildunterschrift oder einen kurzen Text, der oft im Widerspruch zur Zeichnung steht.

Tipps zur Auswertung von Karikaturen

Um eine Karikatur zu verstehen, geht man am besten wie folgt vor:

1. Genau hinsehen: Was ist gezeichnet? Wer oder was wird angesprochen? Was fällt in der Darstellung besonders auf?

2. Problem erkennen: Um welchen Sachverhalt, welches Problem geht es? Welche Hinweise dazu gibt der Text?

3. Meinung deuten: Welche Absicht verfolgt der Zeichner? Welche Meinung bringt er zum Ausdruck? Teile ich diese Meinung?

❶ Was wollen die Karikaturen jeweils zum Ausdruck bringen?

Güter dienen der Bedürfnisbefriedigung

Bedürfnisse können danach unterschieden werden, ob man sie durch Bezahlung befriedigen kann oder nicht. Wer sich zum Beispiel Anerkennung bei seinen Freunden wünscht, kann dies nicht kaufen. Wer jedoch das Bedürfnis hat, von einer Wanderung mit Freunden Erinnerungsbilder zu haben, der kann sich einen Fotoapparat kaufen.

Ein Fotoapparat ist wirtschaftlich gesprochen ein „Gut". Alle Mittel, die der Befriedigung menschlicher Bedürfnisse dienen, werden Güter genannt. Güter bekommt man grundsätzlich nicht umsonst, man muss dafür Geld bezahlen.

Viele denken bei dem Wort „Güter" nur an Gegenstände, die hergestellt werden müssen. Bei einem Fotoapparat ist das so – er wird in einem Unternehmen produziert. Viele Güter sind jedoch keine Gegenstände, sondern Dienstleistungen. Wer zum Beispiel zum Friseur geht, um sich die Haare schneiden zu lassen, der erhält eine Dienstleistung. Wirtschaftlich gesprochen ist der Haarschnitt ein „Gut", denn er ist ein Mittel zur Befriedigung des Bedürfnisses nach einer neuen Frisur, für das man bezahlen muss.

Der Begriff „Güter" meint also alles, was gegen Bezahlung zur Befriedigung eines Bedürfnisses bereitgestellt wird. Das können Gegenstände – auch Sachgüter oder Waren genannt – sein oder Dienstleistungen. Beides wird hergestellt, man sagt auch „produziert". Die Aussage „Ein Friseur produziert das Gut Haarschnitt" klingt zwar merkwürdig, beschreibt den Sachverhalt jedoch wirtschaftlich richtig: Zur Befriedigung des Bedürfnisses nach einer neuen Frisur schneidet der Friseur gegen Bezahlung die Haare (er erbringt eine Dienstleistung, „produziert" also wirtschaftlich gesehen ein „Gut").

„Ein Bundesliga-Spiel ist wirtschaftlich gesehen eine Dienstleistung!"

„Die Untersuchung beim Arzt ist eine Ware."

„Ein Schauspieler produziert mit seinem Auftritt auf der Bühne ein Gut."

„Wenn ich meine Freundin für ihre Freundlichkeit lobe, erbringe ich eine Dienstleistung!"

❶ Die Fotos weisen auf Sachgüter oder auf Dienstleistungen hin. Notiere für jedes Foto die entsprechende Bezeichnung.
❷ Nenne zehn weitere Sachgüter und zehn weitere Dienstleistungen.
❸ Untersuche die vier Aussagen: Welche beschreiben den Sachverhalt wirtschaftlich richtig, welche falsch? Worin liegt der Fehler bei den falschen Aussagen?

Güterarten

Im Vergleich zu den beinahe unbegrenzten Bedürfnissen sind Güter knapp. Die Geldmittel zum Kauf von Sachgütern oder Dienstleistungen reichen nie aus, um alle Bedürfnisse befriedigen zu können. Daher ist der Mensch gezwungen, Entscheidungen zu treffen: Welches Bedürfnis will er mit seinen begrenzten Mitteln befriedigen, welchen Wunsch kann er sich nicht erfüllen?

Eine der wichtigsten Aufgaben der Wirtschaft ist es, die Güter bereit- oder herzustellen, die zur Befriedigung der Bedürfnisse notwendig sind. Dabei unterscheidet man verschiedene Güterarten:

Freie Güter oder Umweltgüter
Sie sind (heute noch) unbeschränkt verfügbar und kosten in der Regel nichts, z. B. Luft, Sonne, Meerwasser.

Wirtschaftliche Güter
Sie sind nur beschränkt verfügbar und müssen erarbeitet oder hergestellt werden.

Sachgüter
Das sind Gegenstände, auch Waren genannt, die hergestellt werden.

Konsumgüter
Sachgüter, die von den Menschen zur Befriedigung ihrer Bedürfnisse eingesetzt werden, z. B. Nahrungsmittel, Fernseher, Auto.

Produktionsgüter
Sachgüter, die zur Herstellung von Gütern in Unternehmen eingesetzt werden, z. B. Werkzeugmaschinen, Lastwagen.

Dienstleistungen
Im Unterschied zu den Sachgütern sind Dienstleistungen keine Güter zum Anfassen. Die Bereitstellung und der Verbrauch finden gleichzeitig statt, z. B. Taxifahrt, Haarschnitt, Beratung beim Arzt, Reise.

❶ Finde für die in den Zeichnungen dargestellten Güter Bezeichnungen und ordne diese den Begriffen in der Tabelle zu.
❷ „Die Knappheit der Güter ist die Grundlage des Wirtschaftens!" Erläutere diese Aussage genauer.

Das Wichtige in Kürze

Bedürfnisse Jeder Mensch hat Wünsche. So wollen alle Menschen essen und trinken. Außer ausreichend Nahrung braucht der Mensch auch Kleidung und Unterkunft, um zu existieren. Solche Bedürfnisse nennt man Grundbedürfnisse. Die Kleidung soll nicht nur wärmen, sondern auch schick sein, das Essen nicht nur sättigen, sondern auch besonders gut schmecken. Hinzu kommt das Verlangen nach Musik, Büchern, Reisen usw. Diese Bedürfnisse nennt man Kulturbedürfnisse. Und wenn das schicke Kleid gar ein teures Modellkleid sein soll, spricht man von Luxusbedürfnissen. Bedürfnisse unterscheiden sich von Mensch zu Mensch, weil sie von den jeweiligen Lebensumständen abhängig sind. Alter, Wohnort, Einkommen, Bildung, berufliche Tätigkeit usw. sind Beispiele für Bedingungen, die die Bedürfnisse der Menschen beeinflussen.

Individualbedürfnisse/ Kollektivbedürfnisse Die Bedürfnisse, die der Einzelne allein befriedigen kann, nennt man Individualbedürfnisse. Es gibt aber auch Bedürfnisse, die nur von vielen gemeinsam, also von der staatlichen Gemeinschaft, befriedigt werden können. Solche Kollektivbedürfnisse sind z. B. der Wunsch nach einer gesunden Umwelt oder der Wunsch nach Sicherheit im Land.

Bedarf Die Bedürfnisse sind nahezu unbegrenzt, die Mittel zu ihrer Befriedigung aber meist knapp. Diejenigen Bedürfnisse, die der Verbraucher tatsächlich bezahlen oder finanzieren kann, nennt man Bedarf. Der Bedarf ist also der Teil aus der Vielzahl der Bedürfnisse, den man sich tatsächlich leisten kann.

Entstehung von Bedürfnissen Bei vielen individuellen Bedürfnissen ist es fraglich, ob sie von der Natur vorgegeben oder künstlich geweckt sind. Modetrends und Werbung können die Bedürfnisse des Einzelnen beeinflussen.

Güter Zur Befriedigung der Bedürfnisse werden Güter benötigt. Man unterscheidet Sachgüter (z. B. Fahrrad) und Dienstleistungen (z. B. Haarschnitt). Sachgüter können dem Konsum dienen oder der Produktion von anderen Gütern, lassen sich also in Konsumgüter und Produktionsgüter unterteilen. Jedes Gut muss hergestellt oder erarbeitet werden. Weil die Geldmittel zum Güterkauf begrenzt sind, muss jeder Mensch wirtschaften.

Das Beratungsgespräch beim Kauf einer Geldbörse ist eine Dienstleistung.

Fallbespiel: Familie Nolte

Frau und Herr Nolte haben zwei Kinder, Hanna (14 Jahre) und Jonas (12 Jahre). Das monatliche Einkommen der Familie beträgt insgesamt 3 500 Euro. Für deutsche Verhältnisse sind die Noltes damit weder besonders reich noch arm. Die zur Verfügung stehenden 3 500 Euro gibt die Familie etwa wie im untenstehenden Haushaltsplan aufgelistet aus.

Herr Nolte arbeitet bei der Firma „Bargelt & Söhne". Aufgrund von andauernden Absatzschwierigkeiten muss das Unternehmen eine Reihe von Arbeitern in der Produktion und mehrere Angestellte in der Firmenverwaltung entlassen. Unter diesen ist auch Herr Nolte. Glücklicherweise findet er rasch wieder einen neuen Arbeitsplatz. Allerdings muss er bei seinem neuen Arbeitgeber mit einem geringeren Gehalt als vorher bei „Bargelt & Söhne" zufrieden sein. Deshalb stehen der Familie Nolte nun nur noch 3 000 Euro als monatliches Gesamteinkommen zur Verfügung. Einerseits sind alle in der Familie froh, dass beide Eltern Arbeit haben, andererseits müssen die Noltes jetzt aber darüber nachdenken und entscheiden, wo sie bei den Ausgaben sparen wollen.

Durchschnittliche monatliche Ausgaben

Nahrungsmittel	700 €
Mietkosten	800 €
Heizung, Strom usw.	280 €
Auto, Verkehr	420 €
Beiträge für Versicherungen und Vereine	180 €
Möbel, Hausrat	190 €
Kleidung, Schuhe	240 €
Fernseher, Musikanlage usw.	160 €
Körperpflege, Gesundheit	110 €
Reisen, Schmuck usw.	120 €
Genussmittel	60 €
Ersparnis	240 €
Monatlicher Gesamtbetrag	3500 €

❶ Bildet Vierergruppen und spielt die Familie Nolte. Legt vorher fest, wer welches Familienmitglied im Rollenspiel vertritt. Jede Gruppe stellt als Ergebnis gemeinsam einen neuen Haushaltsplan auf, der sich auf monatliche Gesamtausgaben von 3 000 Euro beläuft.

❷ Jede Gruppe stellt anschließend den Mitschülern ihren Haushaltsplan mit den vorgenommenen Einsparungen vor und erklärt, warum sie sich für diese Kürzungen entschieden hat.

Das ökonomische Prinzip

Fall 1:
Frau Bayer hat sich für die digitale Spiegelreflexkamera T 2000 der Firma Toby entschieden. Diese Kamera möchte sie nun möglichst billig kaufen. Daher vergleicht sie die Angebote der Fotohändler und kauft bei dem Händler, der die Kamera T 2000 am billigsten anbietet.

Fall 2:
Ein Stanzwerk benötigt bei seiner Produktion sehr viel Strom. Die Ursache hierfür sind die relativ alten Maschinen, mit denen produziert wird. Die Unternehmensleitung beschließt, neue Maschinen zu kaufen, die bei gleicher Leistung weniger Strom als die alten Maschinen benötigen.

Fall 3:
Familie Renner hat einen Heizölvorrat von 7 000 Liter in ihrem Tank im Keller. Mit diesem Vorrat versucht sie, so lange wie möglich auszukommen.

Fall 4:
In einer Jeans-Firma werden Bluejeans hergestellt. In der Fertigungsabteilung wird versucht, möglichst viele Jeansteile aus den Stofflagen auszuschneiden. Die verschiedenen Teile und Größen werden daher mit Hilfe eines Computers zu einem optimalen Gesamtschnittbild zusammengestellt. Nach diesem Gesamtschnittbild werden die Stofflagen vollautomatisch zugeschnitten.

Ökonomisches Prinzip (Prinzip der Wirtschaftlichkeit)

Die Sachgüter und Dienstleistungen, die wir täglich brauchen, sind nicht im Überfluss vorhanden.

Wer sie haben will, muss eine Gegenleistung anbieten, muss bezahlen.

Da niemand Geld in unbeschränktem Maße zur Verfügung hat, wird er versuchen, die vorhandenen Mittel zielgerecht einzusetzen.

Minimalprinzip	**Maximalprinzip**
Mit möglichst geringen Mitteln … ein vorgegebenes Ziel erreichen	Mit vorgegebenen Mitteln … ein möglichst großes Ziel erreichen

Herr Geiger kauft ein Putzmittel, das umweltfreundlicher, jedoch teurer als die Konkurrenzprodukte ist.

Unternehmerin Hiller kauft eine Abgasfilteranlage, welche die gesetzlich vorgeschriebenen Werte weit übertrifft und daher auch teurer ist.

❶ Ordne die vier Fälle dem Minimalprinzip oder dem Maximalprinzip zu.
❷ Beschreibe eine wirtschaftliche Entscheidung, bei der du in letzter Zeit nach einem dieser Prinzipien wirtschaftlich gehandelt hast.
❸ Nimm zu dem Verhalten von Herrn Geiger und von Frau Hiller Stellung.
❹ Äußere deine eigene Meinung zu dem Ausspruch des griechischen Philosophen Epikur.

„Willst Du jemand reich machen, musst Du ihm nicht das Gut mehren, sondern seine Bedürfnisse mindern."
(Epikur, geb. 341 v. Chr. – gest. 271 v. Chr.)

Wirtschaften will gelernt sein

Miriam und Julia erhalten beide 30 Euro Taschengeld pro Monat. In der Schule kommt es zu dem folgenden Gespräch zwischen Julia, Miriam, zwei Mitschülerinnen und einem Mitschüler.

Du bist gut dran, Julia. Du kannst deine 30 Euro ausgeben, wofür du willst. Wenn ich meine Ausgaben für die Schulhefte und diesen Kram abrechne, dann bleiben mir höchstens noch 17 bis 18 Euro. Das ist für einen ganzen Monat verflixt wenig.

Ich muss mir von meinem Taschengeld zwar keine Schulhefte kaufen, die 30 Euro sind trotzdem knapp. Ein paar Downloads kosten schon 10 Euro, ins Kino gehe ich gern und Kosmetiksachen und so will ich auch haben.

Du kannst dir dennoch mehr leisten als Julia. Und wenn du etwas sparst, ist sogar mal etwas Teureres für dich drin.

Habt ihr das auch gehört, dass es in der Parallelklasse welche gibt, die 40 Euro Taschengeld von ihren Eltern bekommen? Der Alex soll sogar 50 Euro kriegen!

Ja, das mit dem Alex habe ich meinen Eltern auch bereits gesagt. Die wollen mein Taschengeld aber noch nicht einmal auf 30 Euro erhöhen. Da muss ich wie ihr weiterhin mit meinen 25 Euro auskommen.

Miriams Ausgaben

02.05.	Sparen	5,00 €
03.05.	Schulhefte	2,00 €
07.05.	Kinokarte	8,00 €
10.05.	Getränke	2,40 €
12.05.	Eis, Süßigkeiten	2,60 €
14.05.	Kugelschreiber	1,50 €
20.05.	Filzstifte, Radiergummi	2,50 €
24.05.	Eintrittskarte Fußball	3,50 €
27.05.	Collegeblock	2,50 €

Julias Ausgaben

01.05.	Pommes	1,80 €
04.05.	Kaugummi	1,00 €
12.05.	Kinokarte	8,00 €
15.05.	Eiscreme	2,20 €
17.05.	Musik-Download	10,00 €
18.05.	Cola	3,00 €
22.05.	Zeitschrift	4,00 €

Regeln für den Umgang mit dem Taschengeld

1. Man sollte sein monatliches Taschengeld so einteilen, dass man auch am Monatsende noch etwas Geld hat.
2. ...
3. ...
4. ...
5. ...
6. ...

❶ *Formuliert Regeln für den Umgang mit dem Taschengeld und haltet sie auf einem Wandplakat fest.*

Haushaltsbuch und Haushaltsplan

Mit einem Haushaltsplan kann man die eigenen Einnahmen und Ausgaben überwachen. Um den Haushaltsplan erstmals aufzustellen, muss man einen Monat lang seine Einnahmen und insbesondere seine Ausgaben im Einzelnen notieren. Dies kann in einem Haushaltsbuch erfolgen. Zählt man am Ende des Monats alle Ausgaben zusammen und vergleicht die Summe mit den monatlichen Einnahmen, sieht man, ob man Einsparungen bei den Ausgaben vornehmen muss oder ob man Ersparnisse bilden kann. Nur wenige Haushalte führen das Haushaltsbuch laufend. Man sollte aber zumindest in gewissen Abständen für einen Kontrollmonat ein Haushaltsbuch führen, um zu überprüfen, ob der früher aufgestellte Haushaltsplan noch stimmt.

Zunächst wird das Haushaltsnettoeinkommen (monatliche Einnahmen) aufgeschrieben. Bei den Ausgaben gibt es festliegende Kosten, die jeden Monat gleich sind, z. B. die Miete für die Wohnung. Diese Kosten können in einem einzigen Betrag für den gesamten Monat notiert werden. Die Kosten für Energie können sich auf Strom, Gas, Heizöl/Heizung beziehen. Dafür und über den Wasserverbrauch bekommt man meistens jährliche, halbjährliche oder vierteljährliche Abrechnungen, die man auf die Monate aufteilen und dann für den Berechnungsmonat notieren kann. Auch die Beiträge für private Versicherungen und für Vereine, Spenden und die Kosten für eine Haushaltshilfe können in einem Betrag für den Monat festgehalten werden. Sollten Ratenzahlungen zu leisten sein oder ein monatlicher Sparbetrag eingeplant werden, kann das ebenfalls jeweils in einem Betrag notiert werden.

Andere Ausgaben setzten sich aus mehreren Einzelbeträgen zusammen, die während des Monats anfallen. Um diese Ausgaben zu ermitteln, muss man sie laufend notieren. Dies geschieht am besten in einer Liste, die alle Tage des Monats umfasst. Am Monatsende werden die Einzelposten dann addiert und man erhält die monatlichen Gesamtausgaben für den jeweiligen Ausgabenposten. Zu diesen Posten, die jeden Monat unterschiedlich hoch sind, zählen die Ausgaben für Nahrungsmittel, Genussmittel, Kleidung usw. Auch alle anderen, hier nicht gesondert genannten Posten bei den Ausgaben für den privaten Gebrauch sind diesen laufend zu notierenden Kosten zuzurechnen.

Haushaltsbuch: Einnahmen

Tag	
Mo., 1. 10	
Di., 2. 10	
Mi., 3. 10	
Do., 4. 10	

Haushaltsbuch: Ausgaben

Tag	Nahrungs-mittel	Genuss-mittel
Mo., 1. 10.		
Di., 2. 10.		
Mi., 3. 10.		
Do., 4. 10.		

Haushaltsplan: Ausgaben

Nahrungsmittel, Genussmittel	
Kleidung, Schuhe	
Miete	
Energie	
Möbel, Haushaltsgeräte u. Ä.	
Gesundheits- und Körperpflege	
Verkehr, Telefon, Post	
Bildung, Unterhaltung, Freizeit	
Reisen u. Ä.	
Ausgaben für den privaten Gebrauch	
Zuzüglich: Beiträge für private Versicherungen und Vereine, Haushaltshilfe u. Ä.	
Ratenzahlungen, Ersparnis usw.	
Gesamte Ausgaben	

❶ *Benutze das Arbeitsblatt und markiere bzw. unterstreiche in dem Text das Wichtigste. Sollte dir kein Arbeitsblatt vorliegen, dann notiere die wichtigsten Stellen stichwortartig in deinem Heft.*

❷ *Notiere zu den Nummern im Ausgabenteil des Haushaltsplanes bei jedem Posten, ob er im Haushaltsbuch zu feststehenden Ausgaben gehört, die nur einmal je Monat notiert werden müssen („fest") oder ob dafür den gesamten Monat über laufend Beträge notiert werden müssen („laufend").*

Erst informieren, dann kaufen

"Mir reicht die Werbung. In den Zeitungen liegen oft Prospekte. Da steht eine ganze Menge drin."

"Ich gehe in einige Geschäfte und sehe mich um!"

"Ich habe die Kataloge verschiedener Versandhäuser daheim. Wenn man da vergleicht, erfährt man eine Menge."

"Wenn es um etwas Teures geht, dann schaue ich in den „test"-Heften nach."

Wie informieren Sie sich vor dem Kauf?

"Ich benutze das Internet. Da kann man sich auf den Web-Seiten der verschiedenen Anbieter gut informieren."

"Mir ist die Beratung im Geschäft am wichtigsten!"

"Mir ist wichtig, was meine Bekannten sagen. Da verlasse ich mich drauf."

❶ Nimm Stellung zu den Aussagen: Welche Informationsmöglichkeiten hältst du für besonders geeignet? Warum?

❷ Arbeitet in Gruppen: Wie würdet ihr euch über die drei abgebildeten Produkte vor dem Kauf informieren? Vergleicht eure Ergebnisse mit denen einer anderen Gruppe.

Wirtschaftlich handeln – Einkäufe gut planen 69

Methode: Befragung

Thema: Wie sich Erwachsene vor dem Kauf informieren

Tipps für das Befragen

- Vorher überlegen: Was wollen wir wissen? In welcher Reihenfolge wollen wir die Fragen stellen?
- Klären, wie die Antworten festgehalten werden.
- Beim Ansprechen erklären, wer man ist, und höflich um Erlaubnis zur Befragung bitten. Am Ende des Gesprächs den Dank nicht vergessen.
- Erklären, welchen Sinn die Befragung hat.
- Nur Fragen stellen, die man selbst verstanden hat.
- Nicht mehrere Fragen auf einmal stellen.
- Nachfragen, wenn man etwas nicht verstanden hat oder wenn sich aus einer Antwort ein unerwarteter Gesichtspunkt ergibt.

Schüler: Guten Tag. Wir kommen von der Schiller-Schule. Dürfen wir Sie etwas fragen?
Passant: Mh.
Schüler: Im Unterricht geht es bei uns um das Thema verbraucherbewusstes Verhalten. Einige von uns sollen Erwachsene fragen, wie sie sich vor dem Kauf informieren.
Passant: Ach so.
Schüler: Wir lassen den Kassettenrecorder mitlaufen, damit wir nicht alles mitschreiben müssen.
Passant: Ist recht.
Schüler: Also: Welche Informationsmöglichkeiten nützen Sie? Und welche halten Sie für besonders nützlich?
Passant: Kataloge.
Schüler: Gehen Sie auch zur Verbraucherberatung?
Passant: Verbraucherberatung? Was soll das sein?
Schüler: Na ja, das wissen wir auch nicht. Unsere Lehrerin hat halt gesagt, dass wir danach fragen sollen …

❶ *Liste auf, welche Tipps in dem Gesprächsausschnitt beachtet wurden, welche nicht.*
❷ *Führt eine Befragung zum Thema „Wie sich Erwachsene vor dem Kauf informieren" durch. Beachtet die Tipps und überlegt auch, wie ihr die Ergebnisse darstellen könnt.*

Sich über ein Produkt informieren

A: Na, Peter: Wie war es denn im Urlaub?
B: Sehr schön. Die antiken Tempel in Süditalien sind beeindruckend.
A: Da hast du sicher tolle Fotos gemacht! Kann ich die mal sehen?
B: Fotos habe ich schon gemacht, aber so toll sind die nicht geworden. Mit meiner alten Kleinbildkamera bin ich nicht mehr zufrieden. Andere in der Gruppe hatten Digitalkameras – die konnten in Museen und in Kirchen sogar ohne Blitz fotografieren! Also – ich werde mir auch eine Digitalkamera kaufen.
A: Weißt du schon, welche?
B: Nein, ich habe ja noch keine Ahnung, welche Angebote es gibt.
A: Dann gehe doch in das Fotogeschäft am Marktplatz. Die beraten dich sicher.
B: Na ja – irgendwie ist mir das unangenehm.
A: Was? Wieso unangenehm?
B: In das Schaufenster habe ich schon mal geschaut. Da sind einige Digitalkameras ausgestellt – von 178 Euro bis 699 Euro.
A: Na also – da hast du doch eine Auswahl!
B: Ich kenne mich mit Digitalkameras doch gar nicht aus. Wie soll ich denn beurteilen, was die mir sagen?
A: Aha – das ist dir unangenehm. Du weißt nicht, was es bedeutet, wenn der Verkäufer dir zum Beispiel sagt, dass der Apparat eine PictBridge-Schnittstelle hat.
B: Genau.
A: Dann musst du dir eben alles erklären lassen. Dazu ist Beratung da!
B: Und nach einer halben Stunde ist mir ganz wirr im Kopf!
A: Dann gehst du eben und überlegst dir daheim die Sache in Ruhe.
B: Sich alles erklären lassen – und dann nichts kaufen! Der Verkäufer denkt sicher, ich habe mich nur informieren wollen, um dann die empfohlene Kamera billiger im Versandhaus oder im Jupiter-Markt zu kaufen.
A: Dann bittest du eben nur um Prospekte und suchst dann daheim in Ruhe aus.
B: Bei Reisen kann man das ja so machen. Aber ob es für jeden Fotoapparat einen Prospekt gibt? Und dann sind meistens die Preise nicht angegeben.
A: Du, der Meyer im Verein hat doch kürzlich etwas von seiner neuen Kamera erzählt. Den kannst du doch fragen.
B: Na ja. Aber der kann vielleicht nur etwas über seine Kamera sagen. Ob der einen Überblick über die Angebote auf dem Markt hat?
A: Du kannst auch in den Versandhaus-Katalogen nachschauen. Da werden manchmal die Produkteigenschaften genauer erklärt.
B: Produkteigenschaften – das fehlt mir! Ich muss vor einem Kauf herausfinden, auf was es bei einer Digitalkamera ankommt, was es an Zubehör gibt und so.
A: Da könnte dir auch ein Warentest helfen. Schau doch mal in der Stadtbücherei die „test"-Hefte durch. Da gibt es sicher einen Test über Digitalkameras. Und die schreiben immer auch, was man beim jeweiligen Produkt beachten sollte. Oder du schaust mal im Internet nach.

❶ *Im Gespräch werden fünf Möglichkeiten genannt, sich über die Eigenschaften eines Produkts genauer zu informieren. Übertrage die Tabelle in dein Heft und fülle sie entsprechend aus.*
❷ *„Ich schaue nur nach dem Preis! Der ist für mich entscheidend – schließlich will ich Geld sparen!" Was kannst du dieser Meinung entgegenhalten? Notiere.*

Informationsmöglichkeit	Was spricht dafür?	Welche Probleme könnte es geben?

Wirtschaftlich handeln – Einkäufe gut planen 71

Methode: Internet-Recherche

Thema: Sich über Angebote informieren

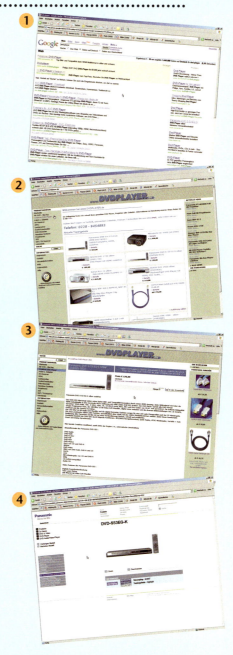

Wer sich über Produkte und Angebote informieren will, kann auch das Internet nutzen. Allerdings wird man nicht auf Anhieb genau das finden, was man sucht. Das gilt vor allem dann, wenn man am Anfang keine genauen Vorstellungen hat und keine bestimmte Internet-Adresse weiß. Dann beginnt die Suche ganz allgemein und wird durch die erhaltenen Informationen schrittweise genauer. Das folgende Beispiel zeigt dies.

Katja, 20 Jahre alt, möchte sich einen DVD-Player kaufen. Allerdings hat sie noch keine genauen Vorstellungen. Sie will versuchen, im Internet mehr über DVD-Player zu erfahren.

1. Katja fängt ganz allgemein an, indem sie eine Suchmaschine nutzt. Eine Suchmaschine listet Websites auf, die einen bestimmten Suchbegriff enthalten. Katja nutzt die Suchmaschine www.google.de und gibt den Suchbegriff „DVD-Player" ein. Sie hätte auch andere Suchmaschinen nützen können, z. B. www.yahoo.de oder www.altavista.de.
   Die Website von Google zeigt ihr die ersten zehn Ergebnisse von 1 650 000 Seiten auf Deutsch, die den Suchbegriff „DVD-Player" enthalten. Katja ist völlig klar, dass sie diese riesige Anzahl von Seiten nicht durchschauen kann. Sie liest die ersten Kurzinformationen auf der Google-Seite durch und klickt dann die Website www.dvdplayer.de an.
2. Die Startseite dieser Website enthält auf der linken Seite eine Liste „Produktauswahl". Katja klickt das Stichwort „Codefree DVD-Player" an. Es erscheint die erste von drei Seiten, auf denen 38 DVD-Player mit Bild und Kurzbeschreibung vorgestellt werden. Sie schaut die Aufstellung durch und entschließt sich, das Modell Panasonic DVD S-53 genauer unter die Lupe zu nehmen, weil der Preis des Gerä-tes ihrer Vorstellung entspricht.
3. Katja klickt „Details" an und es erscheint eine ausführliche Darstellung des Modells mit Produktmerkmalen und technischen Daten.
4. Katja überlegt sich, ob sie auf der Panasonic-Website mehr über das Produkt erfahren kann. Sie gibt daher bei Google den Suchbegriff „Panasonic" ein. Der erste Eintrag zeigt die Homepage von Panasonic mit vielen Links. Katja klickt den Link „Testergebnisse" an.
5. Auf der Seite „Testergebnisse" wählt Katja den Link „Zu Hause" aus, dann den Link „DVD & Video", dann „DVD-Player". So erfährt sie, dass das Modell S-53 von einer Fachzeitschrift im Heft 6/2007 mit dem Ergebnis „Highlight" bewertet wurde.
6. Katjas Interesse an dem Modell ist gewachsen. Sie geht auf die Google-Seite zurück und gibt als Suchbegriff „Panasonic DVD S-53" ein. So kommt sie auf Webseiten mit Preisvergleichen. Auf ihnen zeigen Listen, welcher Anbieter zurzeit welchen Preis für dieses Modell verlangt.

❶ *Einigt euch auf ein bestimmtes Produkt und führt dann eine ähnliche Internet-Recherche durch. Vergleicht eure Ergebnisse*

Wirtschaftlich handeln – Einkäufe gut planen

▶ „test" – eine Hilfe für Verbraucher

Die Stiftung Warentest wurde von der Bundesregierung gegründet. Sie soll die Öffentlichkeit neutral über die Qualität von Waren und Dienstleistungen informieren.
Dazu führt die Stiftung vergleichende Tests durch.
Die Ergebnisse werden in der Zeitschrift „test" veröffentlicht. Um die Unabhängigkeit von den Herstellern zu wahren, gibt es in der Zeitschrift keine Werbung. Die Testgegenstände werden in normalen Geschäften eingekauft und auch ganz normal bezahlt.

Tipp: Unter www.stiftung-warentest.de gibt es kostenlose Meldungen und Kurzfassungen ausgewählter Tests. Alle Testergebnisse der Zeitschrift „test" seit Januar 2000 sind hier zu finden.

Beispiel: Testbericht Inlineskates

Legende zum Testbericht

① Beschreibung der Marktsituation bei Inlineskates und zusammenfassender Bericht.

② Bericht über besondere Probleme, die richtigen Skates für Frauen zu finden.

③ Bei jedem Testbericht gibt es die Spalte „Unser Rat". Hier werden Aussagen zum Preis-Leistungs-Verhältnis der getesteten Waren gemacht.

④ In der Spalte „Tipps" werden Gesichtspunkte genannt, die man beim Kauf beachten sollte.

⑤ Bericht über die Wahl der richtigen Skaterrollen.

⑥ Bei jedem Testbericht gibt es die Spalte „Ausgewählt – Geprüft – Bewertet". Hier werden die Testkriterien und -methoden beschrieben; außerdem wird erklärt, welche Rolle jedes Teilergebnis beim zusammenfassenden „test"-Qualitätsurteil spielte.

⑦ Jedes getestete Produkt ist abgebildet. Darunter stehen das zusammenfassende Qualitätsurteil als Note und eine Kurzbeschreibung.

⑧ In einer Tabelle sind alle Gesichtspunkte des Tests aufgelistet. Bei jedem Gerät ist durch Symbole angegeben, wie es jeweils abgeschnitten hat.

❶ Fila CS (mit 84er Rollen), 150 Euro
GUT (2,0)
Der wendigste Skate des Tests, aber weniger schnell als das bis auf die Rollen gleiche Fila-Modell (rechts). Zwei bewegliche Rollenpaare. Steckt Unebenheiten am besten weg.

❷ Fila CS (mit 90er Rollen), 150 Euro
GUT (2,0)
Rundum guter Skate mit 90er Rollen. In der Geschwindigkeit Spitze, aber trotz der beiden beweglichen Rollenpaare nicht so wendig wie Fila Night Hawk mit 84er Rollen.

❸ K2 VO2, 180 Euro
GUT (2,0)
Sauber verarbeiteter Skate mit durchweg guten Eigenschaften in allen Prüfpunkten. Spitzenwerte in der Handhabung. Praktisch: der T-Schlüssel für den Rollenwechsel.

test Inlineskates für Damen und Herren

	Gewichtung	❶ Fila Night Hawk CS mit 84er Rollen	❷ Fila Night Hawk CS mit 90er Rollen 14)	❸ K2 VO2
Damenmodell (Abbildung im Vordergrund)		Lady 010606065	Lady 010696023	Woman 306009
Herrenmodell (Abbildung im Hintergrund)		Man 010606060	Man 010696022	Man 306008
Rollendurchmesser in mm / Rollenhärte		84 / 83 A	90 / 83 A	84 / 83 A
Mittlerer Preis in Euro ca.		150	150	180
Preis für einen Satz Rollen mit Lager in Euro ca.		50,00	60,00	28,00
Preis für zwei Stopper in Euro ca.		9,90	9,90	10,00
test-QUALITÄTSURTEIL	**100 %**	**GUT (2,0)**	**GUT (2,0)**	**GUT (2,0)**
LAUFEIGENSCHAFTEN	**60 %**	**gut (2,0)**	**gut (2,0)**	**gut (1,9)**
Kurven, Ausweichen und Übersetzen		++	+	+
Fahren auf Asphalt		++	++	++
Fahren über Unebenheiten		++	+	+
Rollgeschwindigkeit		+	++	+
Bremsen		O	O	+
Tragekomfort		+	+	+
Dämpfung		+	+	+
HANDHABUNG	**20 %**	**gut (2,2)**	**gut (2,2)**	**gut (1,9)**
Schuh anziehen, schnüren und anpassen		+	+	+
Rollen wechseln		+	+	++
Stopper austauschen		+	+	++
Gebrauchsanleitung		+	+	++
HALTBARKEIT	**20 %**	**gut (1,8)**	**gut (1,8)**	**gut (2,2)**
Schuh und Rollen im Praxistest		+	+	+
Stopperverschleiß		++	++	+
AUSSTATTUNG / TECHNISCHE MERKMALE				
Schnürsystem		Klassisch	Klassisch	Klassisch
Klettverschluss / Schnalle / Ratsche an der Schnalle		■/■/□	■/■/□	■/■/□
Lagerklasse		ABEC 7	ABEC 7	ILQ 9
Material Schiene		Kunststoff	Kunststoff	Alu / Titanium
Schienenlänge / Gesamtlänge in mm 15)		278 / 419	278 / 422	275 / 412
Standhöhe in mm / Gewicht pro Paar in g 15)		135 / 3 560	138 / 3 790	112 / 3 160
Lieferbare Damengrößen		37–42,5	37–42,5	35–42
Lieferbare Herrengrößen		39–48	39–48	38–49

Bewertungsschlüssel der Prüfergebnisse:
++ = Sehr gut (0,5–1,5). + = Gut (1,6–2,5).
O = Befriedigend (2,6–3,5). ⊖ = Ausreichend (3,6–4,5). — = Mangelhaft (4,6–5,5).

Bei gleichem Qualitätsurteil Reihenfolge nach Alphabet.
■ = Ja.
□ = Nein.

test 5/2006

---

❶ Das Beispiel zeigt einen typischen Testbericht. Notiere zu einigen der acht Teile des Testberichts, auf welche Weise sie jeweils für einen Käufer nützlich sein können.
❷ Welche Gesichtspunkte haben bei diesem Test eine Rolle gespielt? Welcher war den Prüfern am wichtigsten?
❸ Welche der drei Inlineskates würdest du kaufen? Begründe deine Auswahl mit den Testergebnissen.
❹ Besorgt euch einige Hefte der Zeitschrift „test" und informiert euch über die durchgeführten Tests.

▶ Verbraucherberatung

„Unsere Heizkosten sind viel zu hoch. Wie können wir Energiekosten sparen, ohne zu frieren und nur noch kalt zu duschen?"

Herr Weber

„Ich möchte wissen, ob es einen Testbericht zu Digitalkameras gibt."

Frau Schulz

„Ich möchte eine Lebensversicherung abschließen. Jetzt habe ich fünf Angebote und frage mich, welches das günstigste für mich ist."

Frau Dehner

In jedem Bundesland gibt es eine Verbraucherzentrale. Sie hat die Aufgabe, die Interessen der Verbraucher zu vertreten, zu informieren und bei Problemen weiterzuhelfen. Bei der Verbraucherzentrale Nordrhein-Westfalen in Düsseldorf kann man sich – ebenso wie in den weiteren Beratungsstellen im Land – persönlich, telefonisch oder auch schriftlich beraten lassen. Die Verbraucherzentrale bietet Fachberatungen zum Beispiel zu diesen Themen an: Bauen und Wohnen – Energie – Ernährung – Banken, Baufinanzierung und Geldanlagen – Gesundheitsdienstleistungen – Abfall und Umwelt – Versicherungen.
In der Verbraucherzentrale Düsseldorf und den Beratungsstellen vor Ort kann das Selbstinformationssystem „Infothek" mit Testergebnissen der Stiftung Warentest und aus unterschiedlichen Fachzeitschriften genutzt werden. Es gibt auch viele Broschüren mit Ratschlägen zu ganz unterschiedlichen Themen.

Verbraucherzentrale
Nordrhein-Westfalen
Mintropstraße 27
40215 Düsseldorf

www.vz-nrw.de

❶ Wie könnten sich die drei Rat Suchenden jeweils durch die Verbraucherzentrale informieren?
❷ Warum ist es wichtig, dass es Verbraucherberatungsstellen gibt?
❸ Wo befindet sich – von eurem Schulort aus gesehen – die nächste Beratungsstelle der Verbraucherzentrale Nordrhein-Westfalen?

Methode: Erkundung im Internet

Thema: Verbraucherzentrale Nordrhein-Westfalen

Die Verbraucherzentrale Nordrhein-Westfalen bietet auch Informationen für Verbraucher im Internet an. Wenn man diese Internetseiten aufsucht und planvoll vorgeht, erfährt man viel über die Arbeit und die Angebote der Verbraucherzentrale.

Die Internet-Adresse der Verbraucherzentrale Nordrhein-Westfalen ist www.vz-nrw.de. Wenn man sie eingibt, findet man erste Informationen auf der Startseite.

① Im linken Teil der Startseite findet man eine Navigationsleiste, die in drei Bereiche eingeteilt ist: Informationen, Service, Projekte.

② In der Mitte enthält die Startseite eine Liste mit Kurzmeldungen zu aktuellen Verbraucherthemen. Klickt man eine der Schlagzeilen an, erscheint der ausführliche Text.

③ Im rechten Teil der Startseite finden sich Links, die z. B. zu einer Übersicht aller Beratungsstellen mit Adressen und Öffnungszeiten oder zum Ratgebershop der Verbraucherzentrale Nordrhein-Westfalen führen.
Weitere Links führen zu aktuellen Tests der Stiftung Warentest. Das neue Fenster, das sich dann öffnet, erlaubt es, in den Tests der Stiftung Warentest zu suchen. Neuere Testergebnisse kann man sich nur gegen Bezahlung einer Gebühr herunterladen, ältere sind kostenfrei erhältlich.

Erkundungsfragen
1. Welche Öffnungszeiten hat die von euch aus gesehen nächstgelegene Beratungsstelle der Verbraucherzentrale?
2. Was kostet bei telefonischer Beratung eine angefangene Minute?
3. Was bietet der Link „checked4you"?
4. Welche weiteren Links ergeben sich, wenn man bei „Informationen" den Link „Ernährung" anklickt?
5. Welche Unterpunkte finden sich unter dem Link „Wir über uns"?
6. Was findet sich unter dem Link „Schlichtungsstelle Nahverkehr"?
7. Welche aktuellen Ergebnisse der Stiftung Warentest kann man derzeit zum Thema „Umwelt" einsehen?
8. Was kostet eine Einzelberatung zum Mietrecht?

❶ Erkunde die Seite der Verbraucherzentrale Nordrhein-Westfalen mithilfe der Erkundungsfragen.

76　Wirtschaftlich handeln – Einkäufe gut planen

▶ Simulation einer Kaufentscheidung

Sascha spart seit zwei Jahren auf ein neues Fahrrad. Er möchte sich ein Trekkingrad kaufen. Alle in seiner Clique fahren so ein Rad. Er geht in das Geschäft, in dem auch die meisten seiner Freunde gekauft haben.

Ich möchte mir ein Trekkingrad kaufen. Es soll nicht mehr als etwa 500 € kosten. Welches Rad können Sie mir empfehlen?

Für 500 € ein Trekkingrad – das ist nicht ganz einfach. Dieses ist ein äußerst leichtes Alu-Trekkingrad: Ausstattungsmerkmale wie die LSM-Federgabel und die gefederte Sattelstütze vereinen beste Fahreigenschaften mit bestechender Optik. Es kostet 716 €.

Oder dieses hier: Einmal Cross-Cat, immer Cross-Cat: Der hochwertige Alu-Rahmen mit profilierten Rohren (Tropfenform), ein Alu-System-Gepäckträger von Pletscher, serienmäßige RST-Federgabel und gefederte Sattelstütze sind nur einige der erstklassigen Ausstattungsdetails dieses Trekking-Bestsellers. Kostet 818 €.

Hm, so viel Geld habe ich leider nicht.

Oder dieses hier: Modernes Alu-Trekking-Rad mit guter Ausstattung zu einem Top-Preis: Überaus leichter Rohr-Gepäckträger, Lenker mit Aluhörnchen in Silber, griffige V-Bremsen und Country Cruiser-Bereifung. Es kostet 639 €. Überleg es dir, die Räder gehen weg wie warme Semmeln.

Vielleicht sollte ich mich doch noch einmal über Trekkingräder informieren?

Wirtschaftlich handeln – Einkäufe gut planen

Bei einer Simulation wird eine Handlung so nachgeahmt, wie sie in Wirklichkeit sein könnte. Ihr sollt Saschas Kauf eines Trekkingrades simulieren, also nachahmen. Indem ihr so tut, als wäret ihr an Saschas Stelle, könnt ihr viel darüber lernen, wie man eine Kaufentscheidung gut vorbereitet und sie dann überlegt trifft. Das Planungsraster und die Abbildungen hier geben euch Tipps für die Durchführung der Simulation.

❶ Spielt die Simulation in kleinen Gruppen durch und begründet eure Entscheidung.

Das Wichtige in Kürze

Ökonomisches Prinzip

Sachgüter und Dienstleistungen sind nicht im Überfluss vorhanden. Wer sie haben will, muss eine Gegenleistung anbieten, muss bezahlen. Da niemand Geld in unbeschränktem Maße zur Verfügung hat, wird er die vorhandenen Mittel zielgerecht einsetzen, d. h. er wird wirtschaftlich vorgehen. Es gibt zwei Möglichkeiten, das ökonomische Prinzip zu verwirklichen: Ein vorgegebenes Ziel mit möglichst geringen Mitteln zu erreichen (Minimalprinzip) oder mit gegebenen Mitteln ein möglichst großes Ziel zu erreichen (Maximalprinzip).

Wirtschaftlicher Umgang mit Geld

Man kann nicht mehr Geld ausgeben als man zur Verfügung hat. Wenn man Schulden macht, um seine Ausgaben zu finanzieren, so muss man diese Schulden später zusätzlich mit Zinsen zurückzahlen. Zum wirtschaftlichen Umgang mit seinem Geld gehört auch, dass man seine Ausgaben sorgfältig plant. Es ist sinnvoll, nicht alle vorhandenen finanziellen Mittel auszugeben, sondern es ist klug, einen Teil seines Geldes für unvorhersehbare Ausgaben zu sparen. Es ist auch klug, über seine Ausgaben Buch zu führen, damit man sich bei zukünftigen Planungen an diesen Angaben orientieren kann.

Haushaltsplan

In einem Haushaltsplan stellt zum Beispiel eine Familie sämtliche Einnahmen wie Löhne usw. den Ausgaben gegenüber und muss dabei darauf achten, dass Ausgaben und Einnahmen am Ende eines Monats gleich sind. Die Ausgaben einer Familie bestehen hauptsächlich aus den Kosten für Nahrungs- und Genussmittel, Miete/Heizung/Strom, Auto, Versicherungen, Möbel, Kleidung, Körperpflege, Erholung (z. B. Urlaubsreisen) und Sparen.

Produktinformation

In der Bundesrepublik Deutschland ist das Angebot an Waren und Dienstleistungen sehr vielfältig. Wer überlegt einkaufen will, informiert sich gezielt über das Angebot. Die Güte eines Produkts kann man erst beurteilen, wenn man weiß, welche Produkteigenschaften wichtig sind. Solche Informationen über das Produkt selbst erhält man oft durch eine Markterkundung. Gleichzeitig gewinnt man dabei eine Übersicht, wo und zu welchen Preisen das Produkt auf dem Markt angeboten wird.

Informationsmöglichkeiten

Die meisten Verbraucher informieren sich durch Prospekte und Kataloge, besichtigen die Waren im Schaufenster oder im Geschäft oder lesen Testberichte. Andere lassen sich von Freunden und Bekannten beraten, informieren sich durch die Werbung oder wenden sich an eine Verbraucherberatungsstelle.

Verbraucherberatung

Unabhängige Produktinformationen und Hinweise auf die Marktsituation bekommt ein Käufer von Verbraucherberatungsstellen. Dazu gehört auch die von der Bundesregierung gegründete „Stiftung Warentest". Sie führt vergleichende Warentests durch und veröffentlicht die Ergebnisse in der Zeitschrift „test". In jedem Bundesland gibt es eine Verbraucherzentrale mit örtlichen Beratungsstellen. Sie beraten die Verbraucher, helfen bei Reklamationsfällen und unterrichten die Öffentlichkeit über aktuelle Verbraucherfragen.

Kinder und Jugendliche als Konsumenten

Waren und Dienstleistungen werden von Verkäufern angeboten und von Käufern nachgefragt. Immer wenn Angebot und Nachfrage zusammentreffen, entsteht ein Markt. Der Ort dieses Zusammentreffens kann ganz unterschiedlich sein, beispielsweise bei Gemüse der Wochenmarkt, bei Kleidung das Kaufhaus oder bei einem Kauf am PC das Internet. Wer Waren kauft oder Dienstleistungen in Anspruch nimmt, ist wirtschaftlich gesehen ein Verbraucher. Ein Fachwort dafür ist „Konsument". Auch Kinder und Jugendliche sind Konsumenten, z. B. wenn sie eine Jeans oder eine DVD kaufen oder mit dem Handy telefonieren.

Kinder und Jugendliche sind für die Wirtschaft in Deutschland eine wichtige Konsumentengruppe. Die 6- bis 19-Jährigen verfügten 2005 über ein Gesamtvermögen von über 19 Milliarden Euro an Taschengeld, Sparguthaben, Geldgeschenken und Einnahmen aus Jobs.

Beim Einkauf im Kaufhaus

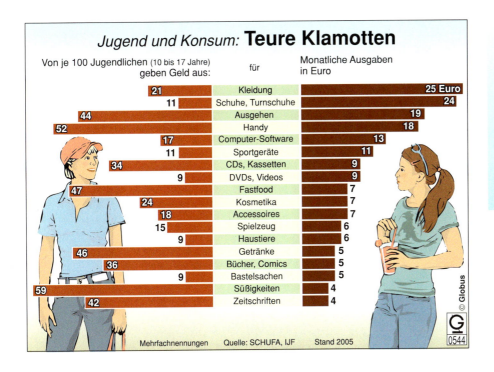

Die Ausgaben der 6- bis 19-jährigen Kids beliefen sich im Jahr 2005 auf insgesamt 19,8 Milliarden Euro. Um die Lücke zu den tatsächlichen Einnahmen zu schließen gab es nur zwei Möglichkeiten: Sparbücher plündern oder Schulden machen.

❶ „Angebot" – „Nachfrage" – „Markt": Erklärt den Zusammenhang an Beispielen.
❷ Wertet die Grafik aus. Notiert zwei bis drei Feststellungen.
❸ Schreibt in einer Reihenfolge auf, wofür ihr euer Taschengeld ausgebt. Vergleicht dann mit den Angaben in der Grafik.

▶ Kinder und Jugendliche: eine Zielgruppe für Werbung

Kinder und Jugendliche sind für die Wirtschaft eine interessante Verbrauchergruppe. Die Sechs- bis 19-Jährigen in Deutschland verfügen über etwa 20 Milliarden Euro jährlich, die sie ausgeben können. Außerdem reden sie bei den Kaufentscheidungen ihrer Eltern mit. Damit ist die Jugend eine wichtige Zielgruppe für die Werbung.

Die Jugendlichen orientieren sich bei ihrem Konsum hauptsächlich an Gruppen, denen sie angehören oder angehören wollen. Daher versucht die Werbung, die Trends in den Gruppen zu erkennen und für sich zu nutzen. Wie Werbeagenturen dabei vorgehen, zeigt der folgende Ausschnitt aus dem Gespräch mit einem Werbefachmann.

Welche Sprachen? →
Musik? →
Bedürfnisse?
Mit wem zusammen?
Gewohnheiten?
Kleidung?

Woher wissen Sie, dass eine Werbekampagne Jugendliche ansprechen wird?
A.: Dafür gibt es keine Garantie. Aber die Planer einer Werbeagentur haben schon im Vorfeld ein haargenaues Profil der Zielgruppe erstellt. Sie führen Gespräche mit Jugendlichen auf der Straße über ihre Ansichten über Gott und die Welt und über ihre Lieblingsprodukte und -marken. Diese Infos geben uns einen optimalen Eindruck dessen, was ansprechen könnte.

Wie produziert man erfolgreiche Ideen?
A.: Wir verbringen sehr viel Zeit damit, Zeitschriften zu lesen oder uns Filme und Fernsehprogramme anzuschauen, die unsere Zielgruppe interessieren, damit wir dran bleiben. Wenn z. B. japanische Zeichentrickfilme bei der Zielgruppe in sind, könnten wir sie eventuell in unserer Werbekampagne verwenden.

Wie machen Sie es, dass Ihre Ideen junge Menschen dazu bringen, die Produkte Ihres Kunden verstärkt oder überhaupt zu kaufen?
A.: Dafür gibt es wiederum keine Garantie. Bedenken Sie aber, dass wir viel recherchiert haben und wissen, was die Jugendlichen bewegt. Wir wissen zum Beispiel, dass Jugendliche sehr oft auf ihr Aussehen achten. Wenn wir also sagen, dass das Produkt unseres Kunden sie bessern aussehen lässt, ist etwas Erfolg schon vorprogrammiert. Wir verwenden auch einen bestimmten Stil – z. B. japanische Zeichentrickfilme –, damit das Zielpublikum auf uns aufmerksam wird. Anschießend müssen wir unsere Ideen an jungen Menschen testen, um ihre Meinung zu hören.

(aus: Kalender 2004/2005. Als Konsument in Europa. Hg.: Generaldirektion für Gesundheit und Verbraucherschutz der Europäischen Kommission, S. 71 f.)

❶ Erläutere, warum Kinder und Jugendliche eine wichtige Zielgruppe für Werbung sind.
❷ Wie gehen Werbefachleute vor, um erfolgreich junge Leute mit ihrer Werbung anzusprechen? Notiere stichwortartig.

Wie Marktforscher arbeiten

Mona: Ich arbeite in der Marktforschung.
Jens: „Forschung" – das klingt ja toll. Allerdings denke ich bei dem Wort „Forscher" an einen Menschen mit Tropenhelm, der sich durch den südamerikanischen Dschungel kämpft …
Mona: So schlecht ist dein Vergleich gar nicht. Der Markt ist oft so schwer zu durchschauen wie der Urwald.
Jens: Wieso denn? Die Firmen brauchen doch nur etwas Neues auf den Markt zu bringen und schon wird es gekauft.
Mona: So einfach ist das nicht. Von 100 Produktideen werden nur zehn verwirklicht. Bei diesen zehn haben die Marktforscher erkannt: Es besteht die Möglichkeit, auf dem Markt Erfolg zu haben.
Jens: Und woher wisst ihr, dass die Chancen haben?
Mona: Wir versuchen z. B. festzustellen, wie die Wünsche der Verbraucher an ein neues Produkt sind, welche Erwartungen sie haben.
Jens: Und wie macht ihr das?
Mona: Befragungen sind für die Marktforschung sehr wichtig, z. B. per Telefon oder mithilfe von Fragebögen oder als Interview auf der Straße. Da kann man vieles erfahren, vor allem, wenn man die richtige Zielgruppe anspricht.
Jens: Zielgruppe?

Mona: Damit ist der Teil der Verbraucher gemeint, der an einem bestimmten Produkt interessiert ist. Bei Baby-Windeln sind z. B. junge Mütter unsere Zielgruppe, bei der Werbung für Schlankheitsdiät Leute mit Übergewicht.
Jens: Macht ihr auch Tests?
Mona: Klar! Zum Beispiel wird ein neues Produkt bereits während der Entwicklung Versuchspersonen zur Beurteilung vorgelegt. Die sagen dann, was ihnen daran gefällt, was sie ändern würden und ob sie das neue Produkt kaufen würden. Oder wir testen auf dem Markt, wie das neue Produkt ankommt.
Jens: Aha, da wird dann sozusagen probeweise verkauft.
Mona: Genau! Bevor man ein neues Produkt mit enormen Kosten im gesamten Bundesgebiet anbietet, erprobt man die Absatzchancen erst mal in einem kleineren Gebiet, z. B. in Köln und Umgebung. Wir Marktforscher sprechen von einem Markttest, wenn das neue Produkt einige Wochen oder Monate lang in ausgewählten Geschäften zum Kauf angeboten wird. Von einem Testmarkt reden wir dann, wenn das Testgebiet größer ist – z. B. ein ganzes Bundesland umfasst und die Erprobung etwa 10 bis 12 Monate dauert. Dann können wir mit großer Sicherheit sagen, ob das neue Produkt bundesweit ein Erfolg werden wird oder nicht.

❶ In dem Gespräch werden verschiedene Methoden genannt, die Marktforscher anwenden. Schreibe diese auf.
❷ Begründe, warum die Marktforschung gerade bei der Einführung neuer Produkte wichtig ist.

▶ Werbung – warum denn?

Wer etwas verkaufen will, muss werben. Hersteller und Händler wollen durch Werbung Verbraucher auf ihre Produkte aufmerksam machen. Sie wollen diese beeinflussen, ihre Waren zu kaufen oder ihre Dienstleistungen in Anspruch zu nehmen. Werbung begegnet uns jeden Tag auf vielfältige Weise. Es gibt unterschiedliche Werbemittel, also Gegenstände oder Wege, die uns Werbebotschaften übermitteln.

Profis helfen den Anbietern beim Verkauf ihrer Produkte. Solche Fachleute sind in Werbeagenturen beschäftigt. Sie werden dafür bezahlt, dass sie Werbemaßnahmen und Werbestrategien entwickeln.

Werbefachleute wissen, dass eine erfolgreiche Werbung vor allem vier Punkte beachten muss:
- Den Verbrauchern muss die Werbung auffallen.
- Ihr Interesse muss auf das Produkt gelenkt werden.
- Es soll in ihnen der Wunsch entstehen, dieses Produkt zu besitzen.
- Sie sollen zum Handeln – also zum Kauf – veranlasst werden.

Was Werbefachleute sagen

„Wenn viele das Gleiche anbieten, braucht man Werbung, um die Unterschiede herauszuarbeiten. Werbung versieht Produkte auf übersättigten Märkten mit einem „Zusatznutzen": Waschmittel machen kontaktfreudig, Fernreisen Nachbarn neidisch, Kaffeepulver macht begehrenswert."

„Wir versuchen das herauszustellen, was beim Produkt unseres Kunden einzigartig ist. Wenn unser Kunde z. B. Jeans herstellt, dann untersuchen wir, wie andere Hersteller werben, und versuchen etwas Originelleres, Unerwartetes. Wir müssen etwas anderes über unsere Jeans sagen, etwas, was kein anderer von seinen Jeans behaupten kann. Es muss nicht die ganze Wahrheit, darf aber auch nicht frei erfunden sein. Was wir tun können ist, ein Körnchen Wahrheit gut zur Geltung zu bringen. Wenn das einzig Gute an den Jeans unseres Auftraggebers der Stoff ist, dann werden wir diesen Aspekt groß herausstellen."

„Gute Werbung versucht nicht, die Menschen umzuerziehen. Sie verstärkt vorhandene Bedürfnisse und Wünsche."

❶ Wo überall begegnet uns Werbung? Notiere Beispiele.
❷ Welche Werbung fällt dir ohne langes Nachdenken sofort ein? Nenne einige Beispiele.
❸ Untersuche die Aussagen der Werbefachleute: Notiere jeweils den Kerngedanken mit eigenen Worten.

Überlegt einkaufen – Verkaufsstrategien durchschauen 83

Methode: Untersuchung von Werbung

Thema: Werbeanzeigen

Produkt: Für welches Produkt wird geworben?
Zielgruppe: Welche Verbraucher soll die Anzeige besonders ansprechen?
Mittel: Was wird in der Anzeige dargestellt? Wie wird versucht, die Aufmerksamkeit zu erregen?
Bild: Was wird abgebildet? Fällt an der Abbildung etwas auf, z. B. Motiv, Ausschnitt, Perspektive?
Text: Gibt es etwas Auffallendes beim Text? Enthält er Informationen über das Produkt? Welche?
Nutzen: Welcher Nutzen des Produkts wird angekündigt? Welcher Zusatznutzen wird versprochen?
Wirkung: Werden Wünsche, Träume, Gefühle angesprochen? Welche Wirkung wird angestrebt?

Will man Werbeanzeigen genauer betrachten, können diese Fragestellungen helfen.

❶ Sammelt Werbeanzeigen und bringt sie in den Unterricht mit. Untersucht sie dann in Partner- oder Gruppenarbeit.
❷ Stellt die Ergebnisse eurer Untersuchung den Mitschülern vor.

▶ Informative und suggestive Werbung

Werbung hat zwei Seiten. Sie kann dem Verbraucher wichtige Informationen bieten. Das nennt man informative Werbung. Sie kann aber auch versuchen, den Verbraucher durch schöne, aber nichts sagende Worte und Bilder einzufangen. Solche Werbung, die vor allem Gefühle anspricht, nennt man suggestive oder beeinflussende Werbung.

Informative Werbung
Werbung, die informiert, sagt z. B. etwas aus über:
- das Aussehen des Produktes,
- seinen Preis,
- seine wichtigsten Eigenschaften,
- technische Einzelheiten,
- die Service-Leistungen des Anbieters,
- die Beurteilung des Produktes durch Verbraucher-Beratungsstellen, z. B. die Stiftung Warentest.

Mit solchen Angaben kann der Verbraucher etwas anfangen. Wenn Werbung viele sachliche Angaben enthält, kann man mit anderen Angeboten vergleichen. So kann Werbung bei der Kaufentscheidung helfen.

Suggestive Werbung
Werbung kann aber auch darauf zielen, in erster Linie die Gefühle, Wünsche und Träume des Verbrauchers anzusprechen. Dabei spielen schöne Bilder eine große Rolle. Die angenehmen Vorstellungen, die sie auslösen, sollen mit dem Produkt verbunden werden. Die Sprache benutzt hier häufig Worte, die positive Wertungen mit dem Produkt in Verbindung bringen, wie „naturrein", „superfrisch", kuschelweich".

Zur suggestiven Werbung gehört auch die so genannte „Leitbild-Werbung". Bei ihr werben bekannte Persönlichkeiten, beispielsweise Sportler oder Filmstars, für das Produkt. Das Ansehen der Person soll auf das Produkt übertragen werden und somit zum Kauf anregen.

Meist besteht Werbung aus einer Mischung von Information und Beeinflussung, enthält also informative und suggestive Elemente. Da Werbung verkaufen will, darf man eines von ihr nicht erwarten: dass sie Nachteile, Schwachstellen oder Probleme eines Produktes nennt.

❶ *Untersuche die vier Anzeigen für Inlineskates. Erkläre dabei, wo es informative, wo suggestive Teile in der Werbung gibt.*
❷ *Sammle Beispiele für beide Arten von Werbung und bringe sie in den Unterricht mit.*

Überlegt einkaufen – Verkaufsstrategien durchschauen

Methode: Simulation

Thema: Wir entwickeln Werbeideen

Stellt euch vor, die Firma „phone" möchte mehr Handys an jüngere Schüler und Schülerinnen verkaufen. Deshalb hat sie vor, Geld in die Werbung zu stecken, die sich besonders an die Gruppe der 10–12-Jährigen richtet. Die geplante Werbeaktion soll Anzeigen in Jugendzeitschriften und einen kurzen Werbefilm im Fernsehen umfassen.

Da diese Werbung die Jugendlichen zielgerichtet ansprechen soll, wendet sich die Werbeabteilung der Firma „phone" direkt an Jugendliche. Sie werden gebeten, Ideen für die Anzeige und den Werbespot zu liefern. Die Anzeige soll als Skizze vorgelegt werden und einen einprägsamen Werbespruch enthalten. Für den Werbefilm sollen die Personen und die Handlungen kurz beschrieben werden.

Schüler präsentieren ihre Ergebnisse

❶ Teilt eure Klasse in mehrere Gruppen ein. Jede Gruppe entwickelt unabhängig von den anderen Gruppen ihre Ideen für die „phone"-Werbung.
❷ Jede Gruppe stellt dann ihre Vorschläge in der Klasse vor. Erklärt dabei den anderen, welche Überlegungen für euch wichtig waren.
❸ Vergleicht eure Ergebnisse. Wo habt ihr informative, wo suggestive Teile in eurer Werbung verwendet?

▶ Product Placement und Sponsoring

Product Placement: Bezeichnung dafür, dass in Filmen, Fernsehsendungen u. Ä. bestimmte Produkte so platziert werden, dass sie deutlich und möglichst oft ins Bild kommen. Oft werden die Produkte kostenlos zur Verfügung gestellt, oder die Firmen zahlen sogar Geld dafür, dass sie ins Bild kommen.

Sponsoring: Ein Sponsor unterstützt finanziell einen bekannten Verein, einen beliebten Sportler oder eine interessante Aktion, damit dadurch der eigene Namen bekannter wird. Im Sport spielen Sponsoring und Werbung eine große Rolle. Sportler und Vereine haben dadurch zusätzliche Einnahmen. Die Unternehmen versuchen so, die Sympathien, die bekannte Sportler beim Publikum genießen, mit ihrem Firmennamen zu verbinden.

❶ Im Zusammenhang mit Product Placement und Sponsoring wird oft von „Schleichwerbung" gesprochen. Erläutere, wie dieser Ausdruck zu erklären ist?
❷ Welche Beispiele für Product Placement oder Sponsoring fallen dir ein? Erstelle eine Übersicht.
❸ Was meinst du zu der Zeichnung? Könntest du dir solch eine Entwicklung vorstellen? Erkläre.
❹ Welche der Aussagen entsprechen deiner Meinung, welche nicht? Begründe.

Methode: Pro- und Kontra-Diskussion

Thema: Werbung – hilfreich oder nicht?

Im Leben gibt es viele Dinge, zu denen man unterschiedliche Meinungen haben kann. Der eine ist dafür. Im Lateinischen heißt das „pro". Der andere ist dagegen. Im Lateinischen heißt das „contra". Wenn Menschen mit unterschiedlichen Meinungen über eine Streitfrage reden, sollten sie sachlich bleiben. Sachlich bleiben heißt, dass man nicht drohen, brüllen oder beleidigen darf.
Streiten sollte man nur mit Argumenten. Das sind verständliche und stichhaltige Begründungen für die eigene Meinung. Man muss auch bereit sein, die Argumente anderer anzunehmen, wenn man von ihrer Richtigkeit überzeugt wird. Argumentieren kann man mittels einer Pro- und Kontra-Diskussion sehr gut üben.

Vorbereitung
Die Klasse teilt sich in zwei Gruppen. Die eine Gruppe vertritt in der Streitfrage das Pro, ist also dafür. Die andere Gruppe vertritt das Kontra, ist also dagegen. Jede Gruppe überlegt sich Argumente. Sie bereitet sich auch auf die zu erwartenden Argumente der anderen Seite vor. Dann wird von jeder Gruppe ein Spieler oder eine Spielerin für das Gespräch ausgewählt. Die Diskussion soll geordnet ablaufen, deshalb müsst ihr einen Gesprächsleiter bzw. eine Gesprächsleiterin wählen.

Durchführung
Die beiden ausgewählten Spieler führen die Pro- und Kontra-Diskussion durch. Der Gesprächsleiter oder die Gesprächsleiterin nennt zu Beginn noch einmal die Frage, um die es geht, und erteilt dann abwechselnd das Wort. Die Gesprächsleitung achtet darauf, dass jeder der beiden Spieler etwa die gleiche Zeit zum Argumentieren bekommt. Die übrigen Schülerinnen und Schüler beobachten die Diskussion und machen sich Notizen.

Auswertung
Nach der Diskussion berichten zunächst die beiden Spieler, wie sie sich gefühlt haben und was sie zum Verlauf sagen möchten. Dann bespricht die Klasse den Verlauf der Diskussion. Dabei geht es um Fragen wie:
- Wer hat besonders geschickt argumentiert?
- Wer ist auf den anderen eingegangen?
- Wer ist sachlich geblieben?

Wenn die Zeit reicht, kann es interessant sein, die Diskussion mit anderen Spielerinnen und Spielern zu wiederholen.

WERBUNG MACHT PRODUKTE TEUER!

Werbung hilft Unentschlossenen!

WERBUNG SCHAFFT ARBEITSPLÄTZE!

Werbung weckt Bedürfnisse!

Werbung ermöglicht Vergleiche!

WERBUNG VERFÜHRT ZUM KAUFEN!

Werbung zeigt nur die guten Seiten!

WERBUNG INFORMIERT!

---

❶ In den Schlagzeilen stehen Aussagen zur Werbung. Sortiere sie nach Pro und Kontra.
❷ Führt eine Pro-Kontra-Diskussion zum Thema „Werbung – hilfreich oder nicht?" durch.

Verkaufsförderung im Supermarkt

Aus einem Handbuch für Einrichter von Supermärkten

- Der Blick geht meist von links nach rechts, außerdem sind die meisten Menschen Rechtshänder. Also: Teure Produkte rechts im Regal platzieren!
- Teure Ware in Augen- und Griffhöhe des Kunden! Da wird rasch zugelangt. In Bodennähe die billigen Angebote.
- Obst und Gemüse müssen in die Nähe des Eingangs! Dieses Frische-Signal löst positive Gefühle aus und bremst den Laufschritt der Kunden.
- Wurst, Fleisch und Milch braucht fast jeder Kunde. Daher diese Waren hinten im Laden anordnen, damit die Kunden durch viele Regalreihen müssen!
- An den Kassen müssen die Kunden oft warten. Das ist die „goldene Zone", weil viele Kunden nach den Kleinigkeiten wie Kaugummis oder Süßigkeiten greifen, die dort in Verkaufsständern angeboten werden!
- Der Gang zwischen den Regalen darf nicht zu breit sein, weil sonst die Kunden mit den Einkaufwagen zu rasch durchfahren. Hier müssen Körbe mit Sonderangeboten den schnellen Durchgang aufhalten!
- An die Zweitplatzierung denken! Ware, die ihren Standplatz im Regal hat, nochmal an anderer Stelle im Laden anbieten. Und das in großer Menge und am besten noch auf einer Packpalette mitten im Gang, dazu ein handgeschriebenes Preisschild. Das sieht nach einem günstigen Angebot aus.
- Ein stiller Laden wirkt tot – also durch Musik eine positive Atmosphäre schaffen! Das ist verkaufsfördernd.

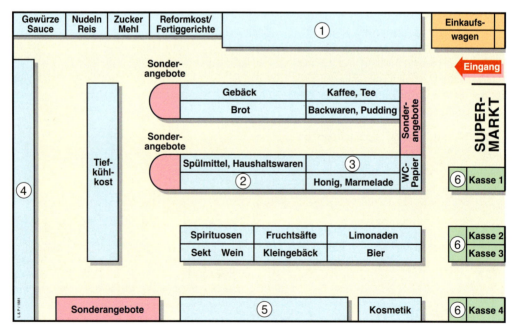

❶ Wo würdest du in dem Supermarkt die sechs Warengruppen unterbringen?
❷ Worauf sollte ein kritischer Verbraucher im Supermarkt achten? Stelle eine Liste mit Hinweisen zusammen.

Überlegt einkaufen – Verkaufsstrategien durchschauen

Methode: Erkundung

Thema: Verkaufsstrategien im Supermarkt

Eingangsbereich eines Supermarkts

Warenfülle suggeriert niedrige Preise

Bei einer Erkundung macht ihr außerhalb der Schule Beobachtungen und führt Gespräche. So lernt ihr etwas, das im Unterricht eine Rolle spielt, genauer kennen.
Bei einer Erkundung im Supermarkt solltet ihr Folgendes beachten:

- Es ist wichtig, vorher mit dem Geschäftsführer oder der Geschäftsführerin über das Vorhaben zu sprechen. Die Verantwortlichen müssen Bescheid wissen, worum es geht, wenn Schülerinnen und Schüler in ihrem Supermarkt Beobachtungen und Notizen machen.
- Fragt den Geschäftsführer oder die Geschäftsführerin, ob sie nach der Erkundung Zeit für ein kurzes Gespräch mit euch haben. Es kann interessant sein, was sie aus ihrer Sicht über Verkaufsstrategien sagen.
- Ihr dürft den Betrieb im Supermarkt nicht stören, also den Kunden nicht im Weg stehen. Wenn ihr einen Kunden oder eine Kundin etwas fragen wollt, dann sprecht ihn bzw. sie höflich an und erklärt den Zusammenhang zum Unterricht.

Erkundung im Supermarkt

❶ Erkundet einen Supermarkt.
❷ Welche Verkaufstrategien könnt ihr bei genauer Beobachtung feststellen?

Zweitplatzierung – eine häufige Form der Verkaufsförderung

▶ Verkaufsgespräche

Verkäuferin: Guten Tag, was darf es sein?
Kara: Ich hätte gern ein T-Shirt.
Verkäuferin: Da haben wir sehr schöne, neu hereingekommene Sachen. *(Die Verkäuferin holt ein buntes T-Shirt mit V-Ausschnitt und ein bedrucktes mit weitem Ausschnitt.)* Das dürfte auch deine Größe sein: 36.
Kara: Das bunte T-Shirt würde mir schon gefallen. Bloß hätte ich es gern mit Kragen.
Verkäuferin: Das haben wir natürlich auch: bunt, mit Kragen. Du willst es doch sicherlich in reiner Baumwolle. Das ist beim Tragen sehr angenehm.
Kara: Ja, natürlich!

Verkäuferin: *(Die Verkäuferin bringt das bunte T-Shirt mit Kragen und aus reiner Baumwolle.)* Darf ich es dir einmal hinhalten? Schau in den Spiegel, das steht dir ausgezeichnet.
Kara: Ja, das stimmt. Das nehme ich.
Verkäuferin: Gut. Möchtest du noch ein nettes Tüchlein probieren? In diesem schönen Orange, das in dem T-Shirt vorkommt?
Kara: Ja, probieren wir es einmal.
Verkäuferin: *(Hält das Tuch an den Kragen des T-Shirts.)* Das passt ideal dazu. Und es kostet nur 4 Euro – beides zusammen 21 Euro.
Kara: Also, das nehme ich dazu.
Verkäuferin: Darf ich dir sonst noch etwas zeigen?
Kara: Nein, danke.
Verkäuferin: Dann darf ich mich bedanken. Da hast du ja nun etwas Passendes gefunden. Ich bringe die Sachen zur Kasse. Auf Wiedersehen!
Kara: Tschüss! *(Geht zur Kasse und zahlt.)*

Regeln für Verkäufer und Verkäuferinnen

1. Bleiben Sie immer freundlich, auch wenn es Ihnen schwer fällt.
2. Legen Sie Waren vor und ermitteln Sie so die Vorstellungen der Kundin oder des Kunden. „Reden ist Silber, zeigen ist Gold!"
3. Verwenden Sie Fragen, mit denen Sie dem Kunden bejahende Antworten in den Mund legen. („Ist das nicht ein schönes Kleid?")
4. Vermeiden Sie Entscheidungsfragen. („Nehmen Sie das teurere oder das billigere Kleid?")
5. Sagen Sie etwas, das für die Kundin oder den Kunden angenehm ist. („Das steht Ihnen hervorragend!")
6. Nehmen Sie mögliche kritische Bemerkungen des Kunden vorweg, dann sind Sie in einer besseren Lage. („Diese Jeans sind etwas teurer, aber dafür haben sie eine überragende Qualität.")

❶ *Was ist das Ziel eines Verkäufers, einer Verkäuferin bei dem Gespräch mit einem Kunden?*
❷ *Welche „Regeln" hat die Verkäuferin in dem Gespräch mit Kara beachtet?*
❸ *Formuliere einige „Regeln für Käufer und Käuferinnen".*

Methode: Rollenspiel

Thema: Käufer-Verkäufer-Gespräche

In Rollenspielen kann man das Verhalten während eines Käufer-Verkäufer-Gesprächs sehr gut üben. Geht bei der Durchführung der Rollenspiele so vor:

- Bildet zwei Gruppen. Eine übernimmt die Rolle des Verkäufers, die andere die des Käufers.
- Jede Gruppe bereitet sich vor: Die Verkäufergruppe überlegt sich die Angaben (Preis, Ausstattung usw.) für die Produkte und das mögliche Vorgehen bei der Gesprächsführung. Die Käufergruppe überlegt sich, welche Gesichtspunkte für die gespielte Kaufentscheidung wichtig sein können.
- Jede Gruppe wählt dann eine Spielerin oder einen Spieler für das Rollenspiel aus. Die anderen notieren sich während des Spiels Stichwörter zum Verhalten und zu den Aussagen der Spieler.

Situation 1

Miroslav ist im zweiten Lehrjahr als Elektromechaniker. In seiner Freizeit geht er gerne in die Natur. Er fährt Rad und unternimmt mit seinen Freunden vom Alpenverein lange Wanderungen. Miroslav will sich einen neuen Anorak kaufen. Wichtiger als das Aussehen ist ihm dabei das Material. Er hat gehört, dass es Gewebe aus Mikrofasern gibt, das leicht ist und in dem man nicht so schnell ins Schwitzen kommt. Für einen solchen Anorak würde er schon 100 bis 150 Euro ausgeben.

Situation 2

Die 18-jährige Marie will ihrer Tante zum 60. Geburtstag ein Buch kaufen. Welches, das weiß sie nicht – vielleicht einen Bildband. Marie hat 50 Euro dabei, will aber nur 20 bis 30 Euro für das Buch ausgeben.

Situation 3

Der 17-jährige Tim hat zu Weihnachten von seinen Eltern 150 Euro bekommen, damit er sich einen Wunsch erfüllen kann. Tim möchte sich gerne einen MP3-Player kaufen. Allerdings möchte er dafür nicht den ganzen Betrag von 150 Euro ausgeben.

❶ Führt ein, zwei Rollenspiele wie beschrieben durch.

Das Wichtige in Kürze

Zielgruppe Kinder und Jugendliche

Kinder und Jugendliche sind eine wichtige Zielgruppe für die Werbung. Sie verfügen über eine Kaufkraft von vielen Milliarden Euro und beeinflussen außerdem die Kaufentscheidungen ihrer Eltern. Die Jugendlichen orientieren sich in ihrem Konsum hauptsächlich an Gruppen, denen sie angehören oder angehören möchten. Daher versucht die Werbung die Modetrends in den Gruppen zu nutzen. Markenprodukte spielen beim Kaufverhalten der Jugendlichen eine große Rolle.

Marktforschung

Unternehmen beobachten ständig, wie sich der Markt für ihre Produkte entwickelt. Marktforscher befragen Verbraucher nach ihren Einstellungen und Vorlieben. Sie beobachten auch die Trends in der Mode, damit sie bei der Werbung berücksichtigt werden können.

Werbung

Durch Werbung versuchen Unternehmen, die Käuferinnen und Käufer auf ihr Produkt aufmerksam zu machen. So wollen sie die Verbraucherinnen und Verbraucher zum Kauf ihrer Waren bewegen. Werbung gibt es in vielen Formen: Anzeigen in Zeitungen und Zeitschriften, Plakate an Plakatwänden und Litfaßsäulen, Werbesendungen in Rundfunk und Fernsehen, Reklamezettel im Briefkasten, Leuchtreklame an Geschäftshäusern usw.

Arten der Werbung

Werbung kann sich an die Gefühle der Käuferin und des Käufers wenden und dabei versuchen, verborgene Wünsche und Vorstellungen anzusprechen (suggestive Werbung). Sie kann aber auch sachliche Auskünfte über die Eigenschaften des Produkts geben (informative Werbung). Meistens vermischen sich in der Werbung suggestive und informative Elemente.

Versteckte Werbung

Werbung ist nicht immer sofort erkennbar. So werden z. B. in Kinofilmen oder im Fernsehen bestimmte Produkte so platziert, dass sie immer wieder ins Bild kommen. Firmen unterstützen z. B. Vereine oder Sportler finanziell und machen so ihre Markennamen einem breiten Publikum bekannt.

Verkaufsstrategien

Die Unternehmen wollen möglichst viele Produkte verkaufen. Die Verbraucher werden daher ständig aufgefordert, Waren zu kaufen. Neben der Werbung gibt es viele versteckte Versuche, zum Kauf zu veranlassen, z. B. in Supermärkten durch eine geschickte Anordnung der Waren. Verbraucherbewusstes Verhalten zeigt sich darin, solche Verkaufstrategien zu durchschauen und den Kauf überlegt vorzunehmen.

Verkaufsgespräche

Verkäufer und Verkäuferinnen versuchen, Interessenten zum Kauf zu bewegen. Deswegen machen sie beim Beratungsgespräch dem Kunden bzw. der Kundin den Kauf der Ware so leicht wie möglich.

Beratungsgespräch

Rechte des Käufers

Gespräch mit einer Verbraucherberaterin in einer Verbraucherzentrale

Frage: *Ich habe mir vor fünf Monaten einen CD-Rekorder gekauft. Seit 14 Tagen funktioniert das Gerät nicht mehr richtig. Was kann ich tun?*
Antwort: Für dich ist dein Vertragspartner der Verkäufer. Du hast einen gesetzlichen Gewährleistungsanspruch von zwei Jahren. Innerhalb der ersten sechs Monate in dieser Zweijahresfrist muss der Verkäufer dir beweisen, dass die Ware beim Kauf fehlerfrei war. Danach musst du beweisen, dass die Ware beim Kauf schon einen Fehler hatte. Man nennt dies Beweislast. Du hast während der zwei Jahre das Recht auf Nacherfüllung. Du hast das Recht zu sagen: „Ich möchte mein kaputtes Gerät gegen ein Gerät eintauschen, das in Ordnung ist." Man sagt hierzu Neulieferung. Du kannst aber auch verlangen, dass der Fehler, man sagt auch Mangel, beseitigt wird. Dann wird dein Gerät repariert. Hier spricht man dann von der Nachbesserung. Vor allem bei teuren Waren, z. B. Autos, muss sich der Kunde zunächst die Reparatur gefallen lassen.
Dabei ist jedoch wichtig, dass die Reparatur des Verkäufers innerhalb der Gewährleistungszeit von zwei Jahren kostenlos sein muss, d. h., er darf weder Lohnkosten noch Material- und Weg- und Transportkosten verlangen. Das ist gesetzlich so vorgeschrieben.

Frage: *Und wenn nach der Reparatur der CD-Rekorder dennoch nicht funktioniert?*
Antwort: Der Verkäufer hat das Recht, das kaputte Gerät nochmals zu reparieren. Wenn aber danach das Gerät immer noch einen Mangel hat, kann der Käufer vom Vertrag zurücktreten und sein Geld zurückverlangen. Er kann aber auch eine Preisminderung verlangen. Im Falle des CD-Rekorders wäre eine Preisminderung jedoch nicht sinnvoll.
Frage: *Ich habe mir einen Taschenrechner gekauft und eine Garantiekarte mit drei Jahren Garantie bekommen. Sie sprachen doch von zwei Jahren.*
Antwort: Die Garantie ist eine freiwillige Leistung des Herstellers. Sie kann daher in Umfang und Dauer vom Hersteller frei gestaltet werden. In deinem Fall ist die Garantiezeit um ein Jahr länger als die gesetzliche Gewährungszeit. Innerhalb der ersten beiden Jahre darfst du bei einem Mangel durch die Garantieleistung des Herstellers nicht schlechter gestellt werden, als es dir nach dem Gesetz zusteht. Es dürfen also keine Reparaturkosten berechnet werden.
Danach ist es jedoch erlaubt, dass der Hersteller einen Teil der Kosten berechnet. Ohne Garantie hättest du nach zwei Jahren die ganzen Reparaturkosten zu tragen.

Gesetzlicher Anspruch		Freiwillige Leistung des Herstellers oder Händlers	
Beweislast bis zum 6. Monat trägt **1**	Beweislast bis zum 24. Monat trägt **2**	**6**	
Recht auf **3**		bis zum 24. Monat	ab dem 24. Monat
4 oder **5**		**7**	**8**

Neulieferung Kostenlose Reparatur Kostenlose Reparatur
Käufer Nacherfüllung
Garantie Verkäufer Reparaturkosten nach Bedingungen des Herstellers oder Händlers

❶ *Ergänze die Übersicht: Welcher der Begriffe im Kasten gehört an welche Stelle in der Übersicht?*
❷ *„Garantie ist immer am besten!" – Was meinst du zu dieser Aussage?*

Mangelhafte Ware – was tun?

Gewährleistungsrechte

Der neue MP3-Player gibt schon nach drei Wochen keinen Ton mehr von sich? Beim schicken Mountain-Bike bricht schon auf der ersten Fahrt eine Speiche? Das sind typische Gewährleistungsfälle. Zwei Jahre lang muss jeder Händler dafür einstehen, dass die von ihm verkaufte Ware in Ordnung ist. Eine Ausnahme ist gebrauchte Ware: Da darf der Händler die Frist auf ein Jahr verkürzen. Darauf muss er aber schon beim Kauf hinweisen.

Die gesetzliche Gewährleistung gilt immer. Kein Händler darf sie ausschließen oder verkürzen. Wenn im Kleingedruckten steht: „Die Gewährleistung greift nicht bei Sonderangeboten", ist eine solche Regelung schlichtweg unwirksam. Sie gilt nicht – auch nicht, wenn der Kunde sie in einem förmlichen Kaufvertrag eigenhändig unterschrieben hat.

In den ersten sechs Monaten nach dem Kauf gilt sogar eine Beweislastumkehr: Kommt ein Kunde innerhalb dieser Frist zum Beispiel mit einem kaputten CD-Player, muss der Händler beweisen, dass das Gerät zum Zeitpunkt des Verkaufs in Ordnung war und dass der Fehler auf ein Verschulden des Kunden zurückzuführen ist – zum Beispiel durch falsche Handhabung oder weil der Player herunter gefallen ist. In der Praxis ist ein solcher Nachweis kaum zu führen.

Nach Ablauf der ersten sechs Monate gilt die Gewährleistung weiterhin. Aber jetzt muss der Kunde beweisen, dass nicht er selbst den Defekt verursacht hat, sondern dass der Fehler schon beim Kauf gewissermaßen im Gerät angelegt war, auch wenn er erst jetzt aufgetreten ist. Zum Beispiel kann der Deckel des CD-Players so schlecht verarbeitet sein, dass er innerhalb der ersten beiden Jahre einfach brechen musste – bei normaler Benutzung natürlich. In der Praxis ist ein solcher Beweis aber häufig nur sehr schwer zu führen, höchstens durch einen Sachverständigen. Deshalb: Wenn sich der Händler weigert, nach sechs Monaten ein defektes Gerät als Gewährleistungsfall anzuerkennen, kann dem Kunden nur noch ein Anwalt helfen.

Erst Reparatur, dann Umtausch

Gewährleistung bedeutet aber nicht, dass der Verkäufer das Gerät zurücknehmen und den Kaufpreis erstatten muss. Vielmehr darf der Händler „nacherfüllen": Er darf dem Kunden ein anderes Gerät aus derselben Bauserie geben oder das defekte Gerät reparieren. Wie lange er sich mit der Reparatur Zeit lassen darf, kommt auf den Einzelfall an. Meist ist gegen zwei bis drei Wochen nichts einzuwenden. Aber bei Gebrauchsgegenständen, die man rasch wieder benötigt, kann mehr als eine Woche schon zu viel sein, beispielsweise bei einem Handy. Grundsätzlich hat der Händler zwei Reparaturversuche. Schlägt aber auch die zweite Reparatur fehl, darf der Kunde vom Vertrag zurücktreten. Und das heißt: Ware zurück, Geld zurück. Als Alternative dazu kann er auch den CD-Player behalten und einen Preisnachlass verlangen. Das ist in der Praxis aber häufig schwierig, denn den Nachlass muss er mit dem Verkäufer aushandeln. Übrigens gilt dasselbe, wenn der Händler das Gerät austauscht: Bekommt auch das zweite Gerät innerhalb der zweijährigen Gewährleistungsfrist eine Macke, darf der Kunde es zurückgeben und sein Geld zurückverlangen. Ein Gewährleistungsfall liegt auch dann vor, wenn die Ware nicht der Beschreibung entspricht. Ist auf der Verpackung ein silbern eloxierter CD-Player abgebildet, innendrin aber ein rot lackierter verpackt, kannst du Gewährleistungsansprüche geltend machen – auch wenn das Gerät völlig in Ordnung ist. In der Praxis würde dies bedeuten: Der Händler tauscht den roten CD-Player gegen einen silbernen aus. Oder er gibt dir dein Geld zurück.

Und damit nicht genug: Sämtliche Kosten, die bei der Gewährleistung entstehen, trägt der Händler. Er muss auf eigene Kosten reparieren. Auch Porto für den Versand oder Fahrtkosten gehen auf seine Rechnung. Dass du die Verpackung bereits aufgerissen hast, spielt keine Rolle: Das musstest du ja, um überhaupt die Ware in Augenschein nehmen zu können. Die Verpackung hat mit der Gewährleistung nichts zu tun. Schließlich hast du einen CD-Player gekauft, nicht eine Verpackung. Die hat der Händler kostenlos mitgeliefert.

(Beide Texte aus: Schülerkalender – als Konsument in Europa, hrsg. von der Generaldirektion für Gesundheit und Verbraucherschutz der Europäischen Kommission, S. 16 f.)

❶ Werte die beiden Texte nach der auf Seite 30 beschriebenen Methode aus. Lasse dir dazu von den Artikeln eine Kopie geben.
❷ Fasse die Informationen aus beiden Texten zu einem kurzen Bericht zum Thema „Mangelhafte Ware – was tun?" zusammen.

Methode: Rollenspiel

Thema: Reklamation

Fall 1: Bei einem soeben gekauften superteuren Oberhemd sind zwei Nähte schlecht verarbeitet.

Fall 2: Bei der vor einem Jahr gekauften Ledercouch hat die Füllung aus Gänsefedern nachgegeben. Der Bezug wirft nun unschöne Falten. In einem Begleitzettel hatte der Hersteller allerdings auf diese Möglichkeit hingewiesen.

Fall 3: Bei den neuen Schnürstiefeln beginnt sich die Profilsohle bereits nach vier Wochen zu lösen.

Fall 4: Die aufblasbare Liegematratze aus gummiertem Baumwollgewebe ist von Anfang an undicht.

Durch Rollenspiele kann man z. B. trainieren, wie man sich im Fall einer Reklamation verhalten sollte. Dazu gehört auch, dass man im Ton freundlich bleibt, ohne jedoch in der Sache vorschnell nachzugeben. Wichtig ist es, nicht durch Lautstärke, sondern durch Argumente zu überzeugen, also seinen Standpunkt sachlich vertreten zu können.

Bei Rollenspielen zur Reklamation einigt ihr euch zunächst auf einen Fall als Grundlage für das Spiel. Dann geht ihr so vor:

- Bildet zwei Gruppen. Eine übernimmt die Rolle des Kunden, die andere die des Händler.
- Jede Gruppe bereitet sich vor. Die Kundengruppe überlegt sich, wie sie die Gründe für ihre Reklamation überzeugend darstellen kann. Die Händlergruppe überlegt sich, wie sie die Berechtigung der Reklamation prüfen kann.
- Jede Gruppe wählt dann einen Spieler oder eine Spielerin für das Rollenspiel aus. Die Szene wird möglichst ohne Unterbrechung gespielt. Die anderen notieren sich während des Spiels Stichwörter zum Verhalten und zu den Aussagen der Spieler für die anschließende Besprechung.
- Zunächst sagen die Spieler, was ihnen beim Spiel besonders aufgefallen ist. Dann berichten die anderen, was sie beobachtet haben. Über diese Beobachtungen wird gesprochen.

❶ *Führt zu einem der Fälle ein Rollenspiel durch.*

▶ Wie das Geld entstanden ist

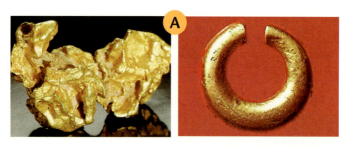

Zunächst wurden Münzen geprägt, deren Wert dem Edelmetall entsprach. Später wurden Münzen geprägt, deren Wert höher war als der Metallwert.

Als Waren dienten z. B. Muscheln, Vieh, Felle, Beile, Perlen. Der Wert dieser Waren war allgemein bekannt und anerkannt.

Damit die schweren Münzen nicht mehr transportiert werden mussten, stellten die Geldwechsler über bei ihnen hinterlegte Münzbeträge so genannte Hinterlegungsscheine aus. Daraus entwickelten sich die Banknoten.

Als Metall dienten z. B. Gold, Silber, Kupfer. Zunächst wurden die verwendeten Edelmetalle abgewogen; später wurden sie in Ringe, Barren oder Stäbe gegossen.

Man ging dazu über, auch die Banknoten nicht mehr bei sich zu haben, sondern bei einer Bank zu lassen und über sie bargeldlos zu verfügen, z. B. durch Überweisung oder Online-Banking.

BEGRIFFE:

| Münzgeld |
| Buchgeld | Warengeld |
| Papiergeld | Metallgeld |

2 Messer = 1 Hose
2 Messer + 1 Hose = 1 Decke
2 Messer + 1 Hose + 1 Decke = 1 Flinte
2 Messer + 1 Hose + 1 Decke + 1 Flinte = 1 Pferd
2 Messer + 1 Hose + 1 Decke + 1 Flinte + 1 Pferd = 1 Zelt

Indianer A besitzt 3 Zelte, 2 Pferde, 5 Flinten
Indianer B besitzt 2 Zelte, 3 Pferde und 8 Flinten.

Welcher Indianer ist reicher?

❶ Eine bildliche Darstellung, eine Beschreibung und ein Begriff gehören jeweils zusammen. Ordne zu.
❷ Ordne die Begriffe nach der geschichtlichen Entwicklung.

Kaufen und bezahlen: Was man wissen sollte **101**

Bargeldlose Zahlung

1. Frau Joos hat Waren von einem Versandhaus erhalten. Da sie ein Girokonto hat, begleicht sie die Rechnung bargeldlos.

2. Herr Vitek hat eine neue Wohnung bezogen. Er und sein Vermieter haben jeweils ein Girokonto. Der Vermieter möchte, dass die Miete jeweils am Monatsanfang bargeldlos bezahlt wird.

3. Frau Betz hat ein Girokonto und möchte ihre monatliche Telefonrechnung, die in der Höhe schwankt, bargeldlos bezahlen.

4. Herr Romano legt bei der Bezahlung seiner Hotelrechnung eine Karte vor. Diese wird durch ein Lesegerät gezogen. Herr Romano unterschreibt einen Beleg. Der Betrag wird von seinem Girokonto am Monatsende abgebucht.

5. Frau Morgil kauft auf einem Einkaufsbummel ein Kleid, das ihr gefällt. Sie steckt ihre Euroscheckkarte in einen Kartenleser, tippt ihre Geheimzahl ein und bestätigt den Betrag. Anschließend erhält sie einen Kassenbeleg. Der Betrag wird von ihrem Girokonto sofort abgebucht.

6. Herr Balzer hat den goldenen Chip auf seiner Euroscheckkarte bei seiner Bank aufladen lassen. Seine Parkgebühren bezahlt er bargeldlos. Er steckt in den Kassenautomaten seine Karte ein und bestätigt den Betrag. Seine Geheimzahl muss er nicht eintippen. Der Betrag wird sofort vom Chip abgebucht.

7. Frau Collmar hat einen Internetanschluss. Am Wochenende begleicht sie eine Rechnung am Computer. Sie gibt ihre persönliche Identifikationsnummer, eine Transaktionsnummer für die Rechnung und den Betrag ein. Der Betrag wird von ihrem Girokonto sofort abgebucht.

durch Electronic-cash | mit Geldkarte | durch Einzugsermächtigung | durch Homebanking | mit Kreditkarte | durch Dauerauftrag | durch Überweisung

❶ Ordne die Fachbegriffe den Fällen zu.
❷ Welche Abbildung gehört zu welchem Fall?

Das Wichtige in Kürze

Kaufvertrag

Ein Kaufvertrag ist ein Rechtsgeschäft, das zustande kommt, wenn „Antrag" und „Annahme" übereinstimmen. Kaufverträge können mündlich, schriftlich oder durch entsprechende Handlungen geschlossen werden. Kinder und Jugendliche können Kaufverträge nur im Rahmen ihres Taschengeldes abschließen („Taschengeldparagraf").

Rechte und Pflichten

Aus einem Kaufvertrag entstehen für beide Seiten Verpflichtungen. So verpflichtet sich z. B. der Verkäufer zur rechtzeitigen und mängelfreien Lieferung der Ware. Der Käufer verpflichtet sich, die Ware anzunehmen und pünktlich zu bezahlen.

Widerrufsrecht

Es gibt Situationen, in denen Käufer nicht richtig einschätzen können, worauf sie sich durch einen Vertrag einlassen. Für solche Fälle erlaubt das Gesetz dem Käufer einen Widerruf des Vertrags innerhalb von zwei Wochen. Dieses Recht auf Widerruf gilt z. B. beim Kauf auf Raten, bei Zeitschriftenabonnements, bei Verträgen an der Haustür und bei Verträgen, die auf „Kaffeefahrten" abgeschlossen wurden.

Käuferrechte

Hat die gekaufte Ware einen Fehler, man sagt auch Mangel, so hat der Käufer nach dem Gesetz das Recht auf Nacherfüllung. Dabei gibt es grundsätzlich zwei Möglichkeiten:
- Er kann die Lieferung einer mangelfreien Ware verlangen; man sagt auch Neulieferung.
- Er kann die kostenlose Beseitigung des Mangels durch Reparatur verlangen; man sagt auch Nachbesserung.

Vor allem bei teuren Waren, z. B. Autos, muss sich der Kunde zunächst die Nachbesserung gefallen lassen. Nach zwei Nachbesserungsversuchen kann der Käufer vom Vertrag zurücktreten und sein Geld zurückverlangen. Der Käufer hat bis zu zwei Jahre nach dem Kauf das Recht auf Nacherfüllung bei einer mangelhaften Ware. Die Garantie ist eine freiwillige Leistung des Herstellers. Daher kann der Hersteller auch den Umfang und die Dauer der Garantie frei gestalten. Wenn man Probleme bei der Reklamation hat, kann man sich an eine Verbraucherberatungsstelle wenden.

Entwicklung des Geldes

Beim ursprünglichen Tauschhandel war es schwierig, den richtigen Tauschpartner zu finden und die Waren zu bewerten. Daher wurden mit der Zeit allgemein anerkannte Waren zu „Geld". Es entstand das Warengeld. Ihm folgte das Metallgeld und durch Prägung der Metalle das Münzgeld. Dann entwickelten sich das Papiergeld und das Buchgeld.

Bargeldlose Zahlung

Bei der bargeldlosen Zahlung wird über Buchgeld verfügt. Dies setzt voraus, dass Zahlungspflichtiger und Zahlungsempfänger ein Girokonto haben. Über Buchgeld wird z. B. durch Überweisung, Dauerauftrag, Einzugsermächtigung, Electronic cash, Kreditkarte, Geldkarte und Homebanking verfügt. Ein Vorteil der bargeldlosen Zahlung ist, dass die Zahlungen erheblich erleichtert werden, da das Geld nicht mehr übergeben werden muss. Der Umfang der bargeldlosen Zahlungen hat im Laufe der Zeit erheblich zugenommen.

Zeige deine Kompetenzen!

Sachkompetenz

Löse das Rätsel. Benutze das Arbeitsblatt oder notiere von 1 bis 12 in deinem Heft. Die Buchstaben in den gelben Kästchen ergeben von oben nach unten gelesen das Lösungswort.

1. Mit ☐☐☐☐☐☐☐ versuchen die Anbieter ihre Produkte bekannt zu machen und bei den Käufern Bedürfnisse zu wecken.
2. Weil Kinder und Jugendliche über eine große Kaufkraft verfügen, sind sie eine wichtige ☐☐☐☐☐☐☐☐☐☐ für die Werbung.
3. Zur Befriedigung ihrer ☐☐☐☐☐☐☐☐☐☐ benötigen die Menschen Güter.
4. Die Arbeit eines Friseurs oder die Unterrichtstätigkeit einer Lehrerin bezeichnet man auch als ☐☐☐☐☐☐☐☐☐☐☐☐☐.
5. Werbung, die vor allem Gefühle anspricht, wird als ☐☐☐☐☐☐☐☐☐ Werbung bezeichnet.
6. Die ☐☐☐☐☐☐☐☐☐☐☐ sind Fachleute, die für die Werbung genau die Modetrends und die Entwicklungen auf dem Markt beobachten.
7. Von ☐☐☐☐☐☐☐ ☐☐☐☐☐☐☐ spricht man bei versteckten Formen der Werbung, z. B. bei Product-Placement.
8. Wenn ausreichend Mittel zu ihrer Befriedigung zur Verfügung stehen, werden Bedürfnisse zum ☐☐☐☐☐☐.
9. Man unterscheidet freie und ☐☐☐☐☐☐☐☐☐☐☐☐☐☐☐☐ Güter. Letztere sind knapp und haben stets einen Preis.
10. Um einen genauen Überblick zu behalten, kann eine Familie ihre Einnahmen und Ausgaben in einem ☐☐☐☐☐☐☐☐☐☐☐☐☐ gegenüberstellen.
11. Teure Waren in den Regalen in Augen- und Griffhöhe der Kunden zu platzieren ist eine häufig angewandte ☐☐☐☐☐☐☐☐☐☐☐☐☐☐☐☐☐☐☐☐ in Supermärkten.
12. Wenn man einen ☐☐☐☐☐☐ verspürt, entsteht ein Bedürfnis.

Urteilskompetenz

❶ Was will jede der Karikaturen zum Ausdruck bringen? Wie ist deine Meinung?

(Zeichnung: Horst Haitzinger / CCC)

Zeige deine Kompetenzen!

Sachkompetenz

Löse das Rätsel. Bilde aus den Silben die gesuchten elf Wörter. Die Buchstaben in den gelben Kästchen ergeben von oben nach unten gelesen das Lösungswort.

1. Vor dem Kauf sollte man sich über die Eigenschaften des ☐☐☐☐☐☐☐☐ informieren.
2. Die ☐☐☐☐☐☐☐☐ im Geschäft ist eine Möglichkeit, sich über ein Produkt zu informieren.
3. Die Zeitschrift ☐☐☐☐ informiert neutral über die Qualität von Waren und Dienstleistungen.
4. Bei fehlerhafter Ware hat der Käufer zwei Jahre lang das Recht auf ☐☐☐☐☐☐☐☐☐☐☐☐.
5. In jedem Bundesland gibt es eine ☐☐☐☐☐☐☐☐☐ ☐☐☐☐☐☐☐☐☐☐☐, in der man sich vor dem Kauf informieren und beraten lassen kann.
6. Während der Gewährleistungszeit muss eine ☐☐☐☐☐☐☐☐☐ kostenlos erfolgen.
7. Die ☐☐☐☐☐☐☐☐ ist eine freiwillige Leistung des Herstellers oder Händlers, falls die gekaufte Ware Fehler hat.
8. Alles, was auf Märkten auf Käufer wartet, wird zusammenfassend als ☐☐☐☐☐☐☐ bezeichnet.
9. Bei Haustürgeschäften besteht das Recht auf ☐☐☐☐☐☐☐☐ des Kaufvertrags.
10. Am Anfang der Entwicklung des Geldes stand das Warengeld, z.B. ☐☐☐☐☐☐☐☐.
11. Eine ☐☐☐☐☐☐☐☐☐☐☐☐ ist die Voraussetzung für eine überlegte Kaufentscheidung.

an – be – bot – brau – cher – der – dukts – dung – er – er – fül – ga – ge – kun – le – lung – markt – mu – nach – pa – pro – ra – ra – ran – re – ruf – scheln – test – tie – tra – tung – tur – ver – wi – zen

Methodenkompetenz

Führt in Gruppen eine Markterkundung durch. Einigt euch dazu in der Klasse auf ein bestimmtes Produkt. Denkt an Befragungen zur Produktinformation, an Erkundungen im Internet und bei der Verbraucherberatung und an die Auswertung von Testergebnissen usw. Stellt dann die Ergebnisse eurer Markterkundung in einer Wandzeitung übersichtlich dar.

Handlungskompetenz

Werbung für unsere Schule

Ihr habt auf den vorangegangenen Seiten einiges über Werbung gelernt. Stellt euch vor, ihr sollt Werbung für eure Schule machen, z. B. ein Plakat gestalten:
– Was würdet ihr darauf abbilden?
– Welchen Text würdet ihr bringen?
– Fällt euch ein griffiger Slogan, also ein Werbespruch, für eure Schule ein?

Entwickelt eure Ideen, fertigt eine Skizze eures Plakats und vergleicht dann euren Entwurf mit den Entwürfen der anderen.

Ökologie

Es vergeht kein Tag, an dem nicht auf der Erde die Umwelt geschädigt oder zerstört wird. Einen Platz auf der Titelseite der Zeitung oder eine Extra-Sendung im Fernsehen bekommt die Umwelt meistens aber erst dann, wenn ein Öltanker leckgeschlagen ist oder ein abgerutschter Berghang Häuser und ihre Bewohner unter sich begraben hat. Dabei beginnen die Probleme mit der Umwelt nicht erst dann, wenn irgendwo in der Welt eine Umweltkatastrophe geschieht, sondern bereits in jedem Haushalt bei uns. Müll fällt an und muss entsorgt werden. Wasser wird in gewaltigen Mengen verbraucht, während anderswo auf der Welt den Menschen die wenigen Liter Wasser zum Trinken fehlen. Die folgenden Seiten befassen sich damit, wie Umweltbelastungen vermieden oder zumindest verringert werden können. Dabei geht es um Fragen wie:

- Wie viel Müll fällt bei uns an? Welche Arten von Müll lassen sich unterscheiden?
- Was geschieht mit unserem Hausmüll? Welche Möglichkeiten der Müllentsorgung gibt es?
- Was ist Müllexport?
- Was versteht man unter „Recycling"? Was ist das „Duale System"?
- Welche Bedeutung hat Wasser für uns und das Leben auf der Erde?

- Wie ist es um die Wasservorräte auf unserem Planeten bestellt?
- Was kann jeder Einzelne für den Schutz der Umwelt und die Erhaltung unserer Lebensgrundlagen tun?
- Wie kann man umweltbewusst einkaufen?
- Was ist eine umweltbewusste Schule?

▸ Die Belastung der Umwelt

Die Umwelt – was ist das eigentlich? Umwelt ist alles, was uns umgibt. Menschen, Tiere und Pflanzen gehören dazu. Aber auch der Boden, das Wasser, die Luft, die gesamte Natur ist unsere Umwelt.

Die Umwelt umfasst nicht nur unser Dorf, unsere Stadt, unser Land, sondern die ganze Erde. Unsere Lebensweise, alles, was wir tun oder lassen, wirkt sich auf die Umwelt aus.

❶ *Jedes Foto hat auf irgendeine Weise damit zu tun, wie mit der Umwelt umgegangen wird. Formuliere diesen Zusammenhang zu jedem Bild in ganzen Sätzen.*
❷ *Nenne weitere Beispiele, wie die Umwelt belastet oder geschützt wird.*
❸ *Erkläre, warum die Umwelt auch dich angeht.*

Ein gutes Umweltgewissen?

Uwe Supper, Lehrer
Ich habe ein gutes Gewissen, ich entsorge Papier, Alu und Flaschen. In der Regel habe ich das im Griff. Aber in meinem direkten familiären Umfeld besteht noch Handlungsbedarf. [...] So entsorgt zum Beispiel meine Schwiegermutter ihre Papierabfälle nur, wenn ich in der Nähe bin.

Karen Müller, Schülerin
Ich brauche eigentlich kein schlechtes Gewissen zu haben. Beim Einkaufen achte ich auf die Verpackungen, Müll wird bei uns getrennt. Und ich fahre, wenn überhaupt, mit dem Zug in den Urlaub. Doch manchmal ist ein schlechtes Gewissen nötig, damit sich was ändert.

Rosemarie Krug, Kauffrau
Für mich reduziert sich diese Frage auf Müllentsorgung und -vermeidung. Ich könnte besser trennen und bewusster einkaufen. In Urlaubsfragen habe ich kein schlechtes Gewissen, denn ich bleibe meist hier und mache hier und da Wanderungen.

Erich Spöhrer, Hausmann
Ich habe ein recht gutes Gewissen. Wir fahren weniger Auto, im letzten Jahr haben wir eine Bahncard gekauft. Wir machen keine Flugreisen und bei Putzmitteln haben wir schon lange umgestellt. Und wir versuchen, Müll zu vermeiden.

Ein gutes Umweltgewissen?

Waltraud Pfisterer-Preiss, Krankenschwester
Ich habe kein schlechtes Gewissen. Wir haben die Anzahl der Urlaubsreisen reduziert, steigen vermehrt aufs Fahrrad um und planen in diesem Jahr eine Bahnreise. Ich denke, man erreicht mehr, wenn man Alternativen vorlebt.

Thomas Kreis, Lehrer
Ich brauche kein schlechtes Gewissen zu haben, denn ich habe kein Auto, sondern beteilige mich am lokalen Carsharing. In unserem Haushalt gibt es vieles nicht, zum Beispiel Getränkedosen.

Karl-Heinz Bohny, Kunsterzieher
Ich benutze zu oft das Auto und könnte auch bewusster einkaufen, was die Verpackung von Lebensmitteln betrifft. Urlaub mache ich einfach gern im Wohnmobil. Und ich bin schon ganz stolz, wenn ich ab und zu wieder mit dem Rad fahre oder die S-Bahn nehme.

Bärbel Seemann, Hausfrau
Ich fahre viel mit dem Auto, weil wir weit außerhalb wohnen. Da siegt dann oft die Bequemlichkeit, denn manche Strecken könnte ich schon mit dem Rad fahren. Im Haushalt versuche ich Müll zu trennen und wenig Waschmittel zu benutzen.

(aus: IWZ, Nr. 7/1996)

❶ *Welche Beispiele für gutes Umweltverhalten werden genannt? Ordne sie verschiedenen Bereichen des Alltags zu.*
❷ *Welche Meinungsäußerung klingt für dich am überzeugendsten? Begründe!*

Der Abfallberg

Mit der jährlich in Deutschland anfallenden Müllmenge ließe sich ein Güterzug mit einer Länge von Berlin bis nach Zentralafrika füllen, das sind etwa 5000 km. Er wäre mit 381 Millionen Tonnen Müll beladen, also 381 Millionen mal 1000 Kilogramm.

Allein der Siedlungsmüll würde 53 Millionen Tonnen ausmachen, das sind rund 1,8 kg pro Einwohner täglich. Jeden Tag wächst die weltweit anfallende Müllmenge um 2 Millionen Tonnen.

Städtische Müllabfuhr

Sammelcontainer für Altpapier auf einem Schulgelände

Problem Papier

Viele Menschen glauben, dass Plastik, Fastfood-Verpackungen und Windeln das Hauptvolumen in Müllhalden ausmachen. Das stimmt aber nicht. Nur etwa 3–10 % des Volumens von Deponien bestehen aus dieser Art Abfall. Würde jemand also über Nacht alles Plastik von einer Müllhalde klauen, niemand würde es am Volumen der Deponie merken. Das eigentliche Hauptproblem ist Papier. Etwa 40–50 % des Volumens von Deponien bestehen aus Papier und seinen Verwandten (Pappe, Verpackungen, etc.). Das verwundert nicht, wenn man bedenkt, dass die Jahresausgabe einer großen Tageszeitung 1,5 Kubikmeter füllt – das entspricht dem Volumen von 18 660 zerquetschten Blechdosen oder 14 969 Hamburger-Plastikschachteln.

❶ Lies die Texte durch und beschreibe, welche Zahlenangaben dich besonders erstaunen.
❷ Betrachte die Grafiken und beschreibe, was dir auffällt oder was dich überrascht. Nenne Beispiele für die verschiedenen Arten von Abfall und überlege, woher der Müll jeweils kommt.
❸ Warum wurde die untere Grafik wohl „Kehrseite des Konsums" genannt?

Recycling – der ideale Stoffkreislauf

Wer kennt sie nicht, die Fernsehwerbung von der Weißblechdose, die zum Kinderspielzeug wird ... Tagtäglich fallen große Mengen wieder verwertbare Stoffe als Abfall an. Metalle, Kunststoffe, Papier und vieles mehr sind wertvolle Rohstoffe, die für die Herstellung neuer Produkte erneut verwendet werden können.
Die Rückführung von Wertstoffen in den Stoffkreislauf bringt eine ganze Reihe von Vorteilen mit sich. Recycling schont die natürlichen Rohstoffquellen. Viele Rohstoffe kommen zudem aus fernen Ländern; durch Wiederverwertung lassen sich lange, teure und umweltbelastende Transporte vermeiden. Recycelte Abfälle benötigen keinen Platz auf der Mülldeponie.
Im Jahr 2001 sammelten die Bundesbürger pro Kopf etwa 30 kg Altglas, 28 kg Leichtverpackungen und 19 kg Papier und Pappe. Mittlerweile halten fast 80 Prozent der Deutschen das Sammeln und Recyceln für die beste Art der Müllbehandlung. Ein Problem stellte der rückläufige Anteil an Mehrwegverpackungen bei Getränken dar (Grafik unten). Der Rückgang der ökologisch vorteilhaften Pfandflasche wird auch in Verbindung mit dem Recycling von Einweg-Getränkeverpackungen gesehen. Nicht immer also haben Getrenntsammlung und Recycling eine positive Wirkung.

Auch Unternehmen müssen getrennt sammeln

BERLIN ((Ipa) Unternehmen müssen ihren Müll künftig wie Haushalte trennen. Damit sollen private Gebührenzahler entlastet werden. Das Kabinett verabschiedete gestern die Gewerbeabfallverordnung mit den vom Bundesrat beschlossenen Änderungen. [...]. Die Verordnung, die auch für öffentliche Einrichtungen gilt, soll spätestens am 1. Februar nächsten Jahres in Kraft treten. Der Bundestag muss noch zustimmen.
Die Verordnung schreibt Firmen vor, unter anderem Papier, Glas, Kunststoffe und Metalle getrennt zu sammeln. Mindestens 85 Prozent des Mülls müssen verwertet werden. Kontroll- oder Sanktionsmöglichkeiten sind in der Verordnung aber nicht vorgesehen. Mit den neuen Standards soll die so genannte Scheinverwertung unterbunden werden, bei der Abfälle vermischt und auf Billigdeponien gekippt werden.

(aus: Frankfurter Rundschau vom 18.5.2002)

Seit Einführung des Pflichtpfandes auf Getränkedosen und andere Einwegverpackungen mit Bier, Mineralwasser, Cola und Limonade Anfang 2003 steigt der Anteil der Mehrwegflaschen wieder deutlich an.

❶ Warum sollen auch Unternehmen Abfall getrennt sammeln?
❷ „Dosenpfand ist doch nicht notwendig!" Was meinst du? Begründe deine Antwort mithilfe der Grafik.

▶ Das Duale System

Jeder kennt den „Grünen Punkt" auf Verpackungen. Er bedeutet, dass die Verpackungen recycelt, also wiederverwertet werden können. Dazu müssen sie gesammelt werden. Diese Aufgabe nimmt die Duales System Deutschland AG wahr. Das Duale System wurde als Dachorganisation für das Recycling von Verkaufsverpackungen gegründet. Das Unternehmen betreibt zu diesem Zweck selbst keine Sortier- oder Verwertungsanlagen, sondern organisiert nur die Sammlung, Sortierung und Verwertung der Verpackungen. Dazu arbeitet das Duale System mit über 400 Entsorgungspartnern zusammen.

Warum dies alles? Um die Verpackungsflut in den Griff zu bekommen, wurde 1991 die Verpackungsverordnung erlassen, die Industrie und Handel zur Rücknahme der Verkaufsverpackungen verpflichtet. Um dem nachzukommen, wurde das Duale System gegründet. Es vergibt gegen eine Lizenzgebühr den Grünen Punkt an die Industrie- oder Handelsunternehmen. Fast 20 000 Lizenznehmer nutzen den Grünen Punkt und finanzieren mit ihren Gebühren die Getrenntsammlung von Verkaufsverpackungen, ihre Sortierung und – im Falle von Kunststoffen – ihre Verwertung.

„Dual" heißt das System, weil es ein zweites, zur kommunalen Abfallentsorgung hinzukommendes Entsorgungssystem ist. Die Restmüllentsorgung für „Abfälle zur Beseitigung" durch Deponieren oder Verbrennen (siehe dazu Seite 112/113) ist Aufgabe der Gemeinden oder Kreise.

Verwirrend und ganz unterschiedlich ist, wie der Abfall eingesammelt wird. Als das Duale System aufgebaut wurde, gab es bereits kommunale Sammelsysteme, es musste also an diese angepasst werden. Deshalb gibt es heute eine Vielzahl verschiedener Sammelsysteme in Deutschland.

- Für Papier/Pappe/Karton existieren Hol- und Bringsysteme, also Papiercontainer am Straßenrand, aber auch Bündelsammlungen oder die Blaue oder Grüne Tonne.
- Leichtverpackungen aus Kunststoffen, Verbundstoffen, Weißblech und Aluminium werden

Altpapier

Leichtverpackungen

Altglas

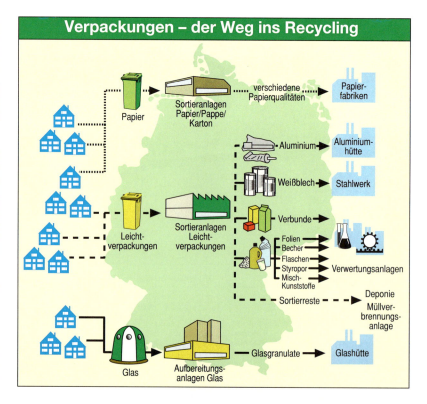
Verpackungen – der Weg ins Recycling

meist in gelben Sammelbehältern (Säcken, Tonnen, Containern) gesammelt.
- Für gebrauchte Glasverpackungen hat sich weitgehend die Containersammlung (Bringsystem) etabliert – das Glas nach Farben getrennt.

Das Schaubild auf Seite 110 zeigt die Wege, die das Altpapier, die gebrauchten Leichtverpackungen und die leeren Glasflaschen zurück in den Stoffkreislauf nehmen.

Eingesammelt heißt noch nicht, dass die Verpackungsabfälle auch wiederverwertet werden. Der Trend zeigt hier aber steil nach oben. Zwar wird auch heute noch nicht alles tatsächlich verwertet, aber der Verwertungsanteil ist in den letzten 15 Jahren deutlich gestiegen. Während im Jahr 1991 z.B. nur jede dritte der gesammelten Büchsen und Dosen verwertet wurde, waren es im Jahr 2000 bereits über vier von fünf. Und nur etwa 1/10 des gesammelten Papiers wandert heute noch auf die Deponie oder in die Müllverbrennungsanlage. Der weitaus größte Teil kehrt in Form von neuen Zeitungen und Toilettenpapier wieder zum Verbrauchern zurück.

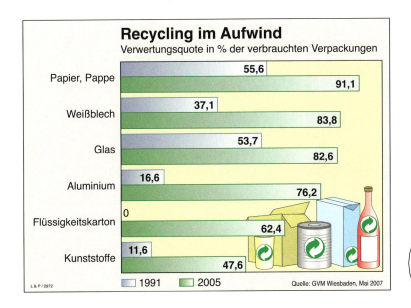

Ich finde gut, dass die Verpackungsindustrie und der Handel für die Entsorgung der Verkaufsverpackungen bezahlen müssen.

Ja, schon. Es ist aber doch völlig klar, dass die Unternehmen die Gebühren, die sie für den Grünen Punkt bezahlen müssen, als Kosten in die Preise ihrer Produkte einrechnen. Letztendlich zahlen also wir Verbraucher die Entsorgung.

❶ Welche drei Abfallarten werden bei uns gesammelt und wiederverwertet?
❷ Auf welche Art und Weise werden diese Abfälle in deiner Gemeinde gesammelt?
❸ Sind die folgenden Aussagen richtig oder falsch? Kreuze auf deinem Arbeitsblatt an.

	richtig	falsch
Das Duale System betreibt Mülldeponien und Müllverbrennungsanlagen.		
Vom eingesammelten Verpackungsmüll wird heute viel mehr verwertet als noch vor Jahren.		
Recycling bedeutet, dass noch gut erhaltene Verpackungen ein zweites Mal verwendet werden.		
Das Duale System organisiert die Sammlung, Sortierung und Verwertung von Verpackungen.		
Das Duale System vergibt gegen eine Lizenzgebühr den Grünen Punkt.		
Der Staat finanziert das Duale System mit Steuergeldern.		
Der Grüne Punkt zeichnet besonders umweltfreundliche Produkte aus.		
Das Duale System ist eine Dachorganisation, die mit Entsorgungsunternehmen zusammenarbeitet.		
Zu den Leichtverpackungen zählen Glasbehälter und Kartons.		
Neben dem Dualen System gibt es weitere Entsorgungssysteme, z. B. für den Restmüll.		

▶ Abfallentsorgung: ablagern oder verbrennen?

Auf der Mülldeponie wird der Müll in Schichten abgelagert.

In der Müllverbrennungsanlage befördern große Greifer den Müll aus dem Bunker in den Verbrennungsraum.

Eine Deponie ist ein Ablagerungsort von Abfällen. Weil die Deponierung die Umwelt so wenig wie möglich beeinträchtigen sollte, wird modernste Technologie angewendet. Es muss z. B. möglichst weitgehend verhindert werden, dass Sickerwasser aus der Deponie in den Untergrund und damit ins Trinkwasser gelangen kann. Sickerwasser ist stark verschmutzt. Eine absolut dichte Deponie lässt sich mit einem vertretbaren technischen Aufwand allerdings nicht erreichen.

Durch die Zersetzungsprozesse auf der Deponie entsteht Deponiegas. Es ist brennbar, beinhaltet Geruchs- und Schadstoffe. Zur Verhinderung von Belästigungen und Gefährdungen muss dieses Gas erfasst und beseitigt werden. Wegen des hohen Brennwertes kann das Deponiegas auch zur Erzeugung von Strom verwendet werden. Deponien können noch weitere Auswirkungen auf die Umwelt haben: Belästigungen durch den Anlieferverkehr, Einwirkungen auf die Natur und das Landschaftsbild, auf die land- und forstwirtschaftliche Nutzung, Freizeit und Erholung sowie Bodenverbrauch.

(nach: KATALYSE, Umwelt-Lexikon in 1500 Stichworten, Köln 1988, S. 97)

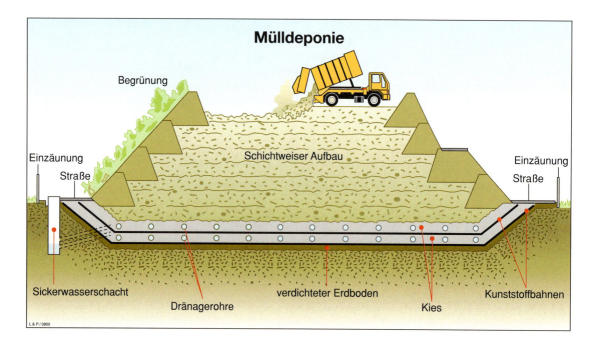

Die zweite Möglichkeit Abfall zu entsorgen, ist die Müllverbrennung. In Nordrhein-Westfalen gibt es 15 Müllverbrennungsanlagen. Die „Müllöfen" sind moderne technische Anlagen, die hohe Anforderungen an einen minimalen Schadstoffausstoß erfüllen müssen. Neue Auflagen und knapper werdender Deponieraum haben die Müllverbrennungsanlagen wieder stärker in den Blick gerückt.

Mittelfristig sollen insgesamt 75 Anlagen in Deutschland arbeiten. Durch ständig verbesserte Filter stoßen die neuen Müllverbrennungsanlagen nur noch minimale Mengen an Schadstoffen aus.
Bis 2020 soll kein Abfall mehr auf Deponien gelagert werden. Strömten noch 1990 aus den Deponien Gase aus, die 31,5 Mio. t CO_2 entsprachen, werden es 2012 nur noch 2 Mio. t sein.

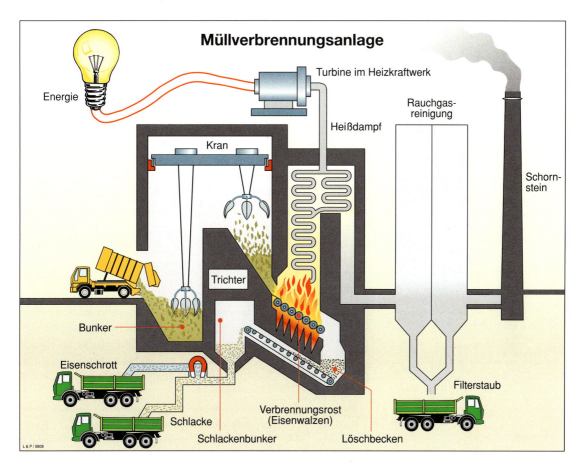

Die gebräuchlichste Art der Restmüllverbrennung in Deutschland ist die Rostfeuerung. Der unzerkleinerte Abfall wird auf einen Rost geschüttet, dort getrocknet, entgast und schließlich bei über 850 Grad verbrannt. Die Verbrennungsgase werden ständig gemessen und je nach Bedarf Verbrennungsluft zugeführt. Auf diese Weise vermindert man die Abgase (Rauchgase) um ca. 1/5. Pro Tonne Abfall entstehen etwa 4000–7000 Kubikmeter Rauchgase. Rauchgasbehandlungs- und Filteranlagen reinigen die Abgase größtenteils von Schadstoffen. Bei der Verbrennung von Abfällen verbleiben allerdings Schlacken und Aschen. Die Schlacken- und Aschenreste wiegen etwa 1/3 des ursprünglichen Abfallgewichts. Sie finden im Straßenbau als Füllmaterial Verwendung. Kritiker befürchten, dass darin enthaltene Schadstoffe in das Erdreich gelangen.

❶ Erläutere anhand der Zeichnung auf Seite 112 den Aufbau einer Mülldeponie und zeige auf, wie Gefahren für die Umwelt vermieden werden sollen.
❷ Erläutere anhand der Grafik oben die Funktionsweise einer Müllverbrennungsanlage.
❸ Ablagern oder verbrennen? Welche Vorteile, welche Nachteile kannst du jeweils benennen?

Müllexport

> **Europa, der Müll und der Tod**
> JOHANNESBURG. Elise Kouadio hat zuletzt kaum geschlafen. „Alle Ärzte und Schwestern sind vollauf mit den Vergiftungsopfern beschäftigt. Wir haben keine Zeit mehr für unsere anderen Patienten", sagt die Medizinerin. In der Klinik von Cocody im Zentrum der ivorischen Hauptstadt Abidjan herrscht in diesen Tagen Ausnahmezustand. „Viele, die wir behandelt haben, erkranken bald wieder, wenn sie nach Hause gegangen sind, und werden dann wieder eingeliefert", erzählt Elise Kouadio, die Ärztin. Hier und in anderen Kliniken der Hauptstadt der Elfenbeinküste sind zuletzt mehr als 10 000 Menschen behandelt worden, die über Erbrechen, Kopfschmerzen, Hautausschläge und Nasenbluten geklagt haben. Sechs sind bisher nach offiziellen Angaben gestorben, 19 Patienten seien in einem ernsten Zustand, heißt es. (...) Straßenhändler verkaufen inzwischen Autofahrern für 20 Cent weiße Atemmasken aus Papier mit einem Gummiband. Andere haben sich Tücher vor den Mund umgebunden oder halten sich Kleidungsstücke vor die Nase. Denn in vielen Teilen der Millionen-Stadt Abidjan stinkt es nach faulen Eiern – ein untrügliches Zeichen für Schwefelwasserstoffdämpfe. Sie stammen von giftigen Öl- und Benzinrückständen des Schiffs Probo Koala, dessen giftige Fracht im vergangenen Monat auf Deponien rund um Abidjan unsachgemäß abgeladen wurde. Von elf Müllkippen ist bislang die Rede, wie viele es wirklich sind, weiß niemand.

(Frank Räther in: Berliner Zeitung vom 14. 09. 2006,
www.berlinonline.de/berliner-zeitung/archiv/.bin/dump.fcgi/2006/0914/politik/0006/index.html)

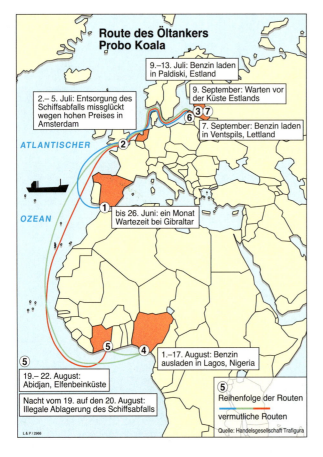

Basler Übereinkommen
Grundsätzlich muss jedes Land seine Abfälle selbst beseitigen. Es gilt das Prinzip der Inlandsentsorgung. Nur wenn das Land keine geeigneten Anlagen zur Beseitigung von besonderen Abfallarten besitzt oder wenn sich die Nutzung grenznaher ausländischer Anlagen anbietet, darf man Abfall ins Ausland bringen.

Unter welchen Bedingungen Müll ins Ausland transportiert werden darf, regelt das „Basler Übereinkommen über die Kontrolle der grenzüberschreitenden Verbringung gefährlicher Abfälle und ihrer Entsorgung" vom 22. März 1989, dem mittlerweile rund 170 Staaten beigetreten sind. Das Abkommen bestimmt weltweit die Zulässigkeit, Genehmigung und Kontrolle von Exporten gefährlicher Abfälle. So ist festgelegt worden, dass grenzüberschreitende Abfalltransporte die Genehmigung des Ausfuhrlandes, die Genehmigung sämtlicher Durchfuhrländer sowie die Genehmigung des Einfuhrlandes benötigen.

Durch das Abkommen sollen Staaten geschützt werden, die nicht über die notwendigen technischen Voraussetzungen für den Umgang mit gefährlichen Abfällen verfügen.

Giftmüllskandal an der Elfenbeinküste

Am 20. August 2006 zog ein pestilenzartiger Gestank quer über die Hauptstadt der Elfenbeinküste, Abidjan. Und es stank nicht nur – Zehntausende klagten über Atembeschwerden, Schmerzen in Brustkorb und Rücken; sie spuckten Blut und litten unter Durchfall und Sehstörungen. Vorausgegangen war ein eigentlich alltäglicher Vorgang im Hafen: Der Tanker Probo Koala, im Dienst der niederländischen Firma Trafigura, hatte seine Tanks leeren und reinigen lassen. Doch statt den verseuchten schwarzen Schlick fachgerecht zu beseitigen, hatte die Entsorgungsfirma die Schmiere auf normalen Hausmülldeponien abgeladen – rund 400 Tonnen an insgesamt 16 verschiedenen Orten der Stadt. Der Schlamm aus dem Bauch des Tankers war hoch giftig: Analysen, die die Regierung der Elfenbeinküste durchgeführt hat, ergaben, dass in der schwarzen Masse unter anderem eine hohe Konzentration an Schwefelwasserstoff enthalten war – eine Substanz, die das Nervensystem angreift und tödlich wirken kann. In der Viermillionenstadt schädigten die giftigen Dämpfe Massen von Opfern: Rund 100 000 Menschen mussten sich behandeln lassen, zehn starben. [...]

Die Probo Koala hatte giftige Ladung an Bord. Dass es gerade die afrikanische Millionenstadt traf, war die Folge fataler Fehlentscheidungen und wohl auch einiger Lügen: Bis sie im Hafen von Abidjan angelangt war, hatte die Probo Koala eine merkwürdige Irrfahrt hinter sich. Im Juni hatte sie in Amsterdam angelegt, wo sie eigentlich ihre Tanks reinigen lassen wollte. Die dort beauftragte Firma saugte den Schlamm ab. Doch weil der ungewöhnlich stark stank, weigerte sich die Firma, ihn zu entsorgen. Dem Kapitän der Probo Koala riet man, nach Rotterdam zu fahren, wo er die stinkende Masse fachgerecht entsorgen lassen könne. Der Kapitän lehnte ab. In Rotterdam wären rund 250 000 Euro Kosten angefallen. [...] Die nächste Station lag in Estland – also ließ der Kapitän den verdächtigen Schlamm wieder zurückpumpen und die Probo Koala nahm Kurs Richtung Baltikum auf. [...]

Ein grober Fehler, wie die Amsterdamer Behörden im Nachhinein in einem Bericht feststellten. Denn schon im Amsterdamer Hafen hatten Analysen ergeben, dass die abgepumpte Substanz giftig war. Dem Report zufolge war die Weiterfahrt der Probo Koala von vornherein illegal. Denn ist giftiger Müll einmal auf das Gebiet eines EU-Hafens abgepumpt, so ist eine Wiederausfuhr in ein Nicht-Industrieland nach EU-Richtlinien strikt verboten. Der Tanker aber fuhr weiter nach Estland, wo er seinen Müll auch nicht loswurde. Dafür nahm er dort eine Ladung Benzin auf, fuhr dieses nach Nigeria und kam von Nigeria an die Elfenbeinküste, wo die Probo Koala ihre giftige Ladung entlud. [...]

Neben den EU-Richtlinien verbietet auch die Basler Konvention die Ausfuhr von Giftmüll aus Industriestaaten in Drittweltländer. [...] Eine fachgerechte Entsorgung etwa von Ölschlamm oder Treibstoffresten kostet in Europa normalerweise bis zu 3000 Euro pro Tonne – an der Elfenbeinküste hat Trafigura dafür nur 300 Euro pro Tonne bezahlt. [...]

Die 16 verseuchten Stellen in Abidjan sind mittlerweile vom Gift befreit. Eine französische Spezialfirma hat einen halben Meter Erde von den Orten abgetragen, auf die das Entsorgungsunternehmen den Giftschlamm gekippt hatte – insgesamt 10 000 Tonnen verseuchter Boden. [...]

Einwohner von Abidjan schützen sich vor giftigen Dämpfen

(Cordula Echterhoff am 27. März 2007; http://www.wdr.de/tv/quarks/sendungsbeitraege/2007/0327/004_muell.jsp)

❶ Beschreibe die Irrfahrt der „Probo Koala".
❷ Welche Folgen hat das Entladen der giftigen Ladung für die Ivorer, die Bewohner der Elfenbeinküste?
❸ Erkläre unter welchen Bedingungen Länder ihren Müll ins Ausland verkaufen dürfen.
❹ Erläutere, warum sich für einige Firmen das illegale Geschäft mit Giftmüll lohnt und wie gegen diese Firmen vorgegangen werden kann.

Bioabfall

Nachbar 1: Hallo, Herr Nachbar! Brauchen Sie nicht wieder etwas Komposterde für ihre Blumentöpfe?

Nachbar 2: Danke, ihr Angebot nehme ich gerne an. Woher haben Sie denn immer die viele Komposterde?

Nachbar 1: Also, bei mir wandert kein organischer Abfall in die Mülltonne. Gerade habe ich meine Hecke geschnitten. Die zerkleinerten Äste werfe ich jetzt auf den Komposthaufen. Das gibt neue Erde.

Nachbar 2: Was kommt denn bei Ihnen sonst noch so alles auf den Kompost?

Nachbar 1: Einfach fast alles, was an organischem Abfall in Haus und Garten anfällt: Laub, Rasenschnitt, verwelkte Blumen, Obst- und Gemüsereste, Kaffeesatz und Filtertüten, Teebeutel und vieles mehr. Aber keine Essensreste.

Nachbar 2: Wenn man wie ich in einer Mietwohnung lebt, kann man keinen Komposthaufen anlegen.

Nachbar 1: Dann bestellen Sie sich doch eine Biotonne bei Ihrem Abfallamt. Zusammen mit dem Bioabfall Ihrer Mitbewohner ist die doch im Nu gefüllt. Alle zwei Wochen wird die Tonne abgeholt und ihr Inhalt wandert in die Kompostierungsanlage.

Nachbar 2: Ich hätte nichts gegen eine Biotonne, aber leider lehnen meine Mitbewohner eine Biotonne ab. Sie fürchten, dass der Bioabfall im Sommer stinkt. Außerdem soll der Bioabfall auch nicht so gesund für Menschen sein, da bilden sich doch Pilze und so.

Nachbar 1: Also, dass der Abfall riecht, ist leicht zu vermeiden. Man kann die feuchten Küchenabfälle in Zeitungspapier packen oder grobes Material wie Strauchschnitt oder alte Blumenerde dazwischen streuen. Dadurch wird dem Bioabfall Wasser entzogen und so die Vermehrung von Bakterien und Pilzen gehemmt.

Nachbar 2: Meinen Sie wirklich, das hilft, wenn es im Sommer richtig heiß ist?

Nachbar 1: Lieber Herr Nachbar, stellen Sie sich etwa bei großer Hitze direkt in die Sonne? Mein Komposthaufen liegt im Schatten und die Biotonne gehört an ebensolch einen Platz.

Nachbar 2: Ich werde meine Mitbewohner ansprechen und versuchen, sie von der Biotonne zu überzeugen. Das würde auch Platz in der Restmülltonne sparen.

Nachbar 1: Allerdings! Jeder von uns produziert eine Menge organischen Abfall, als Kompost ist das ein wertvoller Rohstoff. Und was auf dem Komposthaufen oder in der Biotonne landet, das belastet nicht unnötig die Abfalldeponie.

Bioabfall

Komposthaufen

Biotonne

❶ Stelle Vorteile und eventuelle Nachteile der Kompostierung zusammen, die im Gespräch genannt werden.

Müllvermeidung

Wer schon beim Einkauf nachdenkt, kann in beträchtlichem Maße das Entstehen von Müll vermeiden und die Umweltbelastung durch Müll verringern. Wer unverpacktes Gemüse in seinen Einkaufskorb legt und anschließend im Rucksack nach Hause trägt, kann später alles übrig gebliebene in die Biotonne stecken oder auf den Komposthaufen werfen. Apfel- und Kartoffelschalen, Salatreste und verblühte Blumen kehren so in den ökologischen Kreislauf zurück. Und nach ein paar Monaten sind sie wieder Erde. Chipstüten, Aludeckel und verschiedene Plastikverpackungen werden zwar zu einem Großteil recycelt, wenn sie in der entsprechenden Mülltonne landen, allerdings entstehen daraus nicht wieder neue Chipstüten, Jogurtbecher oder Käsefolien, sondern nur minderwertige Produkte. Für die nächste Generation Chipstüten, Aludeckel und Plastikbecher werden wieder neue Rohstoffe benötigt. Im Klartext: Je weniger Verpackung, desto besser für die Umwelt!

Stell dir vor, dein selbst gestrickter Pulli ist schmutzig und muss gewaschen werden. Was tust du? **A** Du steckst ihn in die Waschmaschine oder greifst zur Waschschüssel. **B** Du dröselst den Pulli auf, formst Wollknäuel, wäschst diese und strickst anschließend aus den gesäuberten Wollfäden einen neuen Pulli.

Wohl kaum jemand käme auf die Idee, die zweite Variante zu wählen! Doch bei Einwegflaschen passiert genau das: Die Flaschen werden zerkleinert, dann gewaschen und anschließend mit hohem Energieaufwand zu neuen Flaschen verarbeitet – die auch nicht anders aussehen als ihre Vorgänger. Mehrwegflaschen hingegen kommen gleich in die Spülmaschine und können anschließend wieder befüllt werden. Keine Frage, was für die Umwelt besser ist!

Lebensmittel mit unterschiedlichen Verpackungen

Richtig oder falsch?	richtig	falsch
1. Nur durch Müllvermeidung kann der Müllberg verkleinert werden.		
2. Verpackungen sind generell überflüssig.		
3. Jeder kann dazu beitragen, den Müllberg zu verringern.		
4. Am besten ist, wenn der gesamte Müll verbrannt wird.		
5. Es kann nur ein ganz geringer Teil des Mülls wiederverwertet werden.		
6. Ohne eine aufwändige Verpackung ist kein Produkt zu verkaufen.		
7. Nur wenn der Müll in den Haushalten sortiert wird, kann er wiederverwertet werden.		
8. Die Müllmenge wird zwangsläufig immer mehr zunehmen.		
9. Viele Verpackungen sind überflüssig.		
10. Es wird viel zu wenig unternommen, um das Müllproblem zu lösen.		
11. Müll ist ein wertvoller Rohstoff.		
12. Bei richtiger Entsorgung stellt Müll keinerlei Problem für die Umwelt dar.		

❶ Notiere zu jeder Aussage, ob sie richtig oder falsch ist bzw. kreuze auf dem Arbeitsblatt an.
❷ Nutzt die Informationen aus dem Text und gestaltet in Partnerarbeit Plakate zum Thema „So kann Müll vermieden werden".

Aktionen für die Umwelt

AKTIONEN   AKTIONEN   AKTIONEN   AKTIONEN   AKTIONEN

Wenn ihr etwas für die Umwelt tun wollt, dann schlagt doch einmal einen **Umwelttag** an eurer Schule vor, führt eine **Projektwoche** zum Thema „Umwelt" durch oder gründet eine **Umwelt-AG**.

20 Ideen und Vorschläge für Aktionen

- Wir besuchen das Umweltamt unserer Gemeinde
- Wir übernehmen die Patenschaft für eine Grünfläche oder ein Stück Wald
- Wir legen einen Schulgarten mit Komposthaufen an
- Wir sammeln wertvollen, verwertbaren Abfall für ein gemeinnütziges Projekt
- Wir entwerfen ein Umweltverzeichnis für unser Dorf oder unseren Stadtteil
- Wir veranstalten einen Umwelt-Flohmarkt
- Wir besuchen die Müllwerke
- Wir erkunden eine Mülldeponie
- Wir drehen ein Umweltvideo
- Wir erstellen Fotoserien für eine Umweltausstellung
- Wir schreiben Umweltgeschichten
- Wir erkunden einen Bach oder Fluss in der Umgebung
- Wir besichtigen das Klärwerk
- Wir veranstalten einen Umweltwettbewerb (Wer wird Energiesparklasse? o. Ä.)
- Wir dokumentieren Umweltprobleme in der Schule
- Wir basteln ein Müllmonster
- Wir entwerfen Collagen aus Müll
- Wir führen ein Umwelt-Preisausschreiben durch
- Wir prämieren die beste Umweltidee einer Klasse
- Wir richten eine Sammelstation für Flaschenkorken ein und unterstützen damit ein gemeinnütziges Werk (z. B. Behindertenwerkstätte)

AKTIONEN   AKTIONEN   AKTIONEN   AKTIONEN   AKTIONEN

Das Wichtige in Kürze

Abfall
Abfall wird in zwei Gruppen eingeteilt: Abfall, der verwertet werden kann und Abfall, der beseitigt werden muss. Verwertbarer Abfall sind z. B. Glasflaschen, Papier, Aluminiumdosen und Plastikverpackungen. Bauschutt und Chemikalien hingegen sind Abfälle, die beseitigt werden müssen. Jedes Land muss seinen Abfall selbst entsorgen. Für den Müllexport in andere Länder gelten strenge Regeln.

Müllvermeidung
Unsere Umwelt wird durch Abfall und Müll belastet. Um die Umwelt zu schonen ist es wichtig, dass so wenig Müll wie möglich entsteht. Jeder kann dazu beitragen, vor allem dadurch, dass er Müll vermeidet, wo dies möglich ist. Beim Einkaufen kann man beispielsweise auf aufwändige Verpackungen verzichten und Mehrwegflaschen wählen.

Recycling
Recycling heißt Wiederverwertung. Rohstoffe, die in Abfällen gebunden sind, werden zurückgewonnen und erneut verwendet. Wichtig für das Recycling ist, dass die Abfälle getrennt gesammelt werden. Vor allem Glas, Metall und Papier werden in großen Mengen wiederverwertet. Schwieriger ist das Recycling von so genannten Verbundstoffen. Ein Beispiel dafür sind Getränkeverpackungen wie Milchtüten. Hier müssen Papier und Innenfolie erst mühsam getrennt werden, um die Stoffe anschließend verwerten zu können.

Duales System
Eine gesetzliche Regelung schreibt vor, dass Wirtschaft und Handel alle Verpackungen zurücknehmen und der Verwertung zuführen müssen. Das Duale System organisiert die Sammlung der Verkaufsverpackungen mithilfe von Partnerfirmen. Diese stellen Glas- und Papiercontainer sowie Wertstofftonnen auf und sammeln so die Verpackungen, Papier und Wertstoffe zum Verwerten ein. Mancherorts geschieht das Einsammeln auch auf andere Art: z. B. „gelber Sack" oder Hausabholung von Papier und Glas. Das Duale System finanziert sich aus Gebühren für den Grünen Punkt. Je nach Art und Menge der Verpackungen zahlen Handel und Wirtschaft eine Gebühr an das Duale System.

Deponien
Auf Deponien werden Abfälle dauerhaft und geordnet abgelagert, die nicht wiederverwertet werden können. Es gibt Hausmüll-, Bauschutt- und Sondermülldeponien. Gesetzliche Sicherheitsstandards garantieren, dass Deponien eine möglichst geringe Gefahr für die Umwelt darstellen. Die Einhaltung dieser Sicherheitsstandards ist allerdings mit hohen Kosten verbunden. Seit 2005 dürfen nur noch vorbehandelte Abfälle auf Deponien endgelagert werden. Schon heute ist es sehr schwierig, noch geeignete Plätze für Abfalldeponien zu finden.

Müllverbrennung
Restmüll, der nicht auf Deponien landet, wird in Müllverbrennungsanlagen entsorgt. Bei dem weit verbreiteten reinen Verbrennungsverfahren wird der Restmüll unzerkleinert auf einen beweglichen Rost geschüttet, getrocknet, entgast und danach bei ca. 850 Grad Celsius verbrannt. Bei der Verbrennung verringert sich das Volumen des Abfalls um ca. 4/5. Als Rest verbleiben im Brennraum Asche und Schlacke. Die Schlacke wird meist als Füllmaterial im Straßenbau verwendet. Die bei der Verbrennung entstehenden Rauchgase werden mittels Filteranlagen gereinigt. Der anfallende Filterstaub muss als Sondermüll entsorgt werden. Mit 15 Müllverbrennungsanlagen verfügt Nordrhein-Westfalen über die bundesweit größte Bestandsdichte.

Der Kreislauf des Wassers

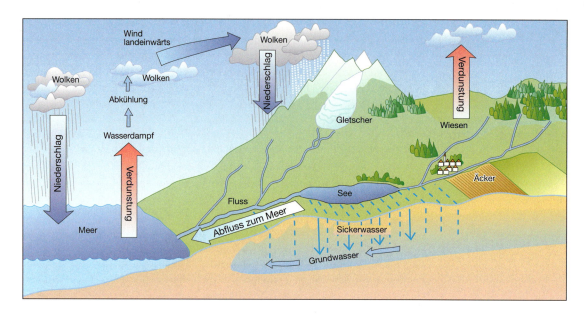

Das Wasser auf unserer Erde ist in einen großen Kreislauf einbezogen. Der Motor dieses immerwährenden Kreislaufs ist die Sonne. Ihre Strahlen erwärmen das Wasser auf der Erdoberfläche, in den Flüssen, Seen und Meeren. Die Sonnenwärme lässt winzig kleine Wassertröpfchen zum Himmel steigen, man nennt dies „Verdunstung". Auch wir Menschen, die Tiere und Pflanzen geben aufgenommenes Wasser wieder ab. Der dabei entstehende Wasserdampf kühlt in den höheren, kälteren Luftschichten ab. Es entstehen Wolken. Wenn die Wassertropfen der Wolken weiter abkühlen, fallen sie als Regen oder Schnee wieder auf die Erde. Diese Niederschläge gelangen entweder direkt in die Gewässer oder sie fallen auf Häuser, Bäume, Autos, deine Nase und auf den Boden. Ein großer Teil verdunstet gleich wieder, der Rest versickert im Boden. Das Wasser durchdringt verschiedene Erd- und Gesteinsschichten und wird dabei allmählich gereinigt – wie beim Durchlaufen eines Filters. Das so entstehende Grundwasser sammelt sich über wasserundurchlässigen Erdschichten, fließt ab, sprudelt irgendwo als Quelle aus der Erde oder gelangt unter- oder oberirdisch in einen Bach, Fluss oder See. Die Flüsse befördern einen Teil des Wassers in die Meere. Ein anderer Teil verdunstet wieder zu Wasserdampf und der Kreislauf schließt sich. Der Mensch entnimmt diesem Kreislauf das für ihn lebensnotwendige Wasser und benutzt es u.a. zum Trinken, Waschen, Baden, Spülen und in der Produktion. Dabei wird das Wasser verschmutzt.

Die beste Qualität hat in aller Regel Grundwasser. Mit Pumpen wird es aus der Erde nach oben geholt. Sauberes Trinkwasser lässt sich aber auch aus Oberflächenwasser (z. B. Stauseen) gewinnen. Zunächst gelangt das Wasser ins Wasserwerk, wo es zu sauberem Trinkwasser aufbereitet und dann in das Wasserleitungsnetz eingespeist wird. Kaum jemand macht sich klar, welch langen Weg das Wasser hinter sich hat, bis es aus dem Hahn sprudelt.

❶ Beschreibe mit eigenen Worten den Kreislauf des Wassers.
❷ Die Wassermenge auf der Erde nimmt weder zu noch ab. Überlege, durch welche Eingriffe des Menschen es trotzdem zu einem Mangel an sauberem Wasser und Trinkwasser kommen kann.

Im Unterschied zu Rohstoffen wie Erdöl oder Kohle, die wir verbrauchen, bleibt die Menge des Wassers auf der Erde gleich. Sie beträgt etwa:

1.400.000.000.000.000.000.000 Liter

Methode: Grafiken und Statistiken auswerten

Thema: Wasserverbrauch – Wasserknappheit

Auf dieser und den beiden folgenden Seiten findest du Statistiken zum Thema „Wasser". In einer Statistik werden Informationen und Zahlen übersichtlich zusammengefasst. Der Vorteil einer Statistik ist, dass sie vielfältige Informationen zu einem Sachverhalt in rasch überschaubarer Form enthält. Man muss allerdings lernen, eine Statistik „richtig zu lesen" und auszuwerten.
Es gibt verschiedene Typen von Statistiken. Zunächst unterscheidet man Tabellen und Grafiken. Bei den grafischen Darstellungen gibt es:

Hinweise zur Auswertung einer Grafik
1. Schau dir die Grafik zunächst genau an. Informiere dich, wenn dir etwas unklar ist.
2. Benenne das Thema. Worum geht es?
3. Für welchen Zeitraum oder Zeitpunkt gilt die Grafik? Ist sie noch aktuell?
4. Welche Werte und Größen sind in der Grafik enthalten? Worüber machen sie Angaben? Welche Angaben fallen dir besonders auf?
5. Versuche die Werte zu vergleichen, um eine Vorstellung von den Größenzusammenhängen zu gewinnen.
6. In manchen Grafiken wird ein zeitlicher Verlauf veranschaulicht. Beschreibe die Entwicklung: Was hat sich im dargestellten Zeitraum verändert? Gibt es starke Veränderungen?
7. Fasse die Kernaussage der Grafik mit eigenen Worten zusammen.

1 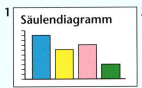 Säulendiagramm

2 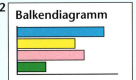 Balkendiagramm

3 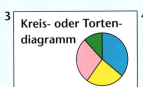 Kreis- oder Tortendiagramm

4  Kurvendiagramm

5 Schaubild (Beispiel: Abbildung auf Seite 113)

Ergänzende Hinweise zur Auswertung der folgenden Grafiken
- Welche beschäftigen sich mit dem Wasserverbrauch in Deutschland, welche mit dem Wasserverbrauch in der Welt, welche mit dem Wassermangel?
- Vergleiche die Grafiken miteinander. Ergänzen sich die Werte oder widersprechen sie sich? Welche Entwicklungen kannst du erkennen, zum Beispiel beim Wasserverbrauch?

Unser Körper besteht zu zwei Dritteln aus Wasser

Wasserverbrauch in Deutschland je Einwohner pro Tag	
1990	145 Liter
1994	134 Liter
1998	129 Liter
2006	125 Liter
2010	? Liter

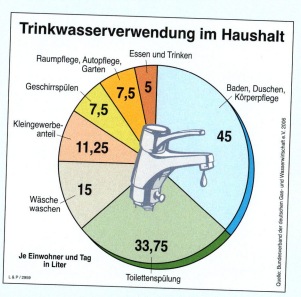

Trinkwasserverwendung im Haushalt
Je Einwohner und Tag in Liter
Quelle: Bundesverband der deutschen Gas- und Wasserwirtschaft e. V. 2006

Ohne Wasser kein Leben!

Wasservorkommen auf der Erde

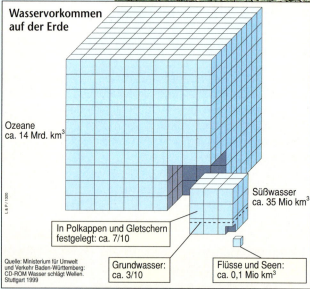

Ozeane ca. 14 Mrd. km³

Süßwasser ca. 35 Mio km³

In Polkappen und Gletschern festgelegt: ca. 7/10

Grundwasser: ca. 3/10

Flüsse und Seen: ca. 0,1 Mio km³

Quelle: Ministerium für Umwelt und Verkehr Baden-Württemberg: CD-ROM Wasser schlägt Wellen. Stuttgart 1999

Der weltweite Wasserverbrauch steigt

Vor allem für die Nahrungsproduktion wird immer mehr Wasser gebraucht

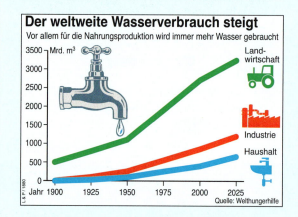

Quelle: Welthungerhilfe

Spaßbad in Deutschland. Wasser für das Freizeitvergnügen – davon können viele Menschen in anderen Ländern nur träumen

Wasserholen von weit her in Afrika. Wasser als kostbares Gut zum Überleben – für viele Afrikaner eine tägliche Erfahrung

Wasser ist Leben

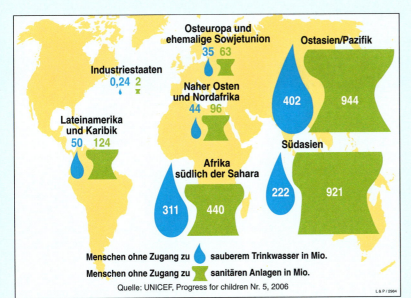

„Wasser ist nichts – solange du es hast!"
(Sprichwort der Tuareg in Nordafrika)

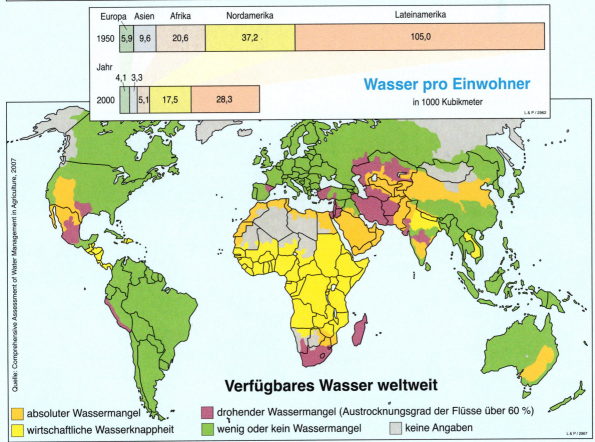

❶ Werte jede Grafik wie auf Seite 121 beschrieben aus.
❷ Fasse die Ergebnisse deiner Auswertung in einem Text zum Thema „Wasserverbrauch und Wasserknappheit weltweit" zusammen. Mache dir vorher Notizen zu diesen beiden Punkten.

Sauberes Wasser – für viele ein Traum

Schmutziges Wasser tötet täglich weltweit 4000 Kinder
UNICEF fordert mehr Hilfe / Risiken hierzulande steigen

AP Köln. Verschmutztes Wasser tötet jeden Tag weltweit 4000 Kinder. „Trinkwassermangel und fehlende Hygiene sind Hauptursachen der hohen Kindersterblichkeit in vielen Ländern der Erde", sagte gestern in Köln der Vorsitzende von UNICEF-Deutschland, Reinhard Schlagintweit. Anlässlich des heutigen Weltwasserstags forderte er eine Verbesserung der Wasserversorgung in der Dritten Welt.

Der Tag des Wassers markiert in diesem Jahr den Beginn der von den Vereinten Nationen ausgerufenen Dekade zur Verbesserung der Wasserversorgung. Rund 400 Millionen Kinder haben laut UNICEF nicht einmal 20 Liter Wasser täglich zur Verfügung. Fast jedes fünfte Kind müsse damit ohne das absolute Minimum zum Trinken, Kochen und für die notwendigste Hygiene auskommen. Zum Vergleich: In Deutschland liegt der Wasserverbrauch pro Kopf bei rund 130 Litern.

Mehr als eine Milliarde Menschen bezögen ihr Trinkwasser aus verschmutzten Quellen, Brunnen, Teichen oder Flüssen. Rund 2,6 Milliarden Menschen – nahezu die Hälfte der Weltbevölkerung – hätten keine sanitären Einrichtungen. Die Folgen: Jährlich sterben etwa 1,8 Millionen Kinder unter fünf Jahren an Durchfallerkrankungen.

Die Parlamentarische Staatssekretärin im Bundesentwicklungsministerium, Uschi Eid, appellierte anlässlich des Weltwassertags an Entwicklungs- und Industrieländer, ihre Anstrengungen im Kampf um saubereres Wasser zu bündeln. Es müsse gelingen, bis 2015 für zusätzliche 600 Millionen Menschen den Zugang zu sauberem Wasser sicherzustellen.

In Deutschland wächst derweil nach Angaben des Statistischen Bundesamts die Belastung der Gewässer. Die bei Unfällen ausgetretene und nicht wieder gewonnene Menge von Ölprodukten und anderen Substanzen habe sich zwischen 2001 und 2003 von 2600 auf rund 43 000 Kubikmeter erhöht, hieß es in Wiesbaden. Die meisten Unfälle passierten beim Transport, vor allem im Straßenverkehr.

(aus: Siegener Zeitung, 22. 03. 2005, S. 2)

❶ Berichte, wodurch die Trinkwasserversorgung in dem Dorf gefährdet wird.
❷ Erkläre, warum schmutziges Wasser weltweit ein Problem ist?

Methode: Internetrecherche

Thema: Trinkwasser- und Gewässerschutz

Im Internet findet man Information zu nahezu allen Themen. Ob man die Informationen auch gebrauchen kann, muss man stets genau prüfen. Die folgenden Fragen helfen dir, dich auf einer Homepage zurecht zu finden. Zuerst solltest du dir Gestaltung der Seite ansehen und dich dann mit den Inhalten beschäftigen.

Erläuterung zur Homepage

1 Eingabe der Internetadresse, hier: www.bund-nrw.de/wasser.htm – und man landet auf der **Homepage**.

2 Links, z. B. Wörter wie hier „… mehr", es können aber auch Symbole, Bilder, Clips sein. Links sind daran zu erkennen, dass der Cursor über dem Link zu einer Hand wird. Durch Anklicken gelangt man zur entsprechenden nächsten Internetseite. Ein besuchter Link wird automatisch markiert, z. B. mittels einer farbigen Unterlegung oder einer Unterstreichung, sodass man weiß, wo man schon war.

3 Blättern in besuchten Seiten.

4 Navigationsleiste. Die Links einer Navigationsleiste geben einen Überblick über das Angebot der Internetseiten. Wenn die Links nach unterschiedlichen Gesichtspunkten geordnet sind, kann eine Homepage auch verschiedene Navigationsleisten haben.

(http://www.bund-nrw.de/wasser.htm)

Internetrecherche: Fragen zur Homepage

1. Wer ist für die Seite verantwortlich? Wer hat sie verfasst?
2. Ist die Seite noch auf dem neuesten Stand? Wann wurde sie zuletzt aktualisiert?
3. Was ist das Thema der Seite? Worüber informiert sie im Einzelnen?
4. Enthält die Seite weitere Links, mit deren Hilfe man zusätzliche Informationen erlangen kann? Wenn ja, passen die Links zum Thema der Seite?
5. Kann man auf der Seite mit einer Suchmaschine nach weiteren Informationen suchen?
6. Ist die Sprache der Seite verständlich oder wurden unbekannte Fachbegriffe verwendet? Ist die Seite übersichtlich? Ist sie interessant aufgebaut?
7. Kann man an die Verantwortlichen der Seite eine E-Mail schicken oder mit ihnen in Kontakt treten?
8. Würdest du die Seite weiterempfehlen? Wenn ja, wem?

---

1 *Gib die folgende Internetadresse ein und führe eine Recherche wie beschrieben durch: http://www.bund-nrw.de/wasser.htm*

Klimawandel und Wasser

Klimawandel hat erhebliche Auswirkungen auf die Wasserversorgung

Der vom Menschen verursachte Klimawandel ist gegenwärtig eine der wichtigsten globalen Herausforderungen. Wenngleich es immer noch Wissenschaftler gibt, die den menschlichen Einfluss auf die weltweite Klimaveränderung skeptisch beurteilen, scheint der Sachverhalt klar. Bereits 1995 hat das „Intergovernmental Panel on Climate Change" (IPCC) festgestellt, „dass die vorliegenden Beweise vermuten lassen, dass der Mensch das Weltklima merklich beeinflusst." Das IPCC ist das offizielle wissenschaftliche Gremium, das für die Vereinten Nationen den Klimawandel untersucht.

Ein Indiz für die zunehmende Erwärmung der Erdatmosphäre: Zwischen 1980 und 1998 wurden die zwölf heißesten Jahre seit Beginn der Temperaturmessungen verzeichnet. Wissenschaftler rechnen mit einem weiteren Anstieg der Temperaturen in den nächsten 100 Jahren um 1,4–5,8 Grad, je nachdem, wie sich der Energieverbrauch im 21. Jahrhundert entwickeln wird.

Auch die katastrophalen Folgen wurden in den letzten Jahren sichtbar: Die Polkappen schmelzen, Hurrikane zerstören die Infrastruktur ganzer Länder und Überschwemmungen nehmen nicht nur in Deutschland verheerende Ausmaße an.

Der Klimawandel hat jedoch auch große Auswirkungen auf die Wasserverfügbarkeit in vielen Regionen der Erde. Wenn der Trend anhält, kommt es zu Überschwemmungen und Dürrekatastrophen, zur Verseuchung des Grundwassers durch Salzwasser und zu Missernten. Insbesondere die Landwirtschaft steht vor dem Problem, bei veränderten Bedingungen weiterhin ausreichende Ernteerträge sicherzustellen.

In Gebieten, in denen Wasser jetzt schon knapp ist, wird die Verfügbarkeit von Wasser weiter abnehmen. Die Folgen für die Menschen, die dann unter Wassermangel leiden, sind kaum absehbar.

(www.menschen-recht-wasser.de/wasser-krise/21_31_DEU_HTML.php#)

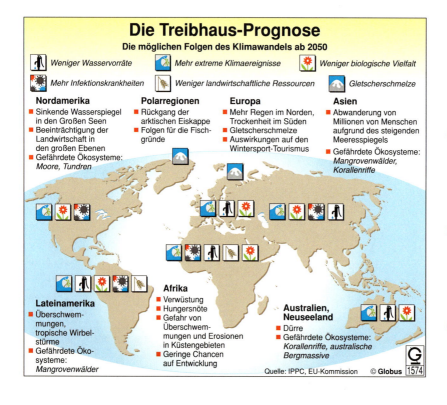

❶ Beschreibe die allgemeinen Folgen des Klimawandels und seine Auswirkungen auf die Wasserversorgung.

❷ Untersuche, welche Konsequenzen der Klimawandel in den verschiedenen Regionen der Erde haben wird.

❸ Erläutere, weshalb viele Forscher eine Wasserkrise erwarten.

Das Wichtige in Kürze

Wasser – ein knappes Gut

Ohne Wasser wäre kein Leben auf der Erde möglich. Der Mensch selbst besteht zu ca. zwei Dritteln aus Wasser und kann normalerweise höchstens vier Tage lang ohne Wasser überleben. Wasser ist also eines unserer kostbarsten Güter überhaupt. Rund zwei Drittel der Erde sind mit Wasser bedeckt. Wenn man alle Wasservorräte der Welt zusammen in vierzig Einheiten aufteilen würde, wären neununddreißig Einheiten Salzwasser und nur eine Einheit Süßwasser. Da über zwei Drittel des Süßwassers in Form von Eis an den Polen und in den Gletschern gebunden sind und somit nicht genutzt werden können, steht nur der kleinere Teil des Süßwassers zur Verfügung. Besonders knapp ist Wasser, das Trinkwasserqualität hat. Die schnelle Zunahme der Weltbevölkerung und der Auf- und Ausbau von Industrie haben dazu geführt, dass dieses kostbare Gut weltweit immer knapper wird. Der Verbrauch steigt ständig an. Allein im letzten Jahrhundert ist der Wasserverbrauch um das Fünffache gestiegen. Nach Schätzungen könnte sich der Wasserverbrauch durch den Menschen in den nächsten 30 Jahren noch einmal verdreifachen. Mancherorts ist das Wasser bereits so knapp, dass es darum Streitereien und kriegerische Auseinandersetzungen gibt.

Wasser – ein gefährdetes Gut

Das zweite große Problem neben der Knappheit ist die Verschmutzung und Verunreinigung des Wassers. Ein einziger Tropfen Öl kann mehrere tausend Liter Wasser verunreinigen! Nach wie vor werden weltweit riesige Mengen an verschmutztem Abwasser ungeklärt in Flüsse, Seen und Meere geleitet. In Deutschland wird zwar nahezu das gesamte Brauchwasser in Kläranlagen gereinigt, Probleme gibt es aber auch bei uns. So belasten vor allem die Düngung von Feldern mit Gülle sowie Reinigungs- oder Lösemittel aus privaten Haushalten unser Grundwasser.

Wasser – ein teures Gut

Die Aufbereitung von Wasser zu Trinkwasser und besonders die Reinigung bzw. Wiederaufbereitung von verunreinigtem und verschmutztem Wasser ist teuer, denn für die Wiederaufbereitung von Wasser werden entsprechende technische Anlagen und viel Energie benötigt. Aus diesem Grund und da Wasser ein knappes Gut ist, muss sparsam damit umgegangen werden.

Wasserverbrauch

Wasser wird in den privaten Haushalten, der Landwirtschaft, in Gewerbe- und Industriebetrieben verbraucht. In diesem Zusammenhang zwei Zahlen: Für die Herstellung nur eines Autos werden mindestens ein- bis zweitausend Liter Wasser verbraucht. Und: Jede Bundesbürgerin, jeder Bundesbürger verbraucht im Durchschnitt jeden Tag ungefähr 125 Liter Wasser. Viele benutzen Trinkwasser zum Blumen gießen oder für die Autowäsche. Für solche Zwecke ist Trinkwasser eigentlich viel zu wertvoll und teuer. Regenwasser steht dagegen kostenlos zur Verfügung, vorausgesetzt man sammelt etwas davon. Der Verbrauch des kostbaren Trinkwassers lässt sich durch vielerlei Maßnahmen reduzieren. Das hilft nicht nur der Umwelt, sondern macht sich auch im Portemonnaie bemerkbar.

Was ist nachhaltiges Handeln?

Der Begriff Nachhaltigkeit ist in Deutschland seit dem Ende des 18. Jahrhunderts bekannt und gilt als Grundprinzip in der Forstwirtschaft. Er besagt, dass nur so viel Holz geschlagen werden sollte, wie im Wald wieder nachwächst. Das Prinzip Nachhaltigkeit lässt sich auf fast alle Lebensbereiche und Bereiche politischen Handelns überhaupt übertragen.

„Nachhaltigkeit ist ja ein sehr sperriger Begriff. Ich verstehe unter nachhaltig konsumieren, dass ich mir beim Einkaufen darüber Gedanken mache, wo und unter welchen Bedingungen die Produkte entstanden, ob zum Beispiel Kinderarbeit mit im Spiel ist."

Anette Pohlit, Bremen

Sandra Nötzel, Berlin

„Mein Beitrag zur Nachhaltigkeit: ich habe kein Auto – das braucht man in Berlin auch nicht. Hier kann man alles sehr gut mit öffentlichen Verkehrsmitteln oder mit dem Fahrrad erreichen."

„Wir haben beim Bau unseres neuen Hauses bewusst darauf geachtet, viel mit natürlichen Baustoffen zu bauen. Mein Mann leidet stark unter Allergien. Da wollten wir für unsere Kinder gleich von Anfang an vorsorgen."

Nadine Rohrbach, Kaiserslautern

„Nachhaltig einkaufen? Also, ich habe mir gerade meinen ersten Geschirrspüler gekauft und schon darauf geachtet, dass der Verbrauch an Energie und Wasser möglichst gering ist. Das habe ich nicht nur der Umwelt zuliebe getan, sondern auch für meinen Kontostand."

Nora Wollmann, Dresden

(nach: http://www.echtgerecht.de/konsumieren.html)

Nachhaltige Entwicklung

Wachsender Verbrauch endlicher Rohstoffe und eine zunehmende Belastung des Klimas u. a. durch weltweit wachsende Volkswirtschaften zwingen zu international abgestimmtem Handeln. Die UNCED-Konferenz für Umwelt und Entwicklung hat daher im Jahr 1992 in Rio de Janeiro eine Agenda 21 formuliert: eine Zielvereinbarung für eine nachhaltige Entwicklung, die weit über das bisherige Selbstverständnis des Umwelt- und Naturschutzes hinausgeht.
Bei dieser Konferenz verständigten sich 178 Staaten der Erde auf das zukunftsweisende Leitbild des „Sustainable Development" (deutsch: „Nachhaltige Entwicklung").
Ziel einer nachhaltigen Entwicklung ist es, die Ressourcen sparsam und effizient zu nutzen, sodass die natürlichen Lebensgrundlagen auch künftig erhalten bleiben. Eine Entwicklung gilt als nachhaltig, wenn sie den Bedürfnissen der heutigen Generation entspricht, ohne die Möglichkeiten künftiger Generationen zu gefährden, ihre eigenen Bedürfnisse zu befriedigen und ihren eigenen Lebensstil zu wählen. Das bedeutet: Notwendig ist eine Entwicklung, die langfristig für das Ökosystem tragfähig ist. Dieser Grundsatz gilt nicht nur für die nachfolgenden Generationen, sondern in gleicher Weise auch für die jetzt lebenden Menschen auf der ganzen Erde. Eine dauerhaft umweltgerechte Entwicklung soll deshalb auch dazu beitragen, die großen Unterschiede zwischen den armen und reichen Staaten zu verringern, den Nord-Süd-Konflikt zu entschärfen, und dafür zu sorgen, dass in den industrialisierten Ländern der Wohlstand nicht zu Lasten der natürlichen Lebensgrundlagen und auf Kosten der Bevölkerung der Dritten Welt erwirtschaftet wird.
Die dauerhaft umweltgerechte Entwicklung verlangt, dass soziale, ökonomische und ökologische Belange gleichrangig zu betrachten sind. Ökologisch begründete Forderungen müssen deren ökonomische und soziale Auswirkungen beachten. Ebenso muss sich aber auch die Wirtschaftsweise an ihrer ökologischen Verträglichkeit messen lassen. Eine Entwicklung, die die natürlichen Lebensgrundlagen gefährdet, entspricht nicht dem Postulat der Nachhaltigkeit.

(nach: http://www.politikundunterricht.de/4_99/lokaleagenda4.htm)

Lebe ich nachhaltig? Ein Test zum nachhaltigen Verhalten für Erwachsene und Jugendliche

Auf deinem Einkaufszettel stehen Obst und Gemüse. Welche Produkte befinden sich in deinem Einkaufskorb?
○ Das, was die Jahreszeit so bietet, da ich gern frische Produkte aus der Region esse. Am besten sogar Bio.
○ Ab und zu kaufe ich regionale Lebensmittel aus der Saison oder Bioware.
○ Ich kaufe nur nach dem günstigsten Preis, wo und wie die Lebensmittel hergestellt wurden ist zweitrangig.

Du brauchst dringend eine neue Hose. Sie passt und sieht gut aus. Was nun?
○ Wenn die Hose passt und gut aussieht, achte ich auf das Material und die Verarbeitung, damit ich die Hose möglichst lange tragen kann.
○ Ich habe die Hose nicht nur nach Passform und Aussehen ausgewählt, sondern auch nach umweltverträglicher Herstellung.
○ Wenn die Hose passt und gut aussieht, muss nur noch der Preis stimmen.

Wie kommst du normalerweise zur Schule?
○ Ich fahre meistens mit öffentlichen Verkehrsmitteln.
○ Ich nutze oder biete meistens eine Mitfahrgelegenheit.
○ Ich nehme meistens das Fahrrad oder laufe zu Fuß.
○ Ich fahre mit dem Roller, weil ich mit öffentlichen Verkehrsmitteln wesentlich länger brauchen würde.
○ Mit dem eigenen Roller, weil das am einfachsten ist.

Es ist Winter und der Raum ist ein wenig überheizt. Was tust du?
○ Ganz einfach, das Fenster wird gekippt und wenn es zu kalt wird, dann schließe ich es wieder.

„So leben wir, so leben wir, so leben wir alle Tage ..."
(Zeichnung: Jupp Wolter)

○ Zuerst einmal öffne ich alle Fenster für ein paar Minuten und drehe die Heizung herunter.
○ Soweit lasse ich es gar nicht kommen. Es ist sowieso ungesund sich in überheizten Räumen aufzuhalten.

Du kommst nach Hause und schaltest den Fernseher ein. Wann und wie schaltest du das Gerät wieder ab?
○ Wenn ich den Fernseher nicht mehr nutze, schalte ich ihn über den Netzstecker aus. Bevor ich ins Bett oder aus dem Haus gehe, schalte ich generell alle Geräte über die Steckerleiste („Powersaver") aus.
○ Wenn ich etwas in der Küche koche oder zum Telefonieren das Zimmer wechsle, bleibt der Fernseher meist an. Vor dem Schlafengehen schalte ich das Gerät über den Netzstecker ab.
○ Mein Fernseher läuft eigentlich meistens, wenn ich zu Hause bin – auch wenn ich das Zimmer verlasse. Zum Ausschalten benutze ich die Fernbedienung.

(Fragen und Antworten zusammengestellt nach: www.echtgerecht.de)

---

❶ Erkläre mithilfe der Aussagen auf S. 128 oben, der Karikatur und des Textes, was man unter nachhaltigem Handeln versteht. Warum sollte man nachhaltig handeln?
❷ Welche der vorgeschlagenen Handlungen im Test sind nachhaltig? Begründe deine Entscheidung.
❸ Finde weitere Beispiele für nachhaltiges Handeln.

Die umweltbewusste Schule

Testet, ob eure Schule das Umweltsiegel erhält! Der folgende Fragebogen kann euch dabei helfen. Für jedes Kreuzchen gibt es einen Punkt (Frage 10 = 2 Punkte!).

- 0–9 Punkte: An eurer Schule gibt es noch viel zu tun. Packt es an!
- 10–19 Punkte: Eure Umweltbilanz sieht schon ganz gut aus. Verbessert sie!
- 20–29 Punkte: Glückwunsch – eure Schule erhält das Umweltsiegel. Weiter so!
- 30 Punkte: Eure Schule hat den Titel „Umweltkönig" verdient. Super!!

FRAGEBOGEN – FRAGEBOGEN – FRAGEBOGEN – FRAGEBOGEN

1. Wird in eurer Schule das Thema Umwelt regelmäßig angesprochen?
   - ○ ja, im Unterricht
   - ○ ja, in der SV-Stunde
   - ○ ja, bei Schulveranstaltungen

2. Gibt es an eurer Schule Mülleimer zur Getrenntsammlung?
   - ○ ja, für Papier
   - ○ ja, für Verbundstoffe
   - ○ ja, für Glas
   - ○ ja, für Metall
   - ○ ja, für Kompost

3. Verwendet ihr an eurer Schule Recycling-Produkte?
   - ○ ja, Arbeitsblätter
   - ○ ja, Heftumschläge
   - ○ ja, Papierhandtücher
   - ○ ja, Druckerpapier für Computer

4. Werden bei euch Materialien im Unterricht wiederverwendet?
   - ○ ja, Holz, Papier im Kunstunterricht
   - ○ ja, Heft- und Buchumschläge
   - ○ ja, Einkaufstüten im Kochunterricht

5. Steht in eurer Schule ein Sammelbehälter für Altbatterien?
   - ○ ja

6. Stehen in euren Klassenräumen Sammelbehälter für Abfall?
   - ○ ja, für Papier
   - ○ ja, für Verbundstoffe
   - ○ ja, für Restmüll

7. Verwendet ihr umweltfreundliche Produkte im Unterricht?
   - ○ ja, beim Renovieren des Klassenzimmers
   - ○ ja, lösungsmittelfreie Filzstifte
   - ○ ja, lösungsmittelfreie Kleber

8. Finden in eurer Schule zusätzliche Sammelaktionen statt?
   - ○ ja, für Flaschenkorken
   - ○ ja, für Druckerpatronen
   - ○ ja, für CDs

9. Achten eure Lehrer auf umweltfreundliches Verhalten?
   - ○ ja, im Unterricht
   - ○ ja, in den Pausen
   - ○ ja, bei Schulveranstaltungen

10. Hat eure Schule eine Umweltpatenschaft übernommen?
    - ○ ja

Der neue Fernseher

„Mannomann – Röhrenfernseher, LCD-Fernseher, Plasma-Fernseher, Fernseher mit eingebautem DVD-Spieler, Rückprojektionsfernseher, Beamer, HDTV-Technik", Kay staunte nicht schlecht, welche Möglichkeiten des Fernsehens es gibt. Und dabei wollte er eigentlich nur das alte Gerät, das am vergangen Wochenende den Geist aufgegeben hatte, durch ein neues ersetzen. „Die Reparatur lohnt sich nicht mehr!" So hat es ein ihm ein Fachmann erklärt. Ein neuer Fernseher soll her: Er muss hoch auflösendes Fernsehen (HDTV) unterstützen, groß sein und am besten einen Flachbildschirm haben. Und günstig soll er sowieso sein. Ein freundlicher Verkäufer im Elektrohandel rät kurzerhand zum großen 16:9 – LCD – Display mit 32-Zoll-Diagonale. Das Flachbild-Gerät sei nicht nur preiswert, sondern auch ganz sicher HDTV-tauglich.

Aber ist Kay wirklich gut beraten? Er sucht nach anderen Informationsmöglichkeiten. Er entdeckt im Fachgeschäft den „Pocket Guide Fernseher". Dort findet Kay folgende nützliche Informationen:

> Welcher Display-Typ der Richtige ist, hängt vom Geldbeutel und von den Fernsehgewohnheiten ab. Steht der Preis im Mittelpunkt, ist der Röhren-TV erste Wahl: Keine andere Technologie bietet heute mehr Bildqualität fürs Geld.

(aus: Pocket Guide Fernseher)

Praktische Tipps zum Probefernsehen im Geschäft gibt es in der Broschüre auch:

> Vergleichen Sie die Bildqualität im Handel mit Spielfilm- oder TV-Szenen von echten Menschen. Trickfilme wie „Ice Age" oder „Shrek" sind ungeeignet. Solche Computer-Animationen sehen auf fast allen Fernsehern gut aus.

(aus: Pocket Guide Fernseher)

LCD-Fernseher

Das Liquid Crystal Display hat sich in PC-Monitoren millionenfach bewährt. Flüssigkristalle erlauben hohe Auflösung auf kleinen Schirmen und liefern auch in hellen Räumen brillante Bilder.

+ niedriger Stromverbrauch; helles und flimmerfreies Bild
− große Schirme noch teuer; Qualität oft abhängig vom Blickwinkel

Plasma-Fernseher

Die Bildpunkte eines Plasma-TV lassen sich nicht beliebig verkleinern. Deshalb ist die Technik nur in großen Schirmen zu finden. Gute Kontrastwiedergabe in dunklen Räumen macht Plasmas ideal fürs Heimkino.

+ natürliche Farben; gute Bewegungs-Darstellung; hoher Kontrast
− höherer Stromverbrauch als LCD-TV; Standbilder können einbrennen

Röhren-Fernseher

Traditionelle TV-Geräte werden langsam selten. Doch wer sich am ausladenden Gehäuse nicht stört, bekommt mit einem Röhren-Modell den perfekten Allround-Fernseher für wenig Geld.

+ gutes Preis-Leistungs-Verhältnis; helles, kontrastreiches Bild
− Bilddiagonalen bis maximal 82 cm; schwer und groß; selten HDTV-tauglich

Rückpro-Fernseher

Preiswerte Riesenschirme mit 1,2 Metern Diagonale oder mehr sind die Domäne der Rückpros. Eine Lampe wirft das Bild von hinten auf die Mattscheibe. Der Schirm sollte unbedingt auf Augenhöhe stehen.

+ große Diagonalen bis 178 cm; gut geeignet für helle Räume
− Qualität abhängig vom Blickwinkel; nicht so flach wie Plasma-TVs

---

❶ Untersuche die Vor- und Nachteile der einzelnen Bildschirmtypen.
❷ Welchen Typ würdest du Kay empfehlen? Begründe die Empfehlung des Verkäufers im Elektromarkt.
❸ Welche Faktoren sollten noch beachtet werden, bevor man sich einen neuen Fernseher anschafft?

▶ Gibt es umweltschonende Fernseher?

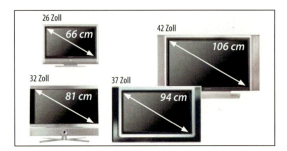

Stromverbrauch

Beim Kauf eines neuen Fernsehers sollte man den Stromverbrauch nicht außer Acht lassen. Laut BUND („Bund für Umwelt und Naturschutz") schwanken die Stromkosten für einen Fernseher in 10 Jahren zwischen 150 und 1000 Euro. Es ist also nicht nur gut für die Umwelt, wenn der Fernseher wenig Strom verbraucht, sondern man spart auch noch Geld.

Allgemein gilt, dass der Stromverbrauch eines Fernsehgerätes mit seiner Größe zunimmt. Denn ein Fernsehbild muss eine bestimmte Helligkeit haben, wenn es gut erkennbar sein soll. Verdoppelt man die Diagonale des Bildschirms, wird ist dessen Fläche viermal so groß. Der Energiebedarf für die Ausleuchtung dieser Fläche steigt damit ebenfalls auf das Vierfache! So braucht ein kleiner 17-Zoll LCD-Fernseher z. B. 60 Watt in der Stunde, während ein 32-Zöller gleicher Technologie auf einen Verbrauch von deutlich über 200 Watt kommt.

Welcher Bildschirmtyp ist der sparsamste?

Der Stromverbrauch von Röhrenfernsehern ist bei gleicher Bildschirmdiagonale geringer als bei den LCD- oder Plasmatechniken. LCD-Bildschirme erlauben nur einen sehr begrenzten Wirkungsgrad, weil die Technik im Grunde 10-mal mehr Licht erzeugt, als der Fernsehzuschauer zu sehen bekommt. Der Rest wird abgeschirmt. Auf den Umverpackungen der Geräte oder bei den technischen Daten im Handbuch wird der Stromverbrauch genannt. Dort stehen üblicherweise zwei Werte: Stromverbrauch im Betrieb und Stromverbrauch im Stand-by-Modus.

Stand-by-Schaltung

Sehr häufig wird ein Gerät mittels Fernbedienung ein- und ausgeschaltet. Das Ausschalten mit der Fernbedienung versetzt das Gerät in die so genannte „Betriebsbereitschaft", den Stand-by-Modus. Während der Betriebsbereitschaft kann das Gerät jederzeit wieder per Fernbedienung aktiviert werden. Damit die Fernbedienung funktioniert, muss im Fernsehgerät zumindest die Schaltung zur Verarbeitung der Fernbedienungs-Signale aktiviert sein. Deshalb verbraucht das Gerät weiterhin elektrische Energie. Der Verbrauch liegt bei älteren Geräten bei 10 Watt und mehr, neue Fernseher begnügen sich mit 1 Watt oder weniger.

> Viele Geräte in Haushalt und Büro verbrauchen Energie, obwohl sie scheinbar abgeschaltet sind. Die Zeitschrift „AudioVideoFoto-BILD" hat in ihrer Ausgabe vom Dezember 2003 zum Beispiel ermittelt, dass Fernsehgeräte bis zu 3,50 Euro, DVD-Spieler bis zu zehn Euro, DVD-Recorder bis zu 32,61 Euro und Lautsprechersysteme sogar bis zu 70 Euro im Jahr an Kosten verursachen, ohne eine erkennbare Leistung zu bringen. Und das ist nur die Spitze des Eisberges! Nach Angaben des Umweltbundesamtes werden in Deutschland pro Jahr mindestens 4 Mrd. Euro (Stand 2006) für Leerlaufverluste regelrecht verschwendet!

(www.no-e.de)

❶ *Erkläre, wie man den Stromverbrauch beim Fernsehen verringern kann.*

❷ *Ein älterer Röhrenfernseher verbraucht im Stand-by-Modus 10 Watt, im Betrieb 70 Watt. Errechne, wie viel Strom das Gerät in 365 Tagen verbraucht, wenn es nicht ausgeschaltet wird und die Besitzer pro Tag drei Stunden fernsehen. Unterscheide zwischen Verbrauch im Stand-by-Modus und Verbrauch im Betrieb.*

❸ *Eine Stunde Fernsehen mit dem Gerät der Marke „Glotz" erfordert den Ausstoß von etwa 80 kg Kohlendioxid bei der Stromherstellung. Vergleiche den Kohlendioxidausstoß des Fernsehers und eines Autos pro Stunde, welches 60 km/h fährt und dabei 140 g Kohlendioxid pro km ausstößt.*

Der Umweltverbrauch bei der Herstellung eines Fernsehers

Die Verpackung
Da steht er nun endlich, der neue Fernseher. Als Käufer kann man die Umverpackung direkt im Geschäft lassen oder mit dem Lieferwagen des Händlers wieder mitgeben, wenn er den Fernseher gebracht hat: Das sind Pappe, Papier, Plastikfolien und Hartschaum. Wenn man das Gerät selbst transportiert, lässt man es normalerweise in der Verpackung, um es nicht zu beschädigen.

… die Bestandteile
Ein Fernseher besteht aus verschiedenen Kunststoffen, Metall, Glas und Elektronikteilen. Bei der Herstellung der Bestandteile werden bis zu 700 verschiedene, oft giftige Inhaltsstoffe verwendet.
Die am stärksten schadstoffbelasteten Bauteile eines Bildschirmgeräts finden sich in und um die Bildröhre. Bildröhrenglas enthält Blei, Barium, Bor und Zink, die Leuchtschicht Schwermetallverbindungen (z.B. Zinksulfid, Zink-Kadmiumsulfid, Kobalt-Verbindungen und Yttrium-Vanadat). Es gibt einen Trend hin zu LCD-Fernsehern, die ohne Bildröhre auskommen. Aus der Sicht des Umweltschutzes ist die Flachbildschirm-Fertigung aber problematisch, da in der Produktion von LC-Displays große Mengen umweltgefährdender Substanzen, insbesondere Treibhausgase in sehr großer Menge eingesetzt werden.
Fernseher enthalten zudem viele Bestandteile wie Metalle, unbelastete Kunststoffe, Kabel, Holz und andere Materialien. Edelmetalle wie Gold, Silber, Platin und Palladium finden sich – wie auch Kupfer – vor allem in Leiterplatten und Platinen. Umweltschädliche halogenorganische Flammschutzmittel werden auf die Platinen aufgesprüht, um die Selbstentzündung der Geräte zu verhindern.

… Energie
Bei der Herstellung eines Fernsehers werden ungefähr 23 Millionen Kilojoule an Energie benötigt. Das ist so viel, wie 1,2 Tonnen Brikett beim Verbrennen an Energie liefern.

… Rohstoffe
Ein Fernseher besteht aus unzähligen verschieden Bauteilen: Gehäuse, Bildröhre, Platinen und Steuerungselemente, Transformator, ein Lautsprecherverstärker, eine Menge an Kabeln, eine Vielzahl elektronischer Bauteile … Man benötigt für die Herstellung eines Fernsehers etwa 350–400 Bauteile. Der meiste Abfall, den ein Fernsehgerät verursacht, entsteht bei der Gewinnung verschiedener Grundstoffe. Insgesamt werden etwa 20 Tonnen an Material für die Gewinnung der Rohstoffe für den Fernseher benötigt.
Die Rohstoffe werden in den unterschiedlichsten Gegenden in der Welt abgebaut. Die dabei entstandene Abraumhalde für die Herstellung eines Fernsehers ist so groß wie mehrere Klassenzimmer.

… und der Transport
Die Konkurrenz unter den namhaften Fernsehherstellern hat dazu geführt, dass die Produktion in immer weiter entfernte „Niedriglohnländer" verlagert wird: China, Taiwan, Südkorea oder Mexiko. Die Transportstrecke von diesen Ländern ins deutsche Wohnzimmer kann leicht über 10 000 Seemeilen betragen.

Frau Schmitz packt ihren neuen Fernseher aus.

❶ Stelle eine Liste der im Text genannten Materialien zusammen, die verwendet werden, bis der Fernseher beim Endkunden in der Wohnung steht.
❷ Erkundige dich, welche der genannten Materialien besonders giftig sind.
❸ Überlege, wie man den Umweltverbrauch bei der Herstellung von Fernsehern einschränken könnte.

▷ Woran erkenne ich umweltfreundliche Fernseher?

Woran erkennt man beim Einkauf, dass ein Fernseher umweltfreundlich produziert wurde oder sparsam zu betreiben ist? Hier helfen dem Verbraucher mehrere Zeichen.

Das Europäische Umweltzeichen
Das Zeichen kennzeichnet Fernseher, die besonders energiesparend konstruiert sind und leicht wieder verwertet werden können. Der Zeichenvergabe liegen die folgenden Kriterien zu Grunde:

– Der Aus-Schalter des Gerätes muss deutlich sichtbar auf der Vorderseite des Gerätes angebracht sein.
– Der Stromverbrauch im passiven Stand-by-Betrieb beträgt weniger als 1 Watt.
– Der Fernseher muss im eingeschalteten Zustand um über 1/3 sparsamer als ein durchschnittliches Gerät dieses Formats sein.
– Die Langlebigkeit der Geräte muss sichergestellt sein; dies geschieht durch eine Garantieleistung von mindestens zwei Jahren und durch die Sicherstellung der Versorgung mit elektronischen Ersatzteilen über sieben Jahre.
– Die Fernsehgeräte müssen recyclinggerecht konstruiert sein: Die Geräte müssen leicht demontierbar sein, 9 von 10 der Teile (Kunststoff und Metallbestandteile des Gehäuses) sowie des für die Bildröhre verwendeten Glases müssen wiederverwertbar sein.
– Kunststoffteile müssen frei von giftigen Blei- und Cadmiumzusätzen sein, nur aus einer Kunststoffsorte bestehen und eine Kennzeichnung tragen.
– Dem Produkt muss eine Anleitung zur umweltgerechten Benutzung der Geräte beiliegen, z. B. mit Hinweisen zum Stromverbrauch, der Verwertung etc.

Energy – GEEA-Label

Das Energy-Label der GEEA (Group for Energy Efficient Appliances) kennzeichnet Geräte, die vor allem im Stand-by-Betrieb einen niedrigen Energieverbrauch haben. Die Grenzwerte für den Stromverbrauch werden jährlich angepasst, so dass etwa 25% der am Markt befindlichen Geräte prämiert werden. Für 2007 lagen die Grenzwerte im Stand-by-Betrieb (passiv) z. B. bei:
1 W für Fernseher (digital und analog),
1 W / 2,5 W für Videogeräte oder DVD-Player nur mit Abspielfunktion / mit Aufnahmefunktion,
2 W für PCs,
1 W für Notebooks,
1 W für Monitore.

EcoTopTen

EcoTopTen bietet kompakte Marktübersichten zu unterschiedlichen Produkten. Viele von EcoTopTen empfohlene Produkte sind besonders umweltfreundlich, da unter anderem auch Kosten bei der Produktion oder die Folgekosten beim Betrieb mit in die Bewertung einfließen.

❶ Erläutere, welche Eigenschaften ein Gerät aufweisen muss, um eines der oben dargestellten Umweltzeichen zu erhalten.
❷ Suche die Internetseite http://www.label-online.de auf und überprüfe, ob es Umweltkennzeichen für Papier, Ranzen, Handys und Lebensmittel gibt.
❸ Erkundige dich bei einem Händler, ob umweltfreundliche Geräte teurer oder billiger als andere Geräte sind.

Wohin mit dem alten Fernseher?

Elektro- und Elektronikgeräte sind in der heutigen Gesellschaft als Begleiter des täglichen Lebens in Haushalten und Büros nicht mehr wegzudenken. Rund 1,8 Millionen Tonnen Altgeräte fallen jährlich allein in Deutschland an. Die ausgesonderten Altgeräte gehören den verschiedensten Kategorien an:
- Haushaltsgroßgeräte – auch weiße Ware genannt – (z. B. Waschmaschine, Kühl- u. Gefrierschrank oder Herd);
- Haushaltskleingeräte – ebenfalls zur weißen Ware zählend – (z. B. Staubsauger, Kaffeemaschine, Fön, Mikrowelle);
- Informations-(IT-) und Kommunikationstechnik-Geräte (z. B. Computer, Monitore, Drucker, Plotter, Tastaturen, Scanner, Schreibmaschinen, Fotokopierer, Telefaxgeräte, Telefonendgeräte und Geräte der Präsentationstechnik) einschließlich der Geräteteile sowie des elektrischen oder elektronischen Zubehörs;
- Unterhaltungselektronik-Geräte – auch braune Ware genannt – (z. B. Fernseher, Videorecorder, Videokameras, Camcorder, Rundfunkgeräte, Radiorecorder, HiFi-Anlagen, Satellitenempfangsanlagen und Fotoapparate)

(www.bmu.de/fb_abf)

Eine Bildröhre wird recycelt

Nicht nur in Deutschland, sondern auch in den anderen Ländern der Europäischen Union (EU), wurde der Müllberg aus Elektro- und Elektronikgeräten immer größer. Deshalb hat die EU im Jahr 2003 zwei Richtlinien erlassen. Ziel dieser Richtlinien es, die Verwendung gefährlicher Stoffe bei der Produktion zu beschränken und die verwendeten Rohstoffe weitgehend zu recyceln. So kann man aus 20 Kubikmeter bestückten Leiterplatten im Recycling etwa ein Kilogramm Gold gewinnen. Recycling spart außerdem Energie. Für die Gewinnung von einem Liter Aluminium aus Erz wird die Energie von 3,8 l Heizöl benötigt. Stellt man dagegen Aluminium aus Altmetall her, spart man im Vergleich 95 % dieser Energie.

Alle Mitgliedsländer der EU wurden verpflichtet, die Richtlinien in ihren Ländern bis 2005 umzusetzen. In Deutschland hat der Bundestag zu diesem Zweck 2005 das Elektro- und Elektronikgerätegesetz (Elektroschrottverordnung) verabschiedet. Nach diesem sind deutsche Hersteller und Importeure seit dem 24. März 2006 verpflichtet, Altgeräte kostenfrei wieder zurückzunehmen und nach vorgegebenen Standards zu entsorgen. Die Hersteller haben zu diesem Zweck die Stiftung Elektro-Altgeräte Register (EAR) mit Sitz in Fürth gegründet. Diese koordiniert die Bereitstellung von Sammelbehältern in den Gemeinden und sorgt für die Abholung und Verwertung des Elektro- und Elektronikschrotts.

Aus einem Flyer der Deutschen Umwelthilfe

❶ Worin besteht der Nutzen der „Elektroschrottverordnung"?
❷ Führt eine Recherche durch: Erstellt eine Liste mit Sammelpunkten in eurem Ort oder Stadtteil, wo Elektroschrott abgegeben werden kann. Welche Altgeräte können dort nicht abgegeben werden? Wo und wie werden diese entsorgt?

Schulranzen im Öko-Test

Putzmittel, Hundefutter, Tiefkühlkost, Schnurlos-Telefone … Keine Produktgruppe, die von ÖKO-TEST nicht unter die Lupe genommen wird. Schulranzen werden regelmäßig untersucht. Weil die grellbunten Tornister ein klassisches Geschenk zu Ostern sind, werden die Tests meistens im Frühjahr veröffentlicht.

„Bei bunten Produkten muss man immer überprüfen, ob die Farben in Ordnung sind", erklärt die zuständige Redakteurin Alexandra Ferenz. „Denn gefärbte Kunststoffe enthalten oft bedenkliche Farbstoffe. Auch werden Kunststoffprodukte standardmäßig auf Weichmacher und zinnorganische Verbindungen untersucht."

Da auch im Fall der Schulranzen auf Praxistauglichkeit geprüft wurde, mussten noch weitere Prüfkriterien herangezogen werden.

Ein Experte vom TÜV Rheinland prüfte zunächst die Verarbeitung der verwendeten Materialien. Mit den Fingerkuppen konnte er feststellen, ob scharfe Kanten und Ecken vorhanden sind. Außerdem testete er die Polsterungen und untersuchte den Ranzen auf Druckstellen. Zudem wurden die Schulranzen genau vermessen. Ein Schultergurt muss beispielsweise im Auflagenbereich mindestens vier Zentimeter breit und gepolstert sein. Eine Expertin maß auch die eingesetzten reflektierenden (Licht widerspiegelnden) sowie fluoreszierenden (selbst leuchtenden) Materialien. Mindestens zehn Prozent der Vorder- und Seitenteile sollten reflektierend sein, mindestens 20 Prozent fluoreszierend, so empfiehlt es die Schulranzennorm DIN 58124. Das ist wichtig für die Sicherheit im Straßenverkehr.

Mit einer digitalen Waage wurde das Leergewicht der Schulranzen ermittelt. Dabei gilt: Je leichter desto besser. Mit Inhalt sollte ein Tornister nicht mehr als zehn Prozent des Körpergewichts eines Kindes wiegen, so empfiehlt es die DIN 58124.

Die Schultergurte müssen einhändig, gleichmäßig und stufenlos verstellbar sein. Die Verschlussklappe wurde im Labor 4000 Mal geöffnet und geschlossen. Danach dürfen die Schnallen beispielsweise nicht klemmen, die Verschlussklappe muss immer noch zufallen.

Der Schulranzen wird in einem Beregnungsprüfgerät auf eine drehbare Platte gestellt. Von oben bekommt der Tornister aus Düsen zehn Minuten lang eine Dusche. Dabei dreht sich die Platte, auf der der Ranzen steht. So kann im Labor die Alltagssituation „Schulweg im Regen" simuliert werden.

Die Expertin belud den Schulranzen mit sechs Kilogramm und spannte ihn dann in eine Prüfvorrichtung ein, mit der das Tragen des Schulranzens auf dem Rücken des Kindes simuliert wird. Dann wurde der Ranzen 100 Mal um zehn Zentimeter angehoben und fallen gelassen. Anschließend ließ die Testerin den Schulranzen zehn Mal aus einem Meter Höhe auf eine Bodenplatte fallen. Danach kontrollierte die Expertin, ob der Schulranzen diese Prozedur unbeschadet ohne Risse, Brüche oder bleibende Verformung überstanden hat.

Für den Schulranzentest hat ÖKO-TEST auch ein Analyselabor für Schwermetalle beauftragt. In Plastiktüten verpackt und beschriftet trafen die Schulranzenteile im Labor ein. Hier zerkleinerten die Chemiker die Tornisterproben noch weiter und sortierten sie nach den Materialien Plastik und Metall. Die zerkleinerten Metallteile wurden sieben Tage bei 37 Grad Celsius mit einer Körperschweißsimulationslösung behandelt. Diese Lösung untersuchten die Experten anschließend auf Nickel.

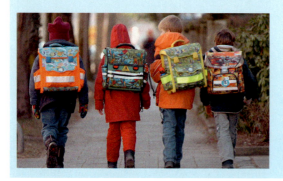

(Testbericht aus dem Jahr 2004, nach: www.oekotest.de)

❶ Liste auf, welche Eigenschaften eines Schulranzens von Ökotest untersucht wurden.
❷ Überlege dir eine Testverfahren für die Zeitschrift Ökotest, mit dem MP3-Player getestet werden. Berücksichtige dabei Kriterien der Handhabung, der Haltbarkeit und der Umweltverträglichkeit.
❸ Stelle dein Testverfahren mit Hilfe eines Plakates in der Klasse vor.

Methode: Ein Flugblatt verfassen

Thema: Sinnvoller Umgang mit Rohstoffen ist unsere Zukunft

Wenn möglichst viele Menschen beim Umgang, bei der Beschaffung und Entsorgung von elektrischen Geräten bestimmte Dinge beachten, wird die Umweltbelastung durch den Gebrauch dieser Geräte geringer. So schonen wir die Umwelt und sparen Rohstoffe für nachfolgende Generationen. Ihr könnt dazu beitragen, die Menschen von diesem Anliegen zu überzeugen. Wie wäre es zum Beispiel mit einem Flugblatt, das ihr an einer belebten Stelle in eurem Ort verteilt?

Vorbereitung
Macht euch zunächst Folgendes klar:
– Was wollt ihr mit dem Flugblatt erreichen, was ist euer Ziel? In diesem Fall sollen möglichst viele Menschen darauf aufmerksam machen, dass durch die Auswahl eines entsprechenden Fernsehers eine Menge natürlicher Rohstoffe und Energie einsparen lassen, ohne dass man auf das geliebte Fernsehgerät verzichten muss. Ihr wollt Verhaltensänderungen beim Einkauf erreichen.
– Wen wollt ihr mit dem Flugblatt erreichen? Weil alle Menschen Fernsehgeräte benutzen, sind diese eure Adressaten.
Sammelt dann wichtige Informationen zum Thema „Elektrogeräte" aus diesem Kapitel und überlegt, was davon für ein Flugblatt benutzt werden kann. Ihr könnt auch weitere Informationen beschaffen, z. B. bei der Verbraucherberatung (siehe S. 75).

Durchführung
Ihr kennt bestimmt unterschiedliche Formen eines Flugblattes, z. B. als normales Blatt mit Vor- und Rückseite oder als Faltblatt. Farbiges Papier oder farbiger Druck können allein schon das Interesse der Leser auf sich ziehen, aber grundsätzlich gilt: Auf der ersten Seite (bei gefalteten Flugblättern das Deckblatt) steht etwas, was dafür sorgt, dass die Leute das Flugblatt nicht gleich in den nächsten Papierkorb werfen.
Dazu gibt es mehrere Möglichkeiten:
– ein interessantes Bild oder eine Figur,
– eine Schlagzeile, die Aufmerksamkeit erregt (z. B.: „Fernseher im Stand-by-Betrieb verbrauchen so viel Strom wie eine Großstadt"),
– oder eine knapp formulierte Forderung: (z. B.: „Augen auf beim Fernsehkauf – ihre Kinder danken es Ihnen").
Weiter unten steht, was die Menschen wissen müssen, damit sie euer Problem verstehen. Formuliert einfache, kurze Sätze, weil die Leute sich meistens wenig Zeit nehmen, ein Flugblatt zu lesen.
Die Rückseite oder die Innenseite eines Faltblattes dient der weiteren Information. Am Ende stehen nochmals kurz eure Forderungen an eure Mitmenschen (Etwa: „Trennen Sie nicht benutzte Elektrogeräte vom Stromnetz", „Überlegen Sie, ob wirklich der größere Fernseher nötig ist", „Geben Sie Altgeräte bei den Sammelstellen ab" usw.)
Zum Schluss kommt das „Impressum". Dort steht die Adresse derjenigen, die das Flugblatt gemacht haben, damit man sich bei Fragen an die Autoren wenden kann. So könnte es aussehen:

> **Impressum:**
> Herausgegeben von der Klasse 5a
> des Gymnasiums Netphen,
> Haardtstr. 35, 57250 Netphen
> Redaktion: Sascha Jung und
> Mareike Büdenbender
> Gestaltung: Sebastian Vitt

Auswertung
Druckt oder kopiert eine größere Zahl von Flugblättern und verteilt sie Flugblätter an einem Ort, der von vielen Menschen besucht wird (etwa: Einkaufspassage). Wie reagieren die Menschen auf euer Flugblatt? Haben sie Verständnis für euer Anliegen?

❶ *Entwerft ein einfach gefaltetes Flugblatt (DIN A4) zum Thema „Nachhaltigkeit und Fernseher".*

Das Wichtige in Kürze

Nachhaltigkeit

Dieser Begriff ist in Deutschland ist seit Ende des 18. Jahrhunderts in der Forstwirtschaft bekannt. Es soll nur zuviel Holz geschlagen werden, wie auch nachwachsen kann. Heute gilt, dass bei der Herstellung von Gütern der Verbrauch von natürlichen Rohstoffen so weit wie möglich minimiert werden sollte. Zum einen spart man Geld, zum anderen bleiben genügend Rohstoffe für die nachfolgenden Generationen von Menschen. Ziel ist die Erhaltung der natürlichen Lebengrundlagen der Menschen und der Tiere. Dabei spielt die Beachtung der Sparsamkeit eines Elektrogerätes beim Energieverbrauch eine wichtige Rolle.

Europäische Elektroschrottverordnung

Kern dieser Verordnung der europäischen Union ist das Thema der Sammlung und Wiederverwertung von Abfällen (Recycling). Dabei kann die Wiederverwertung von Kunststoffen und Schrott einen wichtigen Beitrag für die Herstellung neuer Güter liefern, Abfälle werden so wieder zu Rohstoffen. Darüber hinaus werden wichtige, aber knappe Rohstoffe wie Erdöl geschont.

Stand-by-Schaltung

Das ist der Zustand eines elektrischen Gerätes, den man auch als „Betriebsbereitschaft" bezeichnen kann: Das Gerät ist nicht an, aber auch nicht vollständig aus. Moderne elektronische Geräte enthalten Bauteile, welche wichtigen Geräteeinstellungen speichern oder welche eine bestimmte Temperatur zum Betrieb benötigen oder aber welche nur empfangsbereit für die Fernbedienung sein müssen. Deutschlands Geräte im Stand-by-Betrieb benötigen soviel Strom wie eine Großstadt.

Umweltverträglichkeit

Umweltverträglich ist alles, was der Umwelt des Menschen nicht schadet. Dabei werden für den Verbrauch von Natur etwa beim Straßenbau neue Grünflächen, Wälder und Lebensräume für Tiere angelegt. Umweltverträglichkeit heißt aber auch, dass die Menschen in ihrer Lebensqualität nicht beeinträchtigt werden: Der Ausstoß von Lärm, Schmutz, Hitze und Giftstoffe soll möglichst gering gehalten werden. Das gilt für die Herstellung von Gütern (etwa: Autos, Fernseher), aber auch für Produkte selbst (etwa: Schulranzen).

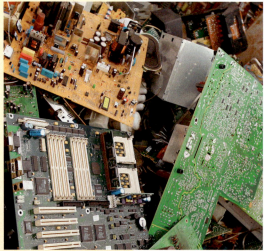

Elektronikschrott

Holzeinschlag mit moderner Technik

Zeige deine Kompetenzen!

Sachkompetenz

1. Unsere ☐☐☐☐☐ wird durch Abfall und Müll schwer belastet.
2. Nicht wiederverwertbarer Abfall wird in einer ☐☐☐☐☐☐☐☐☐☐☐☐☐☐☐☐☐☐☐☐☐ verbrannt.
3. Eine ☐☐☐☐☐☐☐☐☐☐☐☐☐ ist das Gegenteil von einer Einwegflasche.
4. Plätze, auf denen Restmüll abgelagert wird heißen ☐☐☐☐☐☐☐☐.
5. Der Grüne Punkt gehört zum ☐☐☐☐☐☐☐☐☐.
6. Müll bedeutet nicht nur Abfall, sondern kann auch ein wertvoller ☐☐☐☐☐☐☐ sein.
7. Keiner kann auf ☐☐☐☐☐ verzichten. Es ist das Lebensmittel Nummer Eins.
8. Der tägliche ☐☐☐☐☐☐☐☐☐☐☐☐☐ liegt in Deutschland bei 125 Liter pro Person.
9. Das meiste Süßwasser ist in Form von Eis in den ☐☐☐☐☐☐☐☐☐ und Polkappen enthalten.
10. Die Aufbereitung von ☐☐☐☐☐☐☐☐☐☐ und verbrauchtem Trinkwasser kostet viel Geld.
11. Der BUND bezeichnet auf seiner Homepage Gewässer als ☐☐☐☐☐ des Landes.
12. Der umweltfreundlichste Durstlöscher ist das ☐☐☐☐☐☐☐☐☐☐☐.
13. Es ist wichtig, sorgsam mit Wasser umzugehen, denn der Wasservorrat ist ☐☐☐☐☐☐☐☐.
14. In großen Teilen Afrikas und Asiens herrscht großer ☐☐☐☐☐☐☐.
15. ☐☐☐☐☐☐ ist umweltfreundlicher als Baden.

Löse das Rätsel. Notiere die gesuchten Wörter in deinem Heft oder benutze das Arbeitsblatt. Die Buchstaben in den gelben Kästchen ergeben von oben nach unter gelesen die beiden Lösungswörter.

Urteilskompetenz

Was will der Karikaturist zum Ausdruck bringen? Erläutere die Aussage der Karikatur.

(Zeichnung: Klaus Stuttmann)

Zeige deine Kompetenzen!

Handlungskompetenz: Auswerten von Statistiken und Grafiken

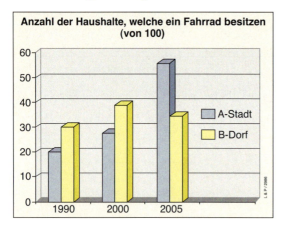

a) Ergänze folgende Sätze:

1. Die Grafik ist ein _____
2. Die zeigt Zahlen aus dem Zeitraum
   _____
3. Die Grafik macht Angaben zu
   _____
   _____
   _____
4. 1995 besaßen in B-Dorf rund _____ Haushalte ein Fahrrad, in A-Stadt rund _____ Haushalte.
5. Es gibt Veränderungen im zeitlichen Verlauf für A-Stadt und für B-Dorf, und zwar _____
   _____
   _____
   _____

b) Wandle die Grafik in eine Tabelle um. Wie viele Spalten und wie viele Zeilen muss die Tabelle haben? Was sind die Überschriften der Spalten?

c) Bei welcher Darstellungsart (Tabelle oder Grafik) erkennt man eher die wichtige Information?

e) Suche auf der Internetseite des Landesamtes für Datenverarbeitung und Statistik (www.lds.nrw.de) nach Meldungen zum Thema „Verkehrsmittel". Erstelle mithilfe des gefundenen Materials selbst eine Grafik zur Veranschaulichung der Angaben.

Sachkompetenz

Finde die richtige Antwort und notiere sie in deinem Heft.

1. Verdoppelt man die Diagonale eines Bildschirms, wird sein Stromverbrauch a) zweimal b) viermal c) sechzehn mal so groß.

2. Am besten testet man Bildschirme von Fernsehern mit a) Trickfilmen b) Spielfilmen c) Sportübertragungen.

3. Alte Fernseher entsorgt man a) im Hausmüll b) bei ausgewiesenen Sammelstellen c) im Altglascontainer.

4. Röhrenfernseher verbrauchen a) weniger b) mehr c) gleich viel Strom wie Flachbildschirme vergleichbarer Größe.

Kinder weltweit

In jedem Land auf der Erde leben Kinder. Die Lebenssituationen der Kinder sind jedoch sehr unterschiedlich, je nachdem, in welchem Land sie leben. In dem einen Land kann die Kindheit eine friedliche und sorgenfreie Zeit sein, in der sich ein junger Mensch gut entwickeln kann. In anderen Ländern jedoch müssen Kinder Not, Hunger und Ausbeutung ertragen.

Viele Kinder leben in Armut. Dass Menschenrechte auch Kinderrechte sind, wird nicht überall anerkannt. Um zu überleben, müssen unzählige Kinder arbeiten und haben keine richtige Kindheit. Viele Menschen arbeiten unter sehr schlechten Bedingungen, damit Kinder in Europa und den USA billig Spielzeug kaufen können oder geschenkt erhalten. Mit diesen Themen beschäftigen sich die folgenden Seiten. Dabei geht es um diese Fragen:

- Wie leben Kinder in den anderen Kontinenten unserer Erde?
- Was ist Kinderarmut? Wie unterscheidet sich die Kinderarmut in den Ländern der Welt?
- Welche Rechte haben Kinder? Wo und warum sind die Menschenrechte von Kindern bedroht? Gibt es ein Recht auf Bildung?
- Warum gibt es Kinderarbeit?
- Wo kommt unser Spielzeug her? Unter welchen Bedingungen wird es hergestellt?

▶ Kinderarmut in der Welt

Jedes zweite Kind auf der Welt ist arm

Kein Essen, kein sauberes Wasser, kein Dach überm Kopf und erst Recht kein Spielzeug: Für viele Kinder sieht so der Alltag aus. Das hat jetzt die UNICEF, das Kinderhilfswerk der Vereinten Nationen, bekannt gegeben. Im neuesten Bericht der Organisation steht: Jedes zweite Kind auf der Welt ist arm!
Natürlich besteht der Bericht der UNICEF aus schrecklich vielen langweiligen Zahlen. Aber diese Zahlen erzählen vom Schicksal der Kinder. Wer sie genau anschaut, erfährt zum Beispiel, dass 90 Millionen Kinder unter fünf Jahren nur ganz wenig und viel zu schlechtes Essen bekommen. [...]
Oft ist Krieg der Grund für die große Armut der Kinder. Wo Chaos und Gewalt herrschen, leiden die Kleinsten am meisten.
Natürlich ist Kinderarmut nicht nur in armen Ländern ein Problem. Auch in reichen Ländern, wie zum Beispiel Deutschland, geht es vielen Kindern schlecht.

Viele Familien haben sehr wenig Geld und sind deshalb auf Hilfe vom Staat angewiesen.
Die Vertreter der UNICEF würden den armen Kindern gerne helfen. Sie fordern von den Politikern, sich mehr gegen die Armut einzusetzen.
Die UNICEF-Leute glauben, dass 50 Milliarden Euro ausreichen würden, um den armen Kindern zu helfen. Das klingt sehr viel. Aber stellt euch vor: Allein für Waffen werden weltweit jedes Jahr 600 Milliarden Euro ausgegeben. Schon ein kleiner Teil davon würde ausreichen, um allen Kindern auf der Welt ein schöneres Leben zu ermöglichen.

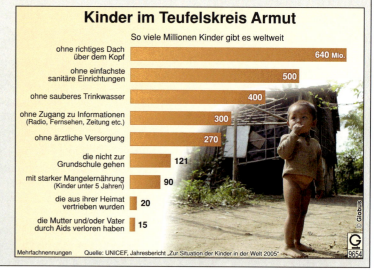

(www.geo.de/GEOlino/nachrichten/3219.html?q=kinderarmut; Artikel vom 10.12.2004)

Was ist Kinderarmut?
Es ist gar nicht so einfach zu sagen, was Armut ist. Jemand, den wir in Deutschland als arm bezeichnen würden, gilt in einem anderen Land nicht unbedingt als arm, weil sein Leben nicht unmittelbar bedroht ist, da er nicht verhungern oder erfrieren muss. Deshalb unterscheidet man zwischen der „absoluten" und „relativen" Armut.
Als absolut arm gilt deshalb jemand, der nur einen Dollar, also etwa 70 Cent, am Tag zum Leben hat.
Als relativ arm gilt jemand in der Bundesrepublik, der mit weniger als der Hälfte des Durchschnittseinkommens auskommen, sich und seine Familie ernähren muss. 2003 hatte eine Familie in Deutschland im Durchschnitt 1564 Euro im Monat zur Verfügung. Wenn eine Familie weniger als 938 Euro im Monat ausgeben kann, gilt sie als arm. Die Familie muss zwar nicht verhungern, kann sich aber auch nicht am allgemeinen Leben beteiligen, kann es sich beispielsweise nicht leisten ins Kino zu gehen, in Urlaub zu fahren, MP3-Player, teure modische Schuhe oder Ähnliches zu kaufen.

❶ Erkläre den Unterschied zwischen relativer und absoluter Armut.
❷ Kinderarmut bedeutet nicht nur das Fehlen von Geld. Erläutere, was alles zur Kinderarmut gehört und worin der Teufelskreis der Kinderarmut besteht. Beziehe dich dabei auf die Grafik.

Methode: Gruppenpuzzle

Thema: Kinderarmut in der Welt

Das Gruppenpuzzle ist eine besondere Form der Gruppenarbeit. Ihr bildet dazu Stammgruppen, in denen ihr das Thema und die Aufgaben auswählt, die ihr bearbeiten werdet. Die Bearbeitung der Aufgaben erfolgt dann in Expertengruppen. Zurück in der Stammgruppe stellt ihr dort eure Ergebnisse den anderen vor und erfahrt die Ergebnisse eurer Mitschüler.

Vorbereitung
Als erstes bildet ihr Stammgruppen. In jeder Gruppe sollten so viele Schülerinnen und Schüler sein, wie Themen bearbeitet werden. Wenn in eurer Klasse 24 Schüler sind, bildet ihr bei 4 Themen die sechs Stammgruppen A – F. Jedes Mitglied einer Stammgruppe sucht sich ein Thema zur Bearbeitung aus; bei Stammgruppe A sieht das so aus:

Nils bearbeitet Thema 1
Laura bearbeitet Thema 2
Leonie bearbeitet Thema 3
Mark bearbeitet Thema 4

Durchführung
Nun finden sich die Schüler mit denselben Themen zu den vier Expertengruppen zusammen. Sie lösen gemeinsam die Aufgaben. In den vier Gruppen arbeiten in unserem Beispiel immer sechs Schülerinnen und Schüler zusammen.

Auswertung
Nach der Bearbeitung der Aufgaben lösen sich die Expertengruppen auf und alle gehen in ihre Stammgruppen zurück. Dort informieren sich die Mitglieder untereinander über ihre Themen. So kennt am Ende des Gruppenpuzzles jeder alle wesentlichen Inhalte zu den jeweiligen Themen.

❶ *Führt ein Gruppenpuzzle zu dem Thema „Kinderarmut in der Welt" durch. Bearbeitet dazu die Materialien auf den Seiten 144–151.*

Kinderarmut in Deutschland

Besuch in der Kinder-Suppenküche in Gütersloh
Suppe und ein Stück Normalität
Von Nina Magoley

Kurz vor ein Uhr mittags in Gütersloh. Vor der Kinder-Suppenküche steht bereits eine hungrige Schar Schlange. Kinder, die am Rande der Armut leben. Kinder, die hier ein warmes Essen und Geborgenheit bekommen.

Punkt Eins schließt Inge Rehbein die Tür auf. Ungeduldig stürmen die Gäste herein: Kinder, kleine und große. Manche sind mit ihren Müttern oder Vätern gekommen, andere ganz allein. Inge Rehbein schüttelt jedem die Hand. „Hier geht es um weit mehr als eine kostenlose Mahlzeit", hat die kleine Frau mit den freundlichen braunen Augen kurz vorher erklärt. „Die Kinder sollen hier Wertschätzung erfahren, Selbstbewusstsein aufbauen."

Ute, eine der ehrenamtlichen Mitarbeiterinnen, schwingt gut gelaunt die Suppenkelle. Gemeinsam mit sieben weiteren Frauen aus Gütersloh steht sie seit zehn Uhr in der Küche, hat Kartoffeln geschält, Pudding gekocht, Erdbeermilch angerührt. Nach und nach trudeln weitere Kinder ein, während die ersten schon beim Vanillepudding angekommen sind.

Für viele der Kinder ist der Freitag der einzige Tag in der Woche, an dem es ein richtiges, warmes Mittagessen gibt. Wenn der 13-jährige Marvin (Anmerkung der Redaktion: die Namen aller Kinder wurden geändert) aus der Schule kommt, ist die Küche zuhause verwaist. Meistens haben er und seine zwei Brüder dann ziemlichen Hunger, aber die Mutter hat nichts gekocht. Marvin ist es unangenehm, danach gefragt zu werden. „Wenn was da ist, machen wir uns Brote", knurrt er knapp, und verschwindet ins Spielzimmer. Bis drei Uhr können die Kinder hier spielen, entspannen oder mit den Mitarbeiterinnen sprechen. Einmal im Monat ist auch ein Arzt da, den Kinder und Eltern ansprechen können. Die meisten Kinder kommen vor allem, um hier zwei Stunden lang eine Normalität zu erleben, die es in ihrem Leben nicht gibt. Jedes zehnte Kind in Deutschland lebt in Armut, in NRW sind es sogar 15 Prozent aller Kinder. „Wo Kinderarmut anfängt, lässt sich schwer definieren", sagt Inge Rehbein. Wenn die Armut so groß ist, dass Kinder zuhause zu wenig zu essen bekommen, gehören zerrüttete Familienverhältnisse oft

Deutschland liegt mitten in Europa

Nicole mit ihren Kindern

mit dazu, so ihre Erfahrung. Viele der Kinder hier, weiß sie, haben Eltern, die drogensüchtig sind, sozial verwahrlost, unfähig, für ihre Kinder zu sorgen, weil sie selber eine zerrüttete Kindheit hinter sich haben. Oft sei es ein Teufelskreis: Das, was die jungen Eltern jetzt falsch machen, entspricht dem, was sie selber als Kinder erlebt haben.

Andere wiederum hat die Arbeitslosigkeit an den Rand der Gesellschaft gebracht. Zum Beispiel Nicole. Mit ihren sechs Kindern hat sie direkt einen ganzen Tisch belegt. Resolut schneidet die 34-Jährige, die Haare zum strengen Pferdeschwanz gebunden, ihrer Tochter das Spiegelei in mundgerechte Stücke. Eigentlich entspricht Nicole genau dem, wovon Bundesregierung und Familienministerin träumen. Doch die allein erziehende Mutter ist arbeitslos, sucht vergeblich nach einem Job.

„Mit sechs Kindern will dich keiner haben." Mit Hartz IV und Kindergeld komme sie kaum über die Runden. Es fehle nicht nur an Kindergartenplätzen: „Oft kann ich denen noch nicht mal Klamotten kaufen", sagt sie aufgeregt. Und wenn die Schulklasse einen Ausflug macht, ist ihre Tochter meistens nicht dabei. „Das kostet 10, 15 Euro, die haben wir einfach nicht. Ich kann den Kindern ja noch nicht einmal ein Eis kaufen." Einmal im Monat kauft sie im Lebensmittel-Discounter günstige Sonderangebote, versucht, damit geschickt über Wochen zu kommen. Für Nicole ist das Essen in der Suppenküche ein echter Lichtblick. Mit dem so gesparten Geld kann die Familie dann vielleicht mal ins Schwimmbad gehen. „Außerdem treffe ich hier nette Menschen, das tut einfach gut".

Im Spielzimmer nebenan geht es inzwischen hoch her. Die Kinder sind ständig in Bewegung, sie sind rastlos, viele gehen grob miteinander um. Jennifer möchte nicht von der Seite fotografiert werden, weil sie „an den Armen meistens so blöde blaue Flecken" hat. Kevin zuckt jedes Mal zusammen, wenn andere ihn berühren. Melek hat sich in die Kuschelecke verzogen: Auf einer Matratze liegt sie eingegraben unter riesigen Kissen und weichen Decken und beobachtet das wilde Treiben.

Im Flur haben sich einige Kinder um Mitarbeiterin Petra geschart. Sie hat Schminkfarben mitgebracht. Zum WM-Beginn malt sie jedem, der möchte, die Flagge seines Favoriten auf die Backe. [...]

Inzwischen ist es kurz vor drei, Zeit, sich von den Kindern zu verabschieden, denn die Suppenküche schließt jetzt. Ute, Petra und die anderen Frauen füllen Suppe in Einmachgläser, packen Kuchen und übriggebliebene Spiegeleier in Folie. Viele der Kinder wollen Essen mit nach Hause nehmen. Eine verzweifelte Mutter zieht Ute an die Seite und bittet leise um Geld, um über das Wochenende zu kommen. „Das können wir nicht machen", sagt Ute sanft. Dann packt sie noch schnell einen Karton mit Lebensmitteln aus dem Lager der Suppenküche.

Erschöpft lässt Inge Rehbein sich auf einen Stuhl fallen. 35 Kinder waren es heute, die Zahl der wöchentlichen Gäste steigt seit der Eröffnung vor drei Jahren beständig. Die Räume hat ihr die evangelische Kirche kostenlos zur Verfügung gestellt, weitere Unterstützung von offizieller Seite gibt es nicht. „Wir leben von Sach- und Geldspenden", sagt sie dennoch vergnügt. Mit ihrer sprühenden Energie hat sie inzwischen dutzende Gütersloher Firmen und Lebensmittelläden davon überzeugt, die Kindersuppenküche zu unterstützen.

Wirklich helfen kann Inge Rehbein den Kindern nicht, das weiß sie. Ihre Hoffnung ist einfach beschrieben: Die Kinder für zwei Stunden fühlen zu lassen, was sie sonst nicht fühlen. Sie als achtenswerte Menschen zu behandeln, ihnen zuzuhören und ein bisschen Geborgenheit zu geben. Vielleicht nimmt der eine oder andere dabei etwas für sein Leben mit, hofft sie. „Und vielleicht steht in zehn, fünfzehn Jahren mal ein junger Mann oder eine junge Frau hier in der Tür, und sagt: ‚Hallo Inge, kennste mich noch?'".

(http://www.wdr.de/themen/panorama/gesellschaft/familie/kinder/suppenkueche/index.jhtml#sw01)

❶ *Untersuche, worin die Armut dieser Kinder besteht. Finde heraus, woran es ihnen fehlt.*
❷ *Berichte, wie man versucht, den Kindern zu helfen. Haben sie eine Aussicht auf ein besseres Leben?*
❸ *Fasse die wichtigsten Aussagen über die Kinderarmut in Deutschland zusammen.*

Kinderarmut in Mittel- und Südamerika

Lilian Marleni Escobar

Eine Armensiedlung in Guatemala City

Kolumbien liegt in Süd-, Guatemala in Mittelamerika

Träume im Großstadtslum

Lilian Marleni Escobar geht sonntags zur Schule. Bestimmt unvorstellbar für euch – aber sie tut es gerne. Während der Woche hat sie nämlich keine Zeit, die Schulbank zu drücken, weil sie Geld verdienen muss. Von montags bis freitags arbeitet sie als Verkäuferin in einem Schuhgeschäft.

Lilian Marleni ist fünfzehn Jahre alt und hat bis vor kurzem noch nie eine Schule besucht. Das ist nicht ungewöhnlich für Kinder in Guatemala, einem Land in Mittelamerika. [...]

Acht von zehn Kindern in der Hauptstadt Guatemala City leben wie Lilian Marleni in einem Slum. Kilometerweit reihen sich hier kleine Bretterbuden dicht aneinander.

Das Viertel, in dem Lilian Marleni wohnt, ist etwas gepflegter als der übrige Teil der Armensiedlung.

Die Gassen sind gepflastert und die meisten Unterkünfte sind aus Stein. Doch dafür ist es hier sehr gefährlich, erklärt sie: „Wenn es dunkel wird, dürfen wir nicht raus auf die Straße. Das ist viel zu riskant. Ich höre nachts immer Schüsse." Im Haus fühlt sie sich sicher. Mit ihren Eltern und drei Geschwistern bewohnt sie zwei kleine Zimmer mit Strom- und Wasseranschluss.

Für sie ist das ein Luxus, den sie vor einigen Jahren noch nicht hatte.

„Wir sind vor fünf Jahren hierher in die Hauptstadt gezogen. Vorher haben wir an der mexikanischen Grenze gelebt", erzählt Lilian Marleni. Dort gab es kein sauberes Wasser, keine Ärzte und auch keine Schulen. Sie musste jeden Tag mit ihren Eltern auf einer Kaffeeplantage arbeiten. Das ist dort nichts Ungewöhnliches. Deshalb hat sie auch nie lesen und schreiben gelernt.

Jetzt hat Lilian Marleni die Möglichkeit, eine Sonntagsschule zu besuchen, die von UNICEF unterstützt wird. Jugendlichen, die in der Woche arbeiten müssen, soll geholfen werden, sich weiterzubilden. Der fünfstündige Unterricht gefällt den Schülern sehr gut: Sie lernen, was sie für ihre Zukunft brauchen. Nach drei Jahren können sie ihren Grundschulabschluss machen. Dann wird Lilian Marleni von ihrer Chefin befördert. Aber sie möchte nicht immer im Schuhladen arbeiten. Sie hat andere Pläne: „Warum soll ich nicht selbst einmal Unterricht geben?"

Der Kampf um die Kinderrechte

Farlis, Juan und Jenny (17, 16, 13 Jahre) haben zusammen mit anderen Kindern in Kolumbien eine Friedensbewegung gegründet. Kolumbien ist ein Land in Südamerika, in dem seit Jahrzehnten ein brutaler Krieg zwischen Drogendealern, Rebellen und dem Militär herrscht. In den letzten 10 Jahren wurden über 700 000 Mädchen und Jungen mit ihren Familien vertrieben.

Tausende Straßenkinder hausen in der Hauptstadt Bogotá [...] und leben vom Betteln oder Stehlen. Viele nehmen Drogen und sind krank. Und immer wieder werden obdachlose Jungen und Mädchen ermordet. Von der Einhaltung der Kinderrechte keine Spur! Doch 1996 begannen sich die Kinder Kolumbiens zu wehren. Farlis, Juan Elias, Jenny und viele andere trafen sich auf Schulhöfen oder Fussballplätzen zum „Kriegsrat": Wie können wir unsere Rechte einfordern? Was können wir gegen den Terror tun? Die „Kinder-Friedensbewegung" war geboren.

UNICEF unterstützt die mutigen Kinder seit Anfang an. Im Oktober 1996 schafften die kleinen Friedensbotschafter eine Sensation: die erste Kinderrechts-Wahl in Kolumbien. Alle Jungen und Mädchen konnten auf Listen ankreuzen, welches Recht ihnen am wichtigsten war. Farlis hoffte, dass mindestens 300 000 Kinder wählen würden. Da hatte sie sich aber verschätzt: 2,7 Millionen Kinder und Jugendliche gaben ihre Stimme ab.

Das Ergebnis: Die meisten Kinder stimmten für das Recht auf Leben. Die Initiative wurde von den Erwachsenen als Aufruf für eine landesweite Bewegung gegen den Bürgerkrieg verstanden. Ein Jahr später stimmten auch die Erwachsenen im Zusammenhang mit den allgemeinen Wahlen für ein Ende der Gewalt.

Über 100 000 Jugendliche sind heute in der kolumbianischen Kinder-Friedensbewegung aktiv und leisten Friedensarbeit im Alltag. Sie trainieren beispielsweise mit Altersgenossen, wie man Konflikte ohne Gewalt lösen kann und sie kümmern sich um Kinder, die nach schlechten Erlebnissen an Angst und Alpträumen leiden.

„Eines Tages", sagt Farlis, „wird unser Traum vom Frieden Wirklichkeit".

(nach: www.unicef.de/kids/ und www.kidsunited.ch)

Farlis, Juan und Jenny

Eine Unterhaltung nach der Schule

Ein Kind verkauft Knoblauch

❶ Untersuche, worin die Armut dieser Kinder besteht. Finde heraus, woran es ihnen fehlt.
❷ Berichte, wie man versucht, den Kindern zu helfen bzw. wie sie sich selbst helfen. Haben sie eine Aussicht auf ein besseres Leben.
❸ Fasse die wichtigsten Aussagen über die Kinderarmut in Mittel- und Südamerika zusammen.

Kinderarmut in Osteuropa und Asien

Osteuropa: Jedes vierte Kind ist arm

Jedes vierte Kind in Südosteuropa und der ehemaligen Sowjetunion lebt in extremer Armut, obwohl sich die wirtschaftliche Lage in der Region deutlich verbessert hat. Armut ist der Hauptgrund dafür, dass eine große Zahl von Kindern in Bulgarien und Rumänien nicht in ihren Familien, sondern in Heimen aufwächst. In Russland ist Einkommensarmut oft mit erhöhter Kindersterblichkeit verbunden. […] Zwar wachsen heute deutlich weniger Kinder in Armut auf als noch Ende der 90er Jahre. Doch die gesunkene Zahl – von 32 auf 18 Millionen – liegt weniger an Verbesserungen für Kinder, sondern an der dramatisch niedrigeren Geburtenrate. In allen Ländern der Region sind Kinder häufiger von Armut betroffen als Erwachsene. Gleichzeitig wächst die Schere zwischen Arm und Reich. Je mehr Kinder in einer Familie leben, desto häufiger sind sie von Armut betroffen.

(www.UNICEF.de/fileadmin/content_media/presse/Nachrichten/PDF/N4_2006.pdf)

Das schwierige Leben in Sankt Petersburg
Fast die Hälfte der Einwohner lebt in Armut. Das ist besonders schlimm für die Kinder
von Corinna Sasinka

Sankt Petersburg ist eine wahre Riesenstadt: Hier leben mehr als fünf Millionen Menschen und fast die Hälfte aller Einwohner führt ein Leben in absoluter Armut. Es gibt mehr als 60 000 Obdachlose, davon lebt ein großer Teil ohne jegliche Hilfe ständig auf der Straße. Auch Kinder und Jugendliche sind davon betroffen: Schätzungsweise gibt es in Sankt Petersburg mindestens 2000 obdachlose und 16 000 fürsorgelose Kinder und Jugendliche. Eine erschreckend hohe Zahl. Sie werden „Tages-Straßenkinder" genannt. Sie verbringen ihren Alltag in kleinen Gruppen auf der Straße. Anstatt in die Schule zu gehen, suchen sie „draußen" Abenteuer, Abwechslung und Anerkennung. Manche nehmen auch Drogen.
So ist etwa das Schnüffeln von Klebstoff bei den Straßenkindern sehr beliebt – der schnelle Rausch lässt sie für eine kurze Zeit ihre Verzweiflung vergessen. Abends gehen die meisten von ihnen wieder nach Hause zu ihren sozial sehr schwachen und konfliktreichen Familien. Die Eltern leiden unter Arbeitslosigkeit und Armut, was oft zu Alkoholproblemen, Gewalttätigkeit und Vernachlässigung führt. Die Erwachsenen sind mit ihren Kindern total überfordert und können sich nicht richtig um sie kümmern, da sie sich nicht einmal um sich selbst kümmern können. Schuld daran ist die problematische soziale Situation, die überall in Russland herrscht: Das Land hat kein Geld, es gibt zu wenig Arbeitsplätze und eine schlechte soziale Versorgung. Für viele gibt es kaum Hoffnung auf ein besseres Leben.

(nach: www.geo.de/GEOlino/mensch/50969.html?p=1&q=armut)

Straßenkinder in Sankt Petersburg

Die Lage von Russland, Bulgarien, Rumänien und Bangladesch

Fast jedes zweite Kind in Asien lebt in Armut
Kinderhilfsorganisation: 600 Millionen ohne genug Nahrung

Fast jedes zweite Kind in Asien lebt nach Einschätzung der internationalen Kinderhilfsorganisation Plan in Armut. Rund 600 Millionen Jungen und Mädchen müssten auf dem Kontinent ohne ausreichende Nahrung, Gesundheitsversorgung und Unterkünfte auskommen, hieß es in einem am Montag in Bangkok vorgestellten Bericht. 350 Millionen Kinder leben sogar in „absoluter Armut". Werde das Problem nicht umgehend angegangen, seien die Auswirkungen auf die Zukunft Asiens schwerwiegend, sagte der Vorsitzende von Plan, Tom Miller.

Ursache der schlechten Lebensbedingungen für Kinder seien Bevölkerungswachstum, mangelnde Bildungsmöglichkeiten und Gesundheitsversorgung sowie das Fehlen von Trinkwasser. In manchen Ländern kämen noch „schwache Regierungsführung und Korruption" dazu, heißt es in dem Bericht.

(www.heute.de/ZDFheute/inhalt/30/0,3672,2362046,00.html)

Lernen statt Arbeiten – ein Schulprojekt für ehemalige Kinderarbeiter

Jasmin ist 11 Jahre alt und wohnt in Bangladesch, einem sehr armen Land in Südasien. Noch vor einem Jahr musste Jasmin täglich in einer Großnäherei arbeiten. Von morgens um 7 Uhr bis abends um 10 Uhr trennte sie mit einer Schere die überschüssigen Fäden von frisch genähten Kleidungsstücken ab – 15 Stunden im Schneidersitz, umgeben von riesigen Stoffbergen.

„Wir hatten nur zwei kleine Pausen, in denen wir etwas essen konnten. Viele sind nach der Arbeit gar nicht nach Hause gegangen, sondern haben an ihrem Arbeitsplatz geschlafen", erinnert sie sich.

Vor einem Jahr hat sich ihr Leben verändert. Dank UNICEF besucht sie jetzt eine Schule für ehemalige Kinderarbeiter aus der Bekleidungsindustrie. Könnte Jasmin wählen, würde sie am liebsten nur lesen üben. „Englisch, Mathematik- und Sachunterricht mag ich nicht so gerne", gesteht sie. Aber dennoch: jeden Morgen freut sie sich auf die drei Stunden Unterricht.

Sie lernt sehr eifrig, denn sie möchte all das nachholen, was viele andere Kinder in ihrem Alter schon längst können. Die Schule ist nicht groß. Sie ist ein einfaches Ziegelgebäude. [...] Auf dem Boden hocken 22 Mädchen und zwei Jungen – sie alle sind ehemalige Kinderarbeiter.

UNICEF hat 1995 einen Vertrag mit der Bekleidungsindustrie in Bangladesch ausgehandelt. Darin verpflichten sich die Fabrikbesitzer, keine Kinder unter 14 Jahren mehr zu beschäftigen.

Die entlassenen Kinder bekamen die Möglichkeit, eine „Schule für ehemalige Kinderarbeiter" zu besuchen. Außerdem erhalten sie ein monatliches Stipendium von 300 Taka, umgerechnet sind das 6,13 €, um den Verdienstausfall für die Familien soweit wie möglich zu ersetzen.

Zwei der größten Hilfsorganisationen des Landes haben mit Unterstützung von UNICEF dieses spezielle Bildungsangebot für ehemalige Kinderarbeiter entwickelt. Spielerisch und mit sehr viel Fantasie werden

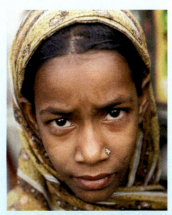

Jasmin aus Bangladesch

die Schüler unterrichtet. Wenn Jasmin 14 Jahre alt ist, kann sie außerdem an berufsvorbereitenden Kursen teilnehmen. Sie würde dann halbtags in der Fabrik arbeiten und in der übrigen Zeit eine weiterführende Schule besuchen, in der sie beispielsweise lernt, mit Strickmaschinen oder Nähmaschinen umzugehen. So könnte sie später einmal einen besseren Job bekommen und mehr Geld verdienen.

(nach: www.kidsunited.ch/de/)

❶ Untersuche, worin die Armut dieser Kinder besteht. Finde heraus, woran es ihnen fehlt.
❷ Berichte, wie man versucht, den Kindern zu helfen. Haben sie eine Aussicht auf ein besseres Leben?
❸ Fasse die wichtigsten Aussagen über die Kinderarmut in Osteuropa und Asien zusammen.

Kinderarmut in Afrika

Fifame: Ausgebeutet als Vidomégon

Fifame Egboele ist 15 Jahre alt und wohnt in Porto Novo, der Hauptstadt Benins. Fifame geht nicht mehr zur Schule, seit ihr Vater gestorben ist. Lange Zeit hat sie auf der Straße Mandarinen verkauft, um zu überleben. Ihr Stiefvater hat sie dann zu einer Gastfamilie ins benachbarte Nigeria geschickt. Als „Vidomégon" – zu deutsch etwa anvertrautes Kind – sollte Fifame dort gemäß einer alten westafrikanischen Tradition die Möglichkeit haben, zur Schule zu gehen. Ein Jahr lang lebte Fifame in Nigeria. Aber anstatt eine Ausbildung zu erhalten, wurde sie gezwungen, die gesamte Hausarbeit machen. Tag für Tag verbrachte sie mit Putzen, Geschirr spülen, Wasser holen. Von acht Uhr am Morgen bis um 11 Uhr in der Nacht musste Fifame schuften mit nur wenigen kurzen Pausen zwischendurch. Oft wurde sie geschlagen. Zu ihren Eltern hatte sie keinen Kontakt mehr. Zu essen bekam Fifame nur die Reste, die bei den Mahlzeiten ihrer Gastfamilie übrig blieben. Eines Tages war ihr Arm so dick angeschwollen, dass sie nicht mehr arbeiten konnte. Aus Angst vor noch mehr Schlägen lief sie fort. Es gelang ihr, in eine Polizeistation zu fliehen. Von dort aus brachte man sie zurück in ihr Heimatland Benin.

Fifame an der Nähmaschine

Jetzt lernt Fifame Schneiderin
In Benin fand Fifame Zuflucht in dem „Oasis"-Schutzzentrum für Opfer von Kinderhandel in Cotonou, das von UNICEF unterstützt wird. Hier wurde Fifame wieder aufgepäppelt, sie bekam gesundes Essen statt Resten und ihr Arm wurde medizinisch versorgt und gesundgepflegt. Vor allem aber wurde Fifame wieder als Mensch behandelt und nicht als Arbeitssklave. Gleichzeitig suchten die Mitarbeiter des Zentrums nach ihrer Familie. Heute lebt Fifame wieder zu Hause und macht eine Lehre als Schneiderin. Regelmäßig kommt ein Erzieher von Oasis vorbei, fragt, wie es ihr geht und hilft ihr, wenn es Probleme bei der Ausbildung oder in der Familie gibt. Für Fifame ist es wichtig, über ihre Erfahrungen als Opfer des Kinderhandels zu sprechen und andere Kinder und Eltern darüber zu informieren. Auf diese Weise werden es sich Eltern zweimal überlegen, bevor sie ihr Kind als Vidomégon ins Ausland schicken, hofft Fifame.

Benin und Ruanda liegen in Afrika

(nach: www.unicef.de/westafrika_fifame.html)

Und plötzlich musste sie erwachsen sein

Könnt ihr euch vorstellen, euren jüngeren Geschwistern Vater und Mutter zu ersetzen: zu kochen, zu putzen, zu waschen und Geld zu verdienen? Jacqueline ist erst 15 Jahre alt, muss aber schon erwachsen sein. Sie sorgt für ihre vier Schwestern und Brüder. Die Kinderfamilie lebt in Ruhenda, einem Dorf im Norden Ruandas. 300 000 Kindern geht es ähnlich wie ihnen. Sie haben ihre Eltern durch den vergangenen Bürgerkrieg oder eine Krankheit wie Malaria oder AIDS verloren. Sie müssen sich jetzt alleine durchschlagen. Speciose (11 Jahre), Josephine (13 Jahre), Cyriaque (1 Jahr) Jacqueline und Sebastian (6 Jahre) wohnen in einer kleinen Hütte aus Lehm und Holz.

Während der Regenzeit pfeift der Wind durch die Fugen und den Türschlitz und es wird empfindlich kalt. Nachts kuscheln sich die Geschwister auf ihren Matten eng aneinander, um sich gegenseitig zu wärmen, denn sie haben nicht viele Decken und ihre Kleidung ist dünn. Sie sind deshalb auch häufig krank, aber Geld für einen Arztbesuch oder Medikamente haben sie nicht. Jacqueline steht immer als erste auf und kocht für ihre Geschwister ein einfaches Essen aus Maniok und Bohnen. Drei Steine vor ihrer Hütte dienen ihr als Kochstelle.

Danach muss Jacqueline zum Fluss hinab ins Tal steigen, um Wasser zu holen. Das ist anstrengend, spart aber Geld. Denn im Dorf gibt es zwar auch eine Zapfstelle, aber dort kostet der Kanister Wasser sechs Pfennig – zuviel für die Kinder.

Das kleine Holzfahrrad ist das einzige Spielzeug, das sie besitzen. Sie sind sehr stolz darauf und passen gut auf, dass es nicht kaputt geht. Denn sie haben niemanden, der es reparieren kann. Viel Zeit damit zu spielen, bleibt ihnen jedoch nicht. Sie müssen den kleinen Acker neben ihrem Haus sorgfältig bestellen und pflegen, denn sie leben von dem Obst und Gemüse, das sie dort anbauen. „Wenn es nicht reicht, helfen uns die Nachbarn mit Kartoffeln aus", versichert Jacqueline. Ohne deren Hilfe wäre das Überleben noch schwieriger.

UNICEF will diesen Kinderhaushalten helfen. Damit sie genug Nahrungsmittel anbauen und vielleicht sogar einen Teil des Ertrags auf dem Markt verkaufen können, sollen sie sich zu einer Gemeinschaft zusammenschließen. Diese bekommt von der Gemeinde zusätzliches Ackerland zur Verfügung gestellt, auf dem die Kinder anpflanzen können. UNICEF gewährt den Kinderhaushalten außerdem kleine Kredite, mit denen sie beispielsweise Hühnerküken kaufen können. Diese ziehen die Kinder groß und verkaufen sie Gewinn bringend auf dem Markt.

Jacqueline mit ihren Geschwistern

(nach: www.kidsunited.ch/de/news_und_infos/kinder_aus_aller_welt/ruanda/index.cfm)

❶ Untersuche, worin die Armut dieser Kinder besteht. Finde heraus, woran es ihnen fehlt.
❷ Berichte, wie man versucht, den Kindern zu helfen? Haben sie eine Aussicht auf ein besseres Leben?
❸ Fasse die wichtigsten Aussagen über die Kinderarmut in Afrika zusammen.

Methode: Projekt

Thema: Kinder in aller Welt

Arbeitsergebnis: Plakat zum Thema „Kinder in Russland"

Das Leben von Kindern auf dieser Erde ist sehr unterschiedlich – so wie die Länder, in denen sie leben. Es ist aufschlussreich, etwas über das Leben von Kindern in anderen Ländern zu erfahren. In einem Klassenprojekt informierten sich deshalb die Schülerinnen und Schüler einer Realschule, wie Kinder in anderen Teilen der Welt leben. Sie stellten sich dabei die folgenden Fragen:

– Worin unterscheidet sich das Leben der anderen Kinder vom eigenen?
– Wie wohnen sie? Wie sehen ihre Familien aus?
– Welche Sprache sprechen sie und welche Schrift schreiben sie?
– Was essen sie?
– Welchen Religionen gehören sie an?
– Wie sieht es bei ihnen in der Schule aus? Was spielen sie?
– Welche Probleme haben sie?
– Welche Kinder aus anderen Ländern gehen in unsere Klasse oder leben in unserer Umgebung?
– Wie können wir den Kindern helfen?

Auf den folgenden Seiten erfahrt ihr einiges darüber, wie Kinder auf der Erde leben. Dazu bekommt ihr Hinweise, woher ihr Informationen erhalten und wie ihr eure Ergebnisse darstellen könnt.

Internetadressen

www.unicef.de
www.blinde-kuh.de
www.geolino.de

Die Schülerinnen und Schüler der Klasse 6b haben ihre Ergebnisse auf Plakaten zusammengestellt und diese dann ihren Mitschülerinnen und Mitschülern präsentiert. Vorher haben sie Bücher, Zeitschriften und Lexika durchgesehen, im Internet recherchiert und Bekannte befragt, die schon einmal in den untersuchten Ländern waren oder dort aufgewachsen sind. Die Plakate der Schülerinnen und Schüler waren ein großer Erfolg. Für Klassen, die ebenfalls ihre Plakate abschließend präsentieren möchten, haben sie deshalb folgende Tipps zusammengestellt:

- Überlegt euch vorher, wie ihr das Plakat aufteilen könnt. Verwendet bei der Gestaltung Bilder, Zeichnungen und Texte.
- Eine deutliche Überschrift oder eine interessante Zeichnung wecken Interesse für das Plakat. Bilder von Personen machen das Plakat zusätzlich interessant. Passende Bilder findet ihr in Zeitschriften, Reiseprospekten oder im Internet. Wenn ihr keine geeigneten Bilder habt, zeichnet doch selbst! Farbige Zeichnungen sind immer ein guter Blickfang.
- Die Texte sollen übersichtlich, nicht zu lang und gut zu lesen sein. Der Inhalt muss zum Plakat und den Bildern passen. Mit Zwischenüberschriften könnt ihr die einzelnen Texte zusätzlich gliedern.

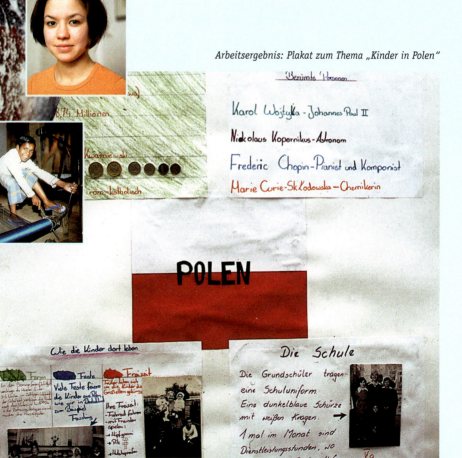

Arbeitsergebnis: Plakat zum Thema „Kinder in Polen"

Das Wichtige in Kürze

Kinder in aller Welt

Es gibt viele Millionen Kinder auf der Welt. Ihr Leben verläuft allerdings sehr unterschiedlich. Die Kinder in den entwickelten Ländern können in der Regel eine friedliche und sorgenfreie Kindheit erleben. In den Entwicklungsländern hingegen müssen Kinder oft Not, Hunger und Ausbeutung ertragen.

Kinderarbeit

Von Kinderarbeit sind weltweit mehr als 200 Millionen Kinder betroffen. Meistens arbeiten die Kinder, um zum Unterhalt der Familie beizutragen. Die Kinder bekommen für ihre Arbeit viel weniger Lohn als die Erwachsenen, auch wenn sie die gleiche Arbeit verrichten. Gegen die Ausbeutung können sich die Kinder kaum wehren.

Kinderarmut

Nach Schätzungen von UNICEF, dem Weltkinderhilfswerk der Vereinten Nationen, lebt jedes zweite Kind auf der Welt in Armut. Wer arm ist, ist ein Frage der Definition: Als absolut arm gilt, wer weniger als 70 Cent pro Tag zum Leben hat. Viele Kinder in Entwicklungsländern sind absolut arm. In Deutschland spricht man von „relativer Armut". Arm ist, wer weniger als 60 % des durchschnittlichen Nettoeinkommens zur Verfügung hat. Nach dieser Berechnung sind ungefähr 2 Millionen Kinder in Deutschland arm.

Kinderarbeit auf den Philippinen.
Kinder arbeiten bei der Zuckerrohrernte, um den Lebensunterhalt ihrer Familien zu sichern.

Kinderarbeit in Deutschland.
Ein Junge fährt Zeitungen aus, um sein Taschengeld aufzubessern.

Kinderrechte sind Menschenrechte

In vielen Ländern müssen Kinder Hunger, Not und Ausbeutung ertragen. Kinder, die unterdrückt und rechtlos sind, können sich selbst am wenigsten helfen. Deshalb wurde 1989 von den Vereinten Nationen die Konvention über die Rechte des Kindes verabschiedet. Grundlage der Kinderrechtskonvention der Vereinten Nationen sind die Allgemeine Erklärung der Menschenrechte von 1948. In der Kinderrechtskonvention sind alle Rechte aufgeführt, die Kinder für eine gesunde Entwicklung brauchen. Sie gilt für alle, die noch keine 18 Jahre alt sind. Bis heute haben 191 Staaten die Kinderrechtskonventionen unterzeichnet und damit versprochen, die Rechte der Kinder zu verwirklichen. Seit April 1992 gilt die Kinderrechtskonvention der Vereinten Nationen auch für die Bundesrepublik Deutschland.

❶ *Auf welche Probleme von Kindern weisen die Fotos hin?*
❷ *Kinderrechte müssen weltweit festgeschrieben werden. Warum wohl?*

Recht auf Überleben

> Zum Recht auf Überleben gehört, dass Kinder ausreichend Nahrung und sauberes Trinkwasser bekommen, außerdem eine Wohnung und die notwendige medizinische Versorgung.

UNICEF, das Kinderhilfswerk der Vereinten Nationen, schätzt, dass es auf der Welt etwa 80 Millionen Straßenkinder gibt. Die meisten davon leben in den Großstädten Lateinamerikas. Die jüngsten von ihnen sind oft erst fünf Jahre alt. Aber nicht nur in Lateinamerika, Afrika und Asien gibt es immer mehr obdachlose Kinder, sondern auch in Deutschland, z. B. in Berlin oder Frankfurt.

Wovon leben Straßenkinder?

- Sie putzen die Schuhe von Passanten.
- Sie bewachen Autos auf Parkplätzen.
- Sie waschen Autoscheiben, wenn die Autos vor einer roten Ampel warten.
- Sie tragen die Einkaufstaschen der Kunden vom Supermarkt zum Parkplatz.
- Sie sammeln leere Getränkedosen und verkaufen sie an Altwarenhändler.
- Sie verkaufen im Auftrag von Geschäftsleuten Eis oder Zigaretten und erhalten dafür eine geringe Bezahlung.
- Sie helfen auf Märkten.
- Sie stehlen, um zu überleben.

Ricardo ist ein Straßenkind. Er lebt in Rio de Janeiro, der zweitgrößten Stadt Brasiliens. Vor zwei Jahren ist er von zu Hause weggelaufen. Der Vater hatte die Familie verlassen und der Mutter gelang es nie, Ricardo und seine fünf Geschwister satt zu bekommen.

Jetzt muss Ricardo selbst für sich sorgen. Er ist von morgens bis abends auf den Beinen, um das Geld für eine Mahlzeit zusammenzubekommen. Oft bettelt er vor Touristenhotels um ein paar Münzen oder in Restaurants um eine Schale Reis. Einen Gelegenheitsjob bekommt er nur selten. Manchmal ist Stehlen die einzige Möglichkeit für Ricardo, um zu überleben. Er fühlt sich zwar schuldig, wenn er einer Touristin die Geldbörse stiehlt, hat dann aber meist für einige Tage ausgesorgt.

Ricardo hat oft Bauchschmerzen und schlimmen Durchfall, weil er verdorbene Nahrungsmittel isst oder verschmutztes Wasser trinkt. Für Arzneimittel reicht sein Geld nicht. In solchen Momenten befällt ihn oft Angst, wie es weitergehen soll. Manchmal träumt er dann auch von der Geborgenheit einer richtigen Familie. Aber solche Gedanken werden vom täglichen Kampf ums Überleben rasch beiseite gewischt.

Jeden Abend muss sich Ricardo einen Schlafplatz suchen. Manchmal ist das ein Hauseingang, manchmal eine Bushaltestelle, manchmal auch nur einfach der Bürgersteig. Als Decke dient ihm eine Plastikplane, die er tagsüber versteckt.

Ein „Schlafzimmer" für Straßenkinder: Die Wände und der Fußboden sind auseinander geklappte Pappkartons

❶ Ricardo ist ein Straßenkind. Worauf müssen Straßenkinder verzichten?
❷ Was tun Straßenkinder alles, um zu überleben?

Recht auf Schutz

Das Recht auf Schutz bedeutet, dass Kinder vor jeder Form von Missbrauch, Vernachlässigung und Ausbeutung bewahrt werden müssen.

In dieser indischen Zündholzfabrik arbeiten Kinder, überwiegend Mädchen

Obwohl fast überall auf der Welt Arbeit für Kinder unter 14 Jahren verboten ist, müssen weltweit mehr als 200 Millionen Mädchen und Jungen arbeiten. Hauptursache ist die große Armut in den betreffenden Gebieten. Die Kinder müssen arbeiten und mitverdienen, damit die Familien überleben können. Ihre Eltern haben zum großen Teil nie eine Schule besucht, haben keine oder nur eine schlecht bezahlte Arbeit. Da die arbeitenden Kinder ebenfalls keine angemessene Schulbildung und Ausbildung erhalten, setzt sich dieser Teufelskreis fort.

Kinder sind billige Arbeitskräfte. Sie bekommen weniger Lohn als die Erwachsenen, obwohl sie oft genauso schwer arbeiten. Für zahlreiche Jobs sind die kleinen, flinken Kinderhände sogar besser geeignet als die von Erwachsenen, zum Beispiel zum Teppiche knüpfen. Kinder sind außerdem leicht einzuschüchtern und können sich kaum gegen die Ausbeutung wehren.

Beispiel 1: Zündholzfabrik
Die Kinder stellen Zündhölzer her. Von den giftigen Chemikalien bekommen sie oft Kopf- und Halsschmerzen, häufig auch Hautausschläge. Außerdem ziehen sich viele bleibende Augenschäden bei der Arbeit zu.

Beispiel 2: Glasfabrik
Bis zu zehn Stunden am Tag müssen die Kinder in die Flammen starren, über denen sie Glasschmuck anfertigen. Viele sterben an Lungenkrankheiten, weil sie giftigen Quarzstaub einatmen. Sehr oft tragen die Kinder auch Verbrennungen davon.

Beispiel 3: Feldarbeit
Auf den Feldern kommen die Kinder mit giftigen Pflanzenschutzmitteln in Berührung, mit denen Unkraut und Schädlinge bekämpft werden. Hautausschläge und Vergiftungen sind die Folge.

Beispiel 4: Straßenverkauf
Bei Wind und Wetter arbeiten viele Kinder auf der Straße. Sie verkaufen Süßigkeiten, Zeitungen, Zigaretten. Die Autoabgase schädigen ihre Lungen. Häufig kommt es auch zu Unfällen, oft mit tödlichem Ausgang.

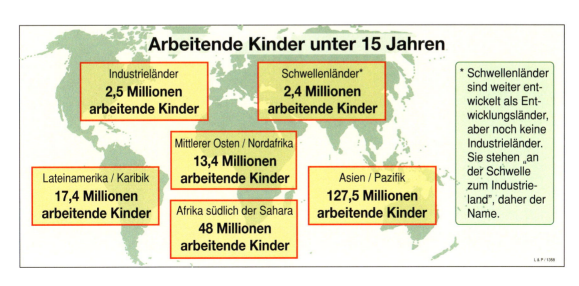

❶ Nenne die Ursachen für Kinderarbeit.
❷ Überlege, welche Folgen die Kinderarbeit für betroffene Kinder hat.

Recht auf Entwicklung

> Dieses Recht betrifft alles, was Kinder brauchen, um sich entfalten und entwickeln zu können, z. B. Bildung, Spiel und Freizeit.

Julia: Schon wieder Schule, ich habe keine Lust. Außerdem schreiben wir morgen eine Mathearbeit – und Hausaufgaben muss ich auch noch machen. Wozu soll das alles gut sein? Am besten wäre es, wenn es gar keine Schule gäbe …

Vater: Du würdest wohl am liebsten den ganzen Tag mit Freunden verbringen, Radio hören und fernsehen?
Julia: Klar, da würde mir auch niemand mehr vorschreiben, dass ich dauernd lernen soll.
Vater: Und was machst du später mal?
Julia: Ich werde Tierärztin!

Viermal in der Woche drei Stunden Unterricht, so steht es auf dem Stundenplan der Kinder von Ambify, einem kleinen Dorf im Hochland von Madagaskar. Gerne würden Chantal, Jean Fidel und ihre Klassenkameraden länger in der kleinen Dorfschule bleiben, um mehr zu lernen. Erst recht, seitdem die Väter kleine Holzbänke für den Klassenraum gezimmert haben und die Kinder nicht mehr auf dem kalten Fußboden sitzen müssen. Nicht nur die Bänke, die ganze Schule hat sich das Dorf selbst gebaut, unterstützt mit Spendengeldern des Hilfswerks Misereor. [...]

Cosima Jagow-Duda: Was macht ihr in eurer Schule am liebsten?
Chantal: Lesen und schreiben. Und im Garten die Blumen gießen.
Jean Fidel: Ich rechne lieber. Schreiben ist ganz schön schwierig.
C. J.-D.: Gibt es etwas, was ihr nicht mögt?
Chantal: Ich mag alles, aber die Schule ist ein bisschen zu kurz!
C. J.-D.: Und wie sieht euer Schultag aus?
Jean Fidel: Erst sprechen wir ein Morgengebet, dann schreiben wir, dann lesen wir, dann gibt es eine Pause und dann rechnen wir. Am Ende singen wir noch mal.
Chantal: Manchmal lernen wir auch ein bisschen Französisch.
C. J.-D.: Bekommt ihr auch Hausaufgaben auf?
Jean Fidel: Hausaufgaben? Nein!
Chantal: Wir müssen ja auch unsere Schulsachen im Klassenraum lassen, damit sie nicht wegkommen!
C. J.-D.: Was habt ihr denn für Schulsachen?
Chantal: Eine kleine Plastiktafel und einen Kreidestift. Und manchmal ein Heft mit einem Bleistift.

C. J.-D.: Was macht ihr nach der Schule?
Chantal: Singen, mit den anderen Kindern Verstecken spielen oder Geschichten erzählen. Oft helfe ich auch meinen Eltern.
C. J.-D.: Wie hilfst du ihnen?
Chantal: Wir verkaufen unser Maniok* und ich koche den Reis, den wir täglich essen. Vor dem Kochen muss der Reis geschält und gestampft werden.
Jean Fidel: Ich helfe auch zu Hause und passe auf meine Geschwister auf. Oder ich helfe meinem Vater draußen auf dem Feld mit den Ochsen.
C. J.-D.: Habt ihr Spielzeug?
Chantal: Nein. Wir spielen mit Erde, Steinen und dem, was wir sonst noch finden.
Jean Fidel: Man findet immer was. Aus alten Blechdosen habe ich mir ein Auto gebaut.
C. J.-D.: Was möchtet ihr einmal werden?
Chantal: Ich möchte Ordensschwester werden.
Jean Fidel: Ich gehe später in die Stadt, um Geld zu verdienen. Vielleicht werde ich auch Arzt.

*Maniok ist ein Kartoffelgemüse, das ähnlich wie Kartoffeln gekocht und gegessen wird.

(aus: Cosima Jagow-Duda: Die ABC-Schützen von Ambify, in: Sam Solidam 2/2000, Heft 54, S. 20 f. Hg.: Fremde Welten e.V., Berlin)

❶ *Was würde wohl Chantal zu Julia sagen?*
❷ *„Alle Kinder auf der Welt brauchen eine kostenlose Schulbildung!" Begründe diese Forderung.*

Recht auf Mitbestimmung

> Kinder haben das Recht auf freie Meinungsäußerung und das Recht auf Mitbestimmung in allen Dingen, die ihr Leben betreffen.

Im Jahr 2002 fand in New York ein Weltkindergipfel statt. 400 Kinder aus allen Teilen der Welt trafen sich, um über die Probleme der Kinder zu diskutieren und Lösungsmöglichkeiten vorzuschlagen. Viele von ihnen hatten sich zuvor in ihren Heimatländern für die Kinderrechte stark gemacht und in Projekten mitgearbeitet. Unter den Delegierten waren auch vier Mädchen und Jungen aus Deutschland. Ein Mädchen aus Ecuador, einem kleinen Land in Südamerika, hat auf dem Weltkindergipfel Folgendes vorgetragen:

Weltkindergipfel 2002: Politiker sollen zuhören

Miryam Patricia Cunduri Paza

„Politiker lassen sich zwar gerne mit Kindern sehen, aber sie tun nicht wirklich was für sie." Miryam Patricia Cunduri Paza aus Columbe/Ecuador ist zwar erst zehn Jahre alt, aber sie lässt sich nichts vormachen. „Allerdings glaube ich", schränkt sie ihr negatives Urteil ein, „dass sie Kindern zuhören werden, wenn diese sich zusammenschließen." Deshalb hat sie in New York die Interessen der Kinder Ecuadors vertreten.

Miryam, die in die Tagesstätte „Nuevo Amanecer" geht, verlangt bessere Zukunftschancen für die Kinder in Ecuador. Voraussetzung dafür ist zum Beispiel, dass die Schulbildung auf dem Land verbessert wird. „Dazu brauchen wir bessere Lehrer. Viele Lehrer haben oft nur einen Oberschulabschluss."

Medizinische Behandlung und Schulen sollen gratis sein, fordert sie. In einem Land, in dem 70 Prozent der Bevölkerung unter der Armutsgrenze lebt, führen Kosten für Schulgebühren, -uniformen und -bücher oft zum frühzeitigen Abbruch des Schulbesuches. Und bereits im Unterricht soll gelehrt werden, dass alle Menschen gleich sind.

(Quelle: Kindernothilfe, www.weltkindergipfel.de)

Mitbestimmen vor Ort in Nordrhein-Westfalen

Inzwischen gibt es sie in fast 100 Städten und Gemeinden Deutschlands. Mal heißen sie Kinder- und Jugendparlamente, mal Kinder- und Jugendrat, manchmal auch Runder Tisch der Kinder und Jugendlichen.
Eins haben sie gemeinsam. Die Kinder und Jugendlichen, die dort mitmachen, sagen den Erwachsenen, was ihnen stinkt und wie man es besser machen könnte. Sie vertreten nicht nur ihre eigenen Interessen, sondern möglichst die aller Kinder und Jugendlichen in der Stadt oder Gemeinde.
Deswegen heißt es auch Mitgemacht!, denn es geht um Entscheidungen, die auch dich betreffen. In vielen Städten werden die Teilnehmer in den Schulen oder Freizeiteinrichtungen gewählt und ins Parlament oder den Rat geschickt. Oft wird aber einfach nur eingeladen und es ist egal, welche und wie viele Kinder oder Jugendliche kommen.

(http://www.kindersache.de/kteams/parlamente.htm, 26.06.2005)

❶ Miryam hält den Weltkindergipfel für wichtig. Warum? Welche Forderungen stellt sie?

❷ Wo es in Nordrhein-Westfalen Kinder- und Jugendparlamente gibt, erfahrt ihr unter der Internetadresse www.kindersache.de

Kinderarbeit – Beispiel Indien

Satyendra, 11 Jahre, ist eines der über 400 000 Kinder, die im nordindischen Bundesstaat Uttar Pradesch in Teppichfabriken arbeiten müssen. Satyendra berichtet über sein Leben:

„Hier in der Teppichfabrik arbeiten nur Kinder, die wie ich aus armen Familien kommen. Wegen hoher Schulden sahen sich unsere Eltern gezwungen, uns zu verkaufen. Obwohl das indische Gesetz diese Kinderarbeit eigentlich verbietet, werden die meisten indischen Teppiche auch heute noch von Kindern geknüpft.
Die Arbeitsbedingungen sind schrecklich. Wir arbeiten sieben Tage pro Woche mindestens 10 Stunden lang, häufig aber auch bis zu 16 Stunden.
An den Händen und an Fingern haben wir ständig Schnittwunden. Das lange Knüpfen lässt die Knöchel anschwellen. Durch das dauernde Einatmen des feinen Wollstaubs erkranken wir oft an Husten. Die schlechte Beleuchtung schädigt unsere Augen. Dazu kommt noch, dass wir wenig zu essen bekommen.
Der Monatslohn von 160–500 Rupien (umgerechnet sind das etwa 5 bis 16 Euro) ist so niedrig, dass wir uns fast nichts dafür kaufen können. Von unserem Lohn müssen wir sogar noch unsere Unterkunft bezahlen. Der Rest geht an unsere Familien, die auf die paar zusätzlichen Rupien angewiesen sind.
Ich habe schon oft daran gedacht einfach abzuhauen, aber ich weiß nicht wohin. Ein Leben hier in der Teppichfabrik scheint mir immer noch besser, als auf der Straße zu leben und zu betteln."

Straßenhütte, die „Teppich-Kindern" als Wohnung dient

Somni Devi, eine Witwe aus dem Dorf Dumra hat die Hoffnung aufgegeben, ihren einzigen Sohn Ramchandra jemals wiederzusehen. Nach dem Tod ihres Mannes hatte sie ihren Sohn nach Bhadohi geschickt, damit er dort mit Teppich knüpfen etwas Geld verdienen sollte. Fünf Jahre später hat sie weder einen Cent von dem Lohn ihres Sohnes erhalten noch hat sie ihn selbst wiedergesehen. Der Onkel von Ramchandra ging dreimal nach Bhadohi, um seinen Neffen zurückzuholen, musste aber immer wieder allein zurückkehren, da der Arbeitgeber dem Kind nicht erlaubte mitzugehen. „Der Besitzer der Fabrik sagte mir, ich solle zwei andere Kinder bringen. Nur dann würde er meinen Neffen freilassen", erzählt der Onkel. Nach seinen Aussagen ist sein Neffe von einem Mann, der aus seinem Dorf stammt und als „Kinder-Makler" arbeitet, verkauft worden. Angeblich hat er vom Eigentümer der Fabrik 3000 Rupien (das entspricht ca. 100 Euro) für Ramchandra erhalten, aber nichts davon sei an dessen Mutter ausgezahlt worden.
Es ist allgemein bekannt, dass jedes Jahr mehr als 200 Kinderarbeiter aus den Dörfern der Gegend „exportiert" werden, wo sie dann in Teppichfabriken wie Sklaven gehalten werden. Ein Betrag von 200 bis 500 Rupien wird Maklern für jedes Kind gezahlt.

Kinderarbeit in einer Teppichfabrik

(aus: Infomappe der Kampagne gegen Kinderarbeit in der Teppichindustrie, Hg.: Brot für die Welt u. a. 1996, gekürzt)

Was kann gegen Kinderarbeit unternommen werden?

Seit vielen Jahren bemühen sich Organisationen wie „Brot für die Welt", „Misereor" oder „terre des hommes" um die Verbesserung der Lebensverhältnisse der „Teppichkinder". Das Warenzeichen „Rugmark" weist Teppiche aus, die ohne Kinderarbeit geknüpft wurden. Nur Unternehmer, die bestimmte Forderungen erfüllen, dürfen ihre Teppiche mit diesem Warenzeichen versehen. Dabei zahlt der deutsche Importeur 1 % des Preises in eine Kasse der UNICEF-Indien. Dieses Geld wird z. B. zur Finanzierung von Schulen und Lehrern verwendet.

Wie in anderen Gebieten der Erde, in denen Kinderarbeit alltäglich ist, haben sich auch in Indien viele Jugendliche zusammengeschlossen. Sie wollen so ihre Lebensbedingungen verbessern. Dabei werden sie von internationalen Hilfsorganisationen unterstützt. So gibt es in Tiripur, einer Stadt in Südindien, über 30 000 Kinder, die in Stoff- und Kleiderfabriken arbeiten. Sie bekommen dafür einen Euro am Tag. In Dörfern, aus denen besonders viele Kinderarbeiter kommen, eröffnete die Hilfsorganisation „terre des hommes" Zentren für die Kinder. Hier können sie nach der Arbeit an Lese- und Schreibkursen teilnehmen, miteinander reden und spielen und auch zum Arzt gehen. Es entstehen Freundschaften, gemeinsam werden Feste gefeiert oder man hilft sich gegenseitig. Viele erkennen dabei, dass sie gemeinsam eher für ihre Rechte eintreten können und dass ihnen eine Schulbildung dabei helfen kann. Am besten wäre es, wenn die Kinder nicht mehr zum Arbeiten gehen müssten und eine Schule besuchen könnten. Aber viele sind auf den geringen Lohn angewiesen und gehen deshalb nur sonntags zur Schule.

Jahrelang wurden in Deutschland keine indischen Teppiche mehr angeboten, weil bekannt war, dass sie durch Kinderarbeit entstanden. Erst seit der Gründung von Rugmark (englisch: rug = Teppich) lohnt sich für Indien der Export von Teppichen wieder. Durch den Kauf eines Teppichs mit Rugmark-Siegel leisten die Verbraucher einen Beitrag zur Bekämpfung der verbotenen Kinderarbeit. Teppichhersteller und Exporteure müssen eine rechtsverbindliche Erklärung unterzeichnen, in der sie versichern, dass sie folgende Kriterien erfüllen:

– keine Beschäftigung von Kindern unter 14 Jahren,
– Zahlung des gesetzlichen Mindestlohns,
– Kontrolle durch das Rugmark-Büro,
– Akzeptieren von unangekündigten Kontrollen zu jeder Zeit.

Internetadressen, unter denen man Informationen und Material zum Thema „Kinderarbeit" findet

www.fao.org
www.unicef.de
www.schule-ist-der-beste-arbeitsplatz.org
www.kindernothilfe.de
www.andheri.de
www.rugmark.de

❶ Warum muss Satyendra arbeiten?
❷ Beschreibe die Tätigkeit eines Kindermaklers in Indien.
❸ Erkläre, warum Somni Devi kein Geld bekommen hat, obwohl ihr Sohn in einer Teppichfabrik arbeitet.
❹ Führt eine Internetrecherche zum Thema Kinderarbeit durch. Überlegt zunächst, was ihr erfahren wollt und formuliert gemeinsam einen Rechercheauftrag.

Das Wichtige in Kürze

Straßenkinder

Weltweit gibt es mehr als 80 Millionen Straßenkinder. Die meisten von ihnen leben in den Großstädten Lateinamerikas. Straßenkinder werden von Polizisten gejagt, von Drogenhändlern ausgenutzt, von Erwachsenen missbraucht. Sie besuchen keine Schule und werden medizinisch nicht betreut. Sie führen einen täglichen Überlebenskampf.

Kinderrechtskonvention

In der Kinderrechtskonvention der Vereinten Nationen werden die Rechte des Kindes, die jedem Menschen bis zur Vollendung des 18. Lebensjahrs zustehen, beschrieben. Die Kinderrechte lassen sich vier Bereichen zuordnen: Recht auf Überleben, Recht auf Schutz vor Missbrauch, Recht auf Entwicklung, Recht auf freie Meinungsäußerung. Mit Ausnahme der USA und von Somalia haben alle Länder die Kinderrechtskonvention unterschrieben. Damit haben sie sich verpflichtet, die Rechte des Kindes umzusetzen.

Kinderhilfsorganisationen

Kinderhilfsorganisationen wie UNICEF helfen Kindern, ihre Rechte zu verwirklichen. Sie setzen sich dafür ein, dass alle Kinder eine Grundversorgung erhalten. Die Organisationen sind auf Spendengelder angewiesen, um Projekte in vielen Teilen der Erde unterstützen zu können.

Jannika Müller bei der Preisverleihung

Janika Müller gewann den 3. Preis beim UNICEF-Wettbewerb zum Junior-Botschafter des Jahres 2007.
Die 15-Jährige aus Siegen startete die Aktion „Hände gegen Kinderarbeit". Damit wollte sie ein Zeichen setzen und Spenden für Kinder in Nepal sammeln. Sie bastelte kleine Hände aus Knete, um sie zu verkaufen. Auf ihre Anfrage hin sponserte eine Firma 50 Päckchen Modelliermasse in bunten Farben, aus der sie ca. 1000 Hände herstellten konnte. Kordeln für Anhänger spendete ein Bastelladen. Zunächst fanden die Hände nur Abnehmer im Bekanntenkreis und in der Nachbarschaft. Mit einer eigenen Homepage sorgte Janika für eine größere Resonanz und sprach auch die Medien an.

Der Wettbewerb findet jährlich statt; teilnehmen können Kinder und Jugendliche bis 18 Jahre. Nähere Informationen unter: www.juniorbotschafter.de

Wo kommen unsere Spielwaren her?

Sohn: Auf meinem neuen ferngesteuerten Hubschrauber steht „Made in China." Was bedeutet das?
Vater: Das heißt, dass der Hubschrauber in China hergestellt wurde.
Sohn: Ich dachte, das Spielzeug wird in Deutschland hergestellt. Der Original-Hubschrauber ist ja auch von einer deutschen Firma.
Vater: Nein. Das eine hat mit dem anderen nichts zu tun. Die meisten Spielzeuge werden in China hergestellt. Zwischen zwei und drei Millionen Menschen sind in China in der Spielzeugproduktion beschäftigt. Dagegen arbeiten in ganz Europa nur ungefähr 100 000, in Deutschland nur knapp über 10 000 Beschäftigte in der Spielwarenindustrie.
Sohn: So viele Menschen arbeiten in Spielzeugfabriken. Das hätte ich nicht gedacht.
Vater: Doch das ist so. In chinesischen Fabriken werden jedes Jahr für zwölf Milliarden Euro Spielwaren hergestellt. Das Spielzeug wird ins Ausland, zum Beispiel nach Deutschland, verkauft. Die chinesischen Kinder sehen davon so gut wie nichts.
Sohn: Wird auch in anderen Ländern so viel Spielzeug produziert wie in China?
Vater: In China werden 75 % des weltweit hergestellten Spielzeugs produziert. Aber auch in anderen ostasiatischen Ländern, wie Taiwan, Thailand und Südkorea, steigt die Produktion mit jedem Jahr. Schau doch mal in deinem Zimmer nach, in welchen Ländern dein Spielzeug hergestellt wurde.

Name:
○ Junge   ○ Mädchen

	Art des Spielzeugs	Name des Herstellers	Ort der Herstellung
1			
2			
3			
4			
5			
6			
7			

❶ Sprecht darüber, was ihr über die Herstellung von Spielwaren wisst.
❷ Erkunde die Herkunft der Spielwaren in deinem Zimmer. Übertrage dazu die Tabelle in dein Heft oder fülle das Arbeitsblatt aus.
❸ Vergleicht eure Ergebnisse:
 – Gibt es Spielzeug, das sich in sehr vielen Zimmern findet?
 – Welche Spielzeughersteller sind häufig vertreten?
 – In welchen Ländern wurden die Spielzeuge hergestellt?
  Welches Land wurde am häufigsten genannt?
 – Könnt ihr Unterschiede zwischen Jungen und Mädchen feststellen?

Spielzeug aus China

Spielzeug aus der Hölle
Von Wolfgang Mendel

Ich halte den Atem an, immer wieder, bekomme erst Kopfweh, drückend von der Schädeldecke her, dann wird mir schwindlig. Ich stehe in Chinas Weihnachtsparadies, einer von Tausenden Spielzeugfabriken, die in den vergangenen Jahren entstanden sind. „Die arbeiten nicht schnell genug", flucht mein Begleiter, Joey Wong, der hier 5000 Miniatur-Raumschiffe fertigen lässt. Er führt mich durch einen adventlichen Albtraum. „Das sind dumme Bauern vom Land, denen musst du alles zehnmal einbläuen."

Es faucht und zischt in der Halle, bunter Lack schießt aus dutzenden Sprühpistolen, die 70 Arbeiter über winzigste Plastikstücke halten. Ganz nah ans Gesicht halten sie die Lacksprüher, damit Joey sie nicht anbrüllt, sie präzise genug sein können. Bis zu 16 Stunden am Tag atmen die jungen Männer und Frauen die giftigen Lackstoffe ein, die Lösungsmittel, die das Gehirn schädigen, Niere, Leber, Herz. Die ihnen auf Dauer die Lunge zerfressen.

Die Gesichter von vielen sind von Ausschlägen vernarbt, an den Armen platzen rote Blasen auf. Nur wenige tragen Mundschutz, Mullmasken, die nur gegen Staub schützen, nicht gegen die giftigen Dämpfe. Ich habe es nie anders gesehen in Guangdongs Spielzeugfabriken, auch nicht in denen, die für Deutschlands namhafteste Unternehmen herstellen. Vierzehn Tage lang bin ich durch das Land der Kinderträume gereist, mit Firmenchefs habe ich Gespräche geführt und mit Vertretern von unabhängigen Gewerkschaften, die in China verboten sind. Vor der Recherche hatte mich ein Kollege gewarnt: „Es gibt nichts Schwierigeres in China", sagt er, „als eine Spielzeugfirma zu besichtigen."

Teddybären, Barbies, Puzzles, Ritterburgen, Gameboys, das meiste kommt aus Fabriken, die eher mit [...] Arbeitslagern zu vergleichen sind. Mit dem einzigen Unterschied, dass sich die Insassen freiwillig in die Knochenmühle begeben. Ich treffe den 23-jährigen Arbeiter Chao Yu (Name geändert). Die „Hölle" nennt er seine Fabrik, weil ihr Name dem chinesischen Schriftzeichen für Verdammnis ähnelt. Es heißt, sie sei die Schlimmste unter den großen Betrieben in der Stadt. [...]

Wie lange die Marathonmaloche am Fließband wird, erfahren sie meist erst im Laufe des Tages. Zur Hochsaison zwischen Juni und August, wenn sie für Weihnachten produzieren, sind es nicht selten 18 Stunden. Manchmal – bei Eilaufträgen – arbeiten sie die ganze Nacht. Drei Tage und Nächte Schufterei sind Yus persönlicher Rekord. Einen freien Tag gibt es selbst in der Nebensaison nur einmal im Monat. Der Verdienst – nach allen Abzügen für Kantine und Wohnheim – liegt im Schnitt bei 60 Euro. Die meisten Abteilungen sind ohne Klimaanlage, die Temperaturen werden im Sommer unerträglich. Fünfmal am Tag dürfen Frauen auf Toilette, dreimal die Männer, für maximal fünf Minuten. Wer häufiger muss, zahlt Strafe, die vom Gehalt abgezogen wird.

Internationale Hilfsorganisationen und die Kirchen kritisieren regelmäßig die Zustände in Chinas Spielzeugfabriken. Jetzt hat die Industrie nach langem Zögern mit Kontrollen der Arbeitsbedingungen begonnen. Der Weltspielzeugverband „ICTI" schickt seit zwei Jahren Inspekteure durch das Teddybärland, um die extremste Ausbeutung der Beschäftigten zu verhindern. 500 Betriebe seien schon erfolgreich zertifiziert, wirbt ICTI für seine Anstrengungen. Doch Betrug schönt die Statistik. „Wir bekommen 10 Euro, wenn wir denen die Unwahrheit sagen", erzählt mir eine Arbeiterin, die auch für deutschen Markt arbeitet. „Bevor die Inspektoren kommen, hält der Direktor eine Rede und teilt Listen aus mit allen Fragen und Antworten." Die Fabriken, aus denen mir Arbeiter unter Schutz ihrer Identität, von unerträglichen Lebensbedingungen berichteten, sind allesamt ICTI zertifiziert. „Es gibt Erfolge, aber wir sind erst am Anfang", weiß Christian Ewert, zuständig für das Kontrollprogramm.

(www.focus.de/weihnachten/made-in-china_aid_121210.html)

Von wegen „Made in Germany"

Ob Zapfs „Baby Born" oder Simba Dickies „Steffi Love"– alles „Made in China". Selbst Fachversender Vedes, der neben den Waren der Großen der Branche auch 399 Artikel unter Eigenmarke vertreibt, kommt auf 377 Produkte aus Fernost, darunter Puppen, Bälle, Gartenspielsachen. Nur die Holzspielwaren der Eigenmarke stammen aus Europa, berichtet eine Sprecherin.

Auch „Spiderman" ist eigentlich gebürtiger Chinese. Hersteller Hasbro hat seine Fertigungsstätten zum Großteil in Asien, so auch für die Marken *Play-Dooh, Playskool* oder *Mein kleines Pony*. „Hieraus können sich allerdings keine Rückschlüsse auf die Qualität und die Sicherheitsstandards ableiten lassen", sagt ein Unternehmenssprecher und verweist auf Produktsicherheitstests und strenge Selbstkontrollen. „Wir haben im Rahmen der aktuellen Fälle in China unsere fortlaufenden Sicherheitskontrollen in den Fabriken weiter verstärkt", so der Sprecher.

(www.focus.de/finanzen/news/tid-7140/spielzeug_aid_70087.html)

Wenn eine Puppe in einem Spielwarengeschäft in Deutschland 15,00 € kostet, dann bleiben:

12,00 € FÜR DEN ZWISCHENHANDEL:
- Transportkosten (von Hongkong bis nach Europa).
- Kosten für Werbung.
- Gewinnspanne des Einzelhandels (Gehalt des Geschäftsführers, Ladenmiete …),
- Gewinn der Aktionäre.

1,50 € VERTEILEN SICH AUF:
- die örtliche chinesische Geschäftsführung,
- die Transportkosten von der Fabrik bis nach Hongkong.

1,00 € KOSTEN DIE MATERIALIEN, AUS DENEN DIE PUPPE GEMACHT WIRD:
- (Plastik, Haare, Farben usw.).

0,50 € WERDEN AUFGETEILT:
- Löhne für die Arbeiter/innen in China,
- Zölle in China.

(nach: Reseau-Solidarité, Rennes, Nov. 2001; Übers. Jelko Peters)

Spielzeug aus China	Verkaufspreis in den USA in US-$ (2001)	direkte Arbeitskosten (Fertigung) in US-$ (2001)
Elektronische interaktive Puppe	99,99	2,454
Elektronische interaktive Puppe	64,99	0,260
Roboter	76,99	0,539
Puppe	16,99	0,561
Action-Figur	11,99	0,659
Puppe	9,99	0,460
Plüschfigur	9,99	0,368
Plüschfigur	9,99	0,267
Spielset aus Plastik	7,99	0,407

(www.misereor.de/fileadmin/user_upload/pflege_service/fair-Gesamtbaustein.pdf)

In einer Spielzeugfabrik in China

❶ Werte den Artikel „Spielzeug aus der Hölle" mit der Methode auf S. 30 aus. Beschreibe dann, unter welchen Bedingungen Spielzeug in China hergestellt wird. Erläutere, warum die Menschen diese Arbeit auf sich nehmen.

❷ Wie wird versucht die Arbeitsbedingungen zu verbessern? Warum gelingt das nur zum Teil?

❸ Untersuche die Angaben zu den Arbeitskosten und den Spielzeugpreisen. In welchem Verhältnis stehen sie zueinander? Wer verdient vor allem am Verkauf des Spielzeugs?

❹ „Ich kaufe kein Spielzeug aus China." Überlege, ob du durch diese Haltung etwas an den Arbeitsbedingungen in China ändern kannst.

Methode: Plakate gestalten

Thema: Fair Trade – gerechter Handel

„Fair Trade" ist englisch und heißt übersetzt „gerechter Handel". Damit ist der gerechte Handel mit Lebensmitteln wie Kaffee, Kakao, Orangensaft und Bananen gemeint. Gerecht sagt man deshalb, weil die Menschen, die zum Beispiel in Mittel- und Südamerika auf Kakao- oder Bananenplantagen arbeiten, auch gerecht behandelt werden. Leider ist das oft nicht der Fall. Noch immer gibt es viele Plantagenarbeiter, darunter auch Kinder, die für sehr wenig Geld arbeiten müssen. Die Firmenbosse, die den Kakao oder die Bananen verkaufen, verdienen dagegen richtig viel Geld. Davon geben sie aber nur wenig als Lohn an die Arbeiter ab. Das ist ungerecht. Damit es gerechter zugeht, haben sich Menschen aus der ganzen Welt zusammengetan. Sie sind für „Fairen Handel".
Vier Grundsätze für Fairen Handel:
1. Die Menschen wollen, dass die Arbeiter in armen Ländern genug Geld bekommen. Sie sollen für ihre Arbeit auf den Plantagen gerecht bezahlt werden. Die Firmenbosse sollen also mehr Lohn bezahlen. Weil die Bosse trotzdem nicht weniger Geld verdienen wollen, verkaufen sie ihre Lebensmittel teurer. Am Ende muss der Käufer im Supermarkt mehr Geld für die Lebensmittel von den Plantagen bezahlen, wo die Arbeiter gerecht bezahlt wurden.
2. Kinder, die auf den Plantagen arbeiten, sollen gerecht bezahlt werden. Sie sollen auch zur Schule gehen dürfen.
3. Durch Fair Trade soll sich das Leben der Arbeiter insgesamt verbessern. Von dem Geld, das der Käufer im Laden für die Bananen zahlt, sollen auch Werkzeuge und Medikamente gekauft werden und Schulen und Brunnen gebaut werden.
4. Fair Trade will, dass auf den Plantagen keine Pflanzenschutzmittel mehr versprüht werden. So sind zum Beispiel der Kakao und die Bananen auch viel gesünder.
Die Menschen, die den gerechten Handel unterstützen, hoffen, dass möglichst viele Menschen auf der Welt den fairen Handel gut finden. So kann den Plantagenarbeitern am besten geholfen werden. In einigen Supermärkten findet man auf den Verpackungen Hinweise darauf, dass die Lebensmittel „gerecht" gehandelt wurden. Am Fair-Trade-Zeichen erkennt man zum Beispiel solche Lebensmittel.

(www.tivi.de/fernsehen/logo/artikel/07488/index.html)

Deutsche kaufen zunehmend „faire" Produkte
Köln – Deutsche Verbraucher greifen zunehmend zu fair gehandelten Produkten: Im ersten Halbjahr des laufenden Jahres erhöhte sich der Absatz in Deutschland um mehr als ein Drittel. „Hauptwachstumsträger ist die fair gehandelte Bio-Banane", sagte Transfair-Geschäftsführer Dieter Overath auf der Ernährungsmesse Anuga in Köln. Der Bananenabsatz kletterte im ersten Halbjahr um 50 Prozent. Auch Tee verkaufte sich mit einem Plus von 40 Prozent deutlich besser, Kaffee legte um zwölf Prozent zu. „Das freut uns besonders, da der Kaffee-Markt insgesamt stagniert", sagt Overath.
Große Hoffnungen setzt die Lizenzorganisation in Fairtrade-Baumwolle. Seit wenigen Wochen sind beispielsweise Herrenjeans aus fair gehandelter Bio-Baumwolle auf dem Markt. Eine entsprechende Damenjeans sei geplant, heißt es. „Wenn der Rohstoff nicht so knapp wäre, könnte es ganze Kollektionen aus fair gehandelter Bio-Baumwolle geben", sagt Overath. Ökotextilien seien ohnehin derzeit sehr gefragt in Deutschland.
Einen deutlichen Schub für fair gehandelte Produkte erwartet Overath für das kommende Jahr – auch weil „mehrere Kooperationen" mit Handel und Industrie geplant seien.

(www.ksta.de/jks/artikel.jsp?id=1190968683765; Artikel vom 16.10.2007)

Plakate gestalten

Ein Plakat ist eine großflächige Gestaltung aus Text und Bild, die öffentlich ausgehängt wird. Plakate sollen Blicke anziehen. Die Betrachter sollen zum Nachdenken und Handeln angeregt werden.

Vorbereitung
Ihr müsst zunächst überlegen, wen ihr ansprechen wollt und welche Aussage das Plakat enthalten soll.
Dann müsst ihr überlegen, mit welchen Mitteln ihr euer Ziel erreichen könnt. Da geht es zum Beispiel um diese Fragen: Welches Wort oder welche Wörter sollen auffallen? Welche Zeichnung oder welches Foto passt dazu? Wie sollen Farben eingesetzt werden? Denkt dabei an den bekannten Spruch: „Ein gutes Plakat hat eine Idee (nicht zwei!), einen pfiffigen Spruch, ist spannend gestaltet und muss vom Autofahrer an der Ampel begriffen werden!"
Überlegt auch, wo ihr die Plakate aufhängen wollt und wen ihr möglicherweise um Genehmigung fragen müsst.

Durchführung
Besorgt euch das notwendige Material, z. B. alte Tapeten- oder Papierrollen oder andere Plakate, deren Rückseite man bemalen kann. Denkt an Farben, Filzstifte, Lineal, Zirkel usw. Buchstaben oder Farbflächen können aus farbigem Tonpapier geschnitten werden.
Fertigt zuerst Entwürfe und prüft sie kritisch: Versteht man die Aussage des Plakats? Werden sich die Adressaten angesprochen fühlen? Ist die Gestaltung auffallend? Ihr könnt eure Entwürfe auch anderen zur Beurteilung vorlegen. Entweder fertigt ihr dann von einem Entwurf mehrere Plakate oder von verschiedenen Entwürfen je ein Plakat.

❶ Stellt die Gründe zusammen, warum man sich am gerechten Handel beteiligen sollte.
❷ Gestaltet Plakate, auf denen ihr auffordert, sich am gerechten Handel zu beteiligen.

Das Wichtige in Kürze

Spielwaren

Die meisten Spielwaren, die es bei uns zu kaufen gibt, werden in China hergestellt. Aufgrund der geringen Löhne kann das Spielzeug dort sehr billig produziert werden. Die Arbeitsbedingungen in den Fabriken sind oft sehr schlecht, so dass viele Arbeiterinnen und Arbeiter für eine sehr geringe Bezahlung ihre Gesundheit ruinieren. Es stellte sich in einzelnen Fällen sogar heraus, dass giftiges und gesundheitsgefährdendes Spielzeug in den Handel gelangte.

Fair trade – gerechter Handel

Fair Trade gehört zu den Versuchen, die Lebens- und Arbeitsbedingungen über einen gerechten Handel zu verbessern. Dabei werden Waren aus ärmeren Ländern in die reichen Länder verkauft. Zu den Waren gehören vor allem Kaffee und Bananen, aber auch Erzeugnisse aus dem Handwerk und der Industrie. Zu finden sind die fair gehandelten Waren vor allem in Bio- und Weltläden, aber auch in Supermärkten und einigen Restaurants. Die Waren sind oft etwas teurer als im herkömmlichen Handel. Dafür erhalten die Hersteller eine recht hohe Bezahlung für ihre Waren. So können sie unabhängig bleiben und müssen ihre Erzeugnisse nicht zu Dumpingpreisen an große Handelsunternehmen verkaufen.

Frisch geerntete Teeblätter werden in einer Teefabrik in Haldummulla (Sri Lanka) verarbeitet. Der Betrieb erzielt dank des „fair" gehandelten Tees höhere Gewinne. Mit den Einnahmen wurde neben einem Kindergarten, einer Vor- und Grundschule auch eine Gesundheitsstation zur medizinischen Betreuung der Beschäftigten errichtet.

Zeige deine Kompetenzen!

Methoden und Handlungskompetenz

Spielzeug und Qualität

Alle Spielwaren in Deutschland tragen das CE-Zeichen. Damit versichert der Hersteller, dass er sich an europäische und deutsche Spielzeugrichtlinien hält, also zum Beispiel keine verbotenen Chemikalien verwendet. Die Hersteller können sich dieses Zeichen allerdings selbst verleihen. Prüfungen von einer externen Organisation sind nicht verpflichtend. Verbraucherschützer sehen darin eine große Sicherheitslücke: „Das CE-Zeichen ist kein Qualitätssiegel, sondern eine Selbsterklärung", sagt Sylvia Maurer vom Bundesverband der Verbraucherzentralen. Sich darauf zu verlassen, hält sie für gefährlich und irreführend.

Hilfreicher ist das GS-Siegel (Geprüfte Sicherheit), das Hersteller beim TÜV freiwillig beantragen können. 50 000 Produkte erhielten im vergangenen Jahr das Zertifikat. Die TÜV-Kriterien sind in allen Bereichen strenger als beim CE-Zeichen. Beispielsweise müssen die zertifizierten Hersteller ihre Fabriken und Produktionsabläufe vom TÜV kontrollieren lassen. Die TÜV-Tests werden jährlich wiederholt. Getestet wird nicht nur in Deutschland: Allein der TÜV-Rheinland betreibt in China 24 Labore mit 1400 Prüfern.

Verbraucherschützerin Maurer hält die TÜV-Standards für ausreichend, weist aber darauf hin, dass unseriöse Anbieter versuchen, das Siegel zu fälschen. Käufer sollten also ganz genau hingucken und zum Beispiel auf Rechtschreibfehler auf Verpackungen achten. [...]

Siegel für fair gehandeltes Spielzeug gibt es nicht. Eine Aktionsgemeinschaft, die vom kirchlichen Hilfswerk Misereor unterstützt wird, verleiht jedoch ein eigenes fairspielt-Siegel, das menschwürdige Produktionsabläufe kontrolliert und einen Überblick hat, in welchen Ländern deutsche Hersteller produzieren.

Damit Kinder gefahrlos spielen können, sollten sich Eltern beim Spielzeugkauf nicht nur auf Qualitätssiegel verlassen, sondern selbst Vorkehrungsmaßnahmen treffen: Plüschtiere etwa gehören, bevor sie zum ersten Mal gedrückt werden, erst einmal in die Waschmaschine. Holzspielzeug kauft man am besten unlackiert oder gebraucht, weil schädliche Stoffe in der Regel nach einiger Zeit verdunsten. Außerdem schadet es nicht, die Nase an neues Spielzeug zu halten. Manche Schadstoffe fallen durch strengen Geruch auf.

(http://www.tagesspiegel.de/wirtschaft/Verbraucher-Giftiges-Spielzeug;art131,2365305 Autor: Johannes Pennekamp)

Gestalte eine kleine Broschüre für Eltern, mit der du informierst, wie und woran man qualitativ hochwertiges Spielzeug erkennen kann.

Urteilskompetenz

Um welches Problem, welchen Sachverhalt geht es in der Karikatur? Was will der Zeichner mit seiner Karikatur zum Ausdruck bringen? Erläutere.

„Mit leerem Magen lernt sich's schlecht"
(Karikatur: Thomas Plaßmann)

Spielzeug und gerechter Handel

Zeige deine Kompetenzen!

StraßenkinderKinderarbeitWeltkindergipfelEntwicklungHungerRechteKinderhilfsorganisationKinderhandelBildungDritteWeltPeruSchutzKinderarmutHartz IVVerkaufKonventionabsoluterMitbestimmungTeppichenÜberlebenobdachloseUnicef

Sachkompetenz

Die fehlenden 22 Wörter sind in der Wortschlange versteckt. Finde sie und trage sie auf deinem Arbeitsblatt ein oder schreibe sie untereinander in dein Heft. Die Buchstaben in den gelb unterlegten Kästchen ergeben von oben nach unten gelesen das Lösungswort. Erläutere, was hinter diesem Begriff steckt.

1. Auf der Welt gibt es etwa 80 Millionen ☐☐☐☐☐☐☐☐☐☐☐☐. Viele von ihnen leben in den Großstädten Südamerikas.
2. Jedes Kind hat ein Recht darauf, die Schule besuchen zu können, also ein Recht auf ☐☐☐☐☐☐☐.
3. In zahlreichen Entwicklungsländern, besonders in Afrika, leiden Kinder unter ☐☐☐☐☐☐. Die Unterernährung ist eines der größten Probleme dieser Länder.
4. In vielen ärmeren Ländern ist ☐☐☐☐☐☐☐☐☐☐☐☐ verbreitet. Kinder müssen dort mit ihrer Arbeit zum Lebensunterhalt der Familie beitragen.
5. Die Entwicklungsländer bezeichnet man auch als ☐☐☐☐☐☐☐☐☐☐☐.
6. ☐☐☐☐ ist ein Entwicklungsland in Südamerika, das auf eine hochentwickelte frühere Indianerkultur zurückblicken kann.
7. Jedes zweite Kind auf der Welt ist von ☐☐☐☐☐☐☐☐☐ betroffen.
8. In manchen Ländern werden Kinder als billige Arbeitskräfte verkauft. Es gibt vielfältige Bemühungen, diesen ☐☐☐☐☐☐☐☐☐☐☐ zu unterbinden, bisher allerdings ohne durchschlagenden Erfolg.
9. Die grundlegenden ☐☐☐☐☐☐ der Kinder sind in der Kinderrechtskonvention der Vereinten Nationen festgeschrieben.
10. Viele arme Familien in Deutschland leben nur von Kindergeld und von ☐☐☐☐☐☐☐.
11. Das Recht auf ☐☐☐☐☐☐☐☐☐ betrifft alles, was Kinder brauchen, um sich entfalten und entwickeln zu können.
12. Nach der Kinderrechtskonvention haben Kinder ein Recht auf ☐☐☐☐☐☐. Sie müssen weltweit vor jeder Form von Missbrauch, Vernachlässigung und Ausbeutung geschützt werden.
13. In Deutschland steigt der ☐☐☐☐☐☐☐ von fair gehandelten Produkten weiter an.
14. Auch in Russland gibt viele ☐☐☐☐☐☐☐☐☐ Kinder, die keine feste Bleibe haben und auf der Straße leben.
15. Auf dem ☐☐☐☐☐☐☐☐☐☐☐☐☐☐☐☐ in New York wurde über die Lebenssituation der Kinder und ihre Probleme diskutiert.
16. 1989 wurde von den Vereinten Nationen die ☐☐☐☐☐☐☐☐☐☐ über die Rechte des Kindes verabschiedet, die mittlerweile über 190 Staaten unterzeichnet haben. Damit haben sie versprochen, die Rechte der Kinder zu verwirklichen.
17. Es ist nicht leicht zu sagen, wann jemand arm ist. Es wird deshalb zwischen relativer und ☐☐☐☐☐☐☐☐☐ Armut unterschieden.
18. Die Kinderhilfsorganisation der Vereinten Nationen heißt ☐☐☐☐☐☐.
19. Kinder haben ein Recht auf ☐☐☐☐☐☐☐☐☐☐☐☐ und freie Meinungsäußerung in allen Dingen, die ihr Leben betreffen.
20. Das Knüpfen von ☐☐☐☐☐☐☐☐ ist eine weitverbreitete Kinderarbeit in Länder wie Indien, Pakistan oder Ägypten.
21. Unicef ist die ☐☐☐☐☐☐☐☐☐☐☐☐☐☐☐☐☐☐☐☐ der Vereinten Nationen.
22. Jedes Kind auf der Welt hat ein Recht auf ☐☐☐☐☐☐☐☐☐. Dazu gehört, dass es ausreichend Nahrung und die notwendige medizinische Versorgung erhält.

Gesellschaft

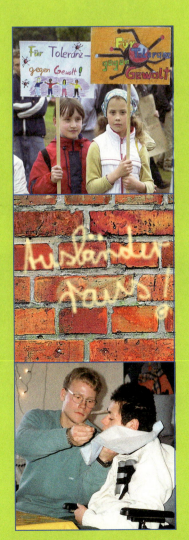

Kein Mensch lebt für sich allein. Jeder lebt mit anderen Menschen zusammen, wird von ihnen beeinflusst und beeinflusst seine Mitmenschen. Wie man sich dabei entwickelt und zurechtfindet, hängt stark von der Gesellschaft ab, in der man aufwächst und sich bewegt. Dabei spielen die Familie, die Freunde, das Umfeld, in dem man sich befindet, eine große Rolle. Leider werden überall, wo Menschen miteinander leben, Menschen ausgegrenzt, benachteiligt, herablassend oder unmenschlich behandelt. Betroffen sind oft Minderheiten oder Menschen, die am Rand der Gesellschaft stehen: Senioren, Behinderte, Ausländer, Muslime, Russlanddeutsche, Nichtsesshafte usw. In diesem Kapitel geht es um folgende Fragen:

- Wie seht ihr euch selbst und wie sehen euch andere?
- Wie wichtig sind für euch Freundschaft, Gruppen, Cliquen?
- Was sind Vorurteile? Welche Vorurteile über Jugendliche gibt es?
- Welche Menschen brauchen besonderes Verständnis?
- Welche Möglichkeiten gibt es, ausgegrenzte Menschen in die Gesellschaft einzubinden?
- Wie gestaltet sich das Leben in der Familie?
- Welche Formen der Familie gibt es?
- Wann kommt es zu Konflikten innerhalb der Familie und wie kann man solche Konflikte lösen?

Jeder ist einzigartig

Einzigartig

*Jeder Mensch ist einzigartig,
einzigartig wie sein Gesicht.
Was heißt das für dich?
Auch du bist einzigartig,
so einzigartig wie dein Gesicht.
Verschenke
diese Einzigartigkeit nicht,
bestehe auf
dieser deiner Einzigartigkeit.
Gehe deinen eigenen Weg.
Denke deine Gedanken.
Fühle deine Gefühle.
Weine deine Tränen.
Lache dein Lächeln.
Lebe dein eigenes Leben.*

W. Sprenger

Seinen eigenen Weg gehen – das ist leichter gesagt als getan!

❶ *Gib die Kernaussage des Gedichts mit deinen Worten wieder.*
❷ *Was meinst du zu der Aussage in der Sprechblase?*

Wie sehe ich mich?

Ritter beim Turnier

Das Mittelalter war die Zeit der Burgen und Ritter. Die Ritter trugen Rüstungen und ihr Gesicht wurde durch den Helm verdeckt. Damit man sie dennoch erkennen konnte, verwendeten sie Wappen. Das waren Zeichen oder Bilder, die auf ihr Schild gemalt wurden. Wenn andere das Wappen sahen, wussten sie sofort, welcher Ritter in der Rüstung steckt. Ein Wappen war also ein persönliches Erkennungszeichen.

Du kannst ein Wappen für dich gestalten. Dazu benötigst du ein Blatt vom Zeichenblock, farbige Stifte und eine Schere zum Ausschneiden.

Zuerst zeichnest du den Umriss des Wappens. Dann kannst du es in Felder unterteilen. Dein Wappen soll dein persönliches Erkennungszeichen sein. Zeichne daher in die Felder Dinge, die für dich von besonderer Bedeutung sind, z. B. dein Lieblingstier, deine Lieblingspflanze, dein Hobby, deine Lieblingsspeise, dein Lieblingswerkzeug, das was du besonders gut kannst. Du kannst auch Symbole verwenden oder ein Logo für dich entwerfen.

Was denkst du über dich?

Hier folgt eine Liste von Adjektiven, die vielleicht auf dich zutreffen. Notiere die Eigenschaften, die deiner Meinung nach auf dich zutreffen, auch solche, die nicht in der Liste stehen.

Bitte dann deinen Freund oder deine Freundin, seine bzw. ihre Meinung über dich aufzuschreiben und dabei die Eigenschaften zu berücksichtigen, die auf dich zutreffen. Vergleicht eure Einschätzungen und sprecht darüber.

sportlich / liebevoll / selbstständig / stolz / nett / mitteilungsfreudig / mitmenschlich / einfühlsam / friedlich / modebewusst / politisch interessiert / pünktlich / ordentlich / zuverlässig / verrückt / anpassungsfähig / rebellisch / rücksichtsvoll / verständnisvoll / tolerant / kritisch / glücklich / zickig / sparsam / gepflegt / sensibel / kreativ / verschwiegen / flippig / demokratisch / lustig / religiös / gut informiert / selbstbewusst / konsequent / clever / fröhlich / freundlich / gut gelaunt / großzügig / kleinlich / egoistisch / intelligent / tollpatschig / geschwätzig / nachtragend / vermittelnd / witzig / …

❶ Gestalte ein Erkennungswappen für dich.
❷ Erklärt euch gegenseitig in der Gruppe eure Wappen.

▶ Fremdbestimmung – Selbstbestimmung

Mit **Fremdbestimmung** ist gemeint, dass man das tut, was andere von einem wollen. Das kann durch Zwang oder Verbote geschehen, aber auch durch Überredung oder Beeinflussung, die man kaum merkt.

Mit **Selbstbestimmung** ist gemeint, dass der Einzelne das tut, was er will, was er für richtig hält. Selbstbestimmung ist nur möglich, wenn man die Freiheit hat, über sein Handeln selbst zu entscheiden.

Kara: Das mit der Fremd- und Selbstbestimmung ist eigentlich sehr einfach.
Nina: Wie meinst du das?
Kara: Na ja! Alles, was ich tun muss oder was mir verboten wird, ist Fremdbestimmung.
Nina: Zum Beispiel?
Kara: Zum Beispiel die Hausaufgaben. Die in Mathematik muss ich auf alle Fälle bis morgen erledigen. Hausaufgaben machen ist also Fremdbestimmung.
Nina: Und wann wirst du sie machen?
Kara: Wahrscheinlich erst nach 17 Uhr. Vorher kommt im Fernsehen eine Tiersendung, die ich anschauen möchte.
Nina: Wenn du entscheidest, wann du die Hausaufgaben machst, dann ist das doch Selbstbestimmung.

Kara: Ja schon, aber nur der Zeitpunkt. Eigentlich ist es eine Mischung: Hausaufgaben machen – das ist Fremdbestimmung. Wann ich sie mache – das ist Selbstbestimmung.
Nina: Und ob du sie gut erledigst oder nur flüchtig – was ist das?
Kara: Eigentlich Selbstbestimmung, denn das ist ja meine Entscheidung. Aber ich will eine gute Note in Mathematik, weil das für später wichtig ist. Ist das Fremdbestimmung?
Nina: Du siehst, so einfach ist das nicht mit der Fremd- oder Selbstbestimmung. Nehmen wir mal deine neue Frisur ...
Kara: Also, das habe ich selbst bestimmt!
Nina: Wirklich? Warum hast du sie geändert?
Kara: Alle haben jetzt so farbige Strähnen. Da kann ich doch nicht ohne kommen ...

(Karikatur: Erich Rauschenbach / CCC)

① *Was macht das Gespräch über Selbst- und Fremdbestimmung deutlich?*
② *Was erlebst du als Fremdbestimmung, was als Selbstbestimmung? Notiere einige Situationen aus deinem Alltag.*
③ *Die Karikatur hat mit Selbstbestimmung und Fremdbestimmung zu tun. Wie zeigt sich das?*

Freundschaft

„Ich habe viele Freunde, auf die ich mich verlassen kann. Wirkliche Freunde sind da, wenn man sie braucht, wenn es einmal Probleme gibt. Mit Freunden kann man über alles reden. Richtige Freunde gehen mit einem durch dick und dünn. Freundschaft heißt, immer füreinander da zu sein."

„Die Voraussetzung für eine Freundschaft ist eine gemeinsame Interessenlage. Freundschaft gestalten heißt für mich, ohne Verpflichtung und ohne Zwang mit anderen zusammen sein zu können. Freundschaft kann nicht bedeuten, dass man Sachen miteinander unternimmt, die man eigentlich gar nicht möchte."

Freundschaften

„Könntest du notfalls das letzte Hemd vom Leib weggeben?
Dich eher in Stücke reißen lassen, als ein Geheimnis verraten?
Lieber schwarz werden, als jemanden im Stich lassen?
Pferde stehlen oder durchs Feuer gehen?"
„Ja."
„Auch für mich?"
„Ja."
„Dann bist du mein Freund."

„Und du? Könntest du notfalls verzeihen?"
„Es kommt drauf an, was."
„Dass ich vielleicht einmal nicht das letzte Hemd hergeben, mich nicht in Stücke reißen lasse, ausnahmsweise nicht schwarz werden will, nicht in jedem Fall Pferde stehle oder durchs Feuer gehe?"
„Ja."
„Dann bist auch du mein Freund."

Hans Manz

(aus: Hans Manz: Kopfstehen macht stark. Weinheim/Basel: Beltz & Gelberg 1978)

Von einem Freund/einer Freundin erwarte ich, dass …

Freundschaft bedeutet für mich, dass …

Lieber keinen Freund, keine Freundin als …

Echte Freunde sind für mich …

Für meinen Freund oder meine Freundin würde ich …

Zusammen mit einem Freund oder einer Freundin macht es besonders Spaß …

Keine Freunde sind für mich Menschen, die …

Freundschaft kann nicht so weit gehen, dass …

Ohne eine Freundin wäre …

❶ Vergleiche die beiden oben abgedruckten Aussagen zur Freundschaft. Was fällt dabei auf?
❷ Der Text „Freundschaften" zeigt zwei unterschiedliche Auffassungen. Welche ist deiner Meinung nach die bessere?
❸ Ergänze die Satzanfänge.

Typisch Mädchen – typisch Junge?

1
Holz war immer schon meine Leidenschaft. Schon mit sechs Jahren schnitzte ich meine erste Figur. Mittlerweile kann ich gut mit der Kreissäge umgehen.

2
Ich entwerfe und nähe gerne selbst Hosen und Pullover. Einige Kleidungsstücke habe ich auch schon verkauft.

3
Am Computer bin ich der Experte. Beim Programmieren und beim Spielen macht mir keiner etwas vor.

4
Ich spiele gerne Fußball. Seit ich laufen kann, renne ich hinter dem Ball her.

5
Ich mache schon das zweite Praktikum in einem Kindergarten. Mir macht es Spaß mit den Kleinen zu basteln und zu spielen.

6
Ich koche einfach gerne. Zu Weihnachten werde ich für unsere ganze Familie ein Festmenü zubereiten.

❶ Decke die Fotos mit einem Blatt ab. Wer könnte Deiner Meinung nach die Aussagen 1–6 gemacht haben? Junge oder Mädchen? Begründe.
❷ Betrachte jetzt die Fotos. Was fällt dir auf?
❸ Wer bestimmt, was typisch für Mädchen und für Jungen ist?

▶ Gruppen

Jeder Mensch gehört in seinem Leben verschiedenen Gruppen an. Eine Gruppe unterscheidet sich von einer zufälligen Anzahl von Menschen dadurch, dass ihre Mitglieder sich miteinander verbunden und zusammengehörig fühlen. Deshalb spricht man von einem „Wir-Gefühl" bei Gruppen. In einer Gruppe sind bestimmte Verhaltensweisen und Einstellungen erwünscht, andere unerwünscht. An das einzelne Gruppenmitglied richtet sich die Erwartung, dass es sich entsprechend verhält.

Man kann verschiedene Arten von Gruppen unterscheiden, z. B. Kleingruppe und Großgruppe. Die Kleingruppe ist durch die geringe Anzahl ihrer Mitglieder überschaubar für den Einzelnen. Jeder kennt jeden gut, man vertraut einander und kann mit jedem Gruppenmitglied meist unmittelbar in Kontakt treten. Anders bei der Großgruppe. Hier ist die Anzahl der Mitglieder so groß, dass man nicht mehr alle persönlich kennt. Deshalb ist es oft auch schwierig, Kontakt miteinander aufzunehmen.

❶ Jedes Foto zeigt eine bestimmte Gruppe. Welche verschiedenen Gruppen kannst du erkennen?
❷ Beschreibe, welche Erwartungen die jeweilige Gruppe an das einzelne Gruppenmitglied wohl hat.
❸ Finde Beispiele für Kleingruppen und für Großgruppen.

Die Clique – Jugendliche unter sich

Die folgenden Antworten gaben Jugendliche im Alter zwischen 13 und 15 Jahren auf die Frage „Welche Gedanken kommen dir im Zusammenhang mit eurer Clique?"

1 In unsere Clique kommen keine Fremden mehr rein.

2 Ich bin mit Jenny befreundet – die neben mir.

3 Ohne die Clique kann ich mir mein Leben gar nicht mehr vorstellen. Das Gemeinschaftsgefühl ist toll.

4 In der Clique ist man unter seinesgleichen. Hier wird man für voll genommen. Und wenn man einmal auf dem Holzweg ist, dann weisen einen die anderen darauf hin.

5 Bei uns ist immer was los! Da kommt keine Langeweile auf.

6 Ich habe manchmal richtig Angst, dass die Clique zerfällt, wenn wir aus der Schule entlassen werden.

7 Ich mag alle in der Clique. Da ist keiner dabei, mit dem ich nicht gern zusammen bin.

8 Mit den anderen in der Clique kann ich jederzeit über meine Probleme und Sorgen reden. Die verstehen mich.

9 Was zu regeln ist, das machen wir unter uns aus.

10 Wir haben die gleichen Interessen und meistens auch die gleichen Ansichten.

11 Im letzten Sommer waren wir mit der gesamten Clique zum Kanufahren auf der Müritz. Das war Klasse!

12 Wir treffen uns stets am Samstag und oft auch noch ein- oder zweimal in der Woche – immer die gleichen Leute. Das ist einfach super, weil wir uns alle gut kennen.

13 Die Clique ist für mich so etwas wie meine Familie. Ich habe ja nur meine Mutter, und die ist voll berufstätig.

14 Die Clique fängt mich auf, wenn ich einen Durchhänger habe. Ohne die Hilfe und den Zuspruch meiner Freunde käme ich in der Schule gar nicht mehr zurecht.

15 In der Clique kann nur mitmachen, wer sich den Regeln anpasst. Dazu gehört auch, dass man nicht so wie von vorgestern rumläuft. Das passt einfach nicht zu uns.

❶ Für viele Jugendliche ist die Clique eine besonders wichtige Gruppe. Welche Aussagen geben dazu Hinweise?

❷ Auch diese Clique hat Erwartungen an ihre Mitglieder. Welche könnten das sein?

Ein Vorurteil – was ist das?

1 Jungen können sowieso besser als Mädchen rechnen. Das war immer so.

2 Neulich habe ich meine Oma besucht. Die hatte sich einen neuen Computer gekauft und im Internet gesurft. Dabei habe ich gedacht, sie hätte überhaupt keine Ahnung von der neuen Technik.

3 Die Russlanddeutschen kapseln sich immer so ab. Die wollen eh' nichts mit uns zu tun haben. Außerdem können sie ja auch gar kein Deutsch.

4 Alle Deutschen sind fleißig, ordentlich, pünktlich und sauber.

5 Gestern lief ein Kampfhund durch unsere Straße. Und keiner weit und breit, der darauf aufgepasst hätte. Da bin ich schnell über den nächsten Zaun gesprungen und habe gewartet, bis der Hund außer Sichtweite war.

6 Ich setze mich im Bus nicht neben einen Türken, weil die immer nach Knoblauch stinken.

7 Niemand redet mit Hannelore. Das ist auch kein Wunder, so wie die aussieht: fett und kugelrund.

Typische Kennzeichen des Vorurteils

A Meinungen werden von anderen ohne eigene Erfahrungen übernommen.

B Vorurteile sind oft schon sehr alt und langlebig. Deshalb ist es schwer, sie zu überwinden.

C Vorurteile sind oft mit Gefühlen verbunden.

D Vorurteile sind hilfreich, wenn man schnelle Entscheidungen treffen muss und keine Zeit zum überlegen hat.

E Vorurteile sind häufig einfache Antworten auf schwierige Fragen. Dennoch glauben die Träger der Vorurteile Bescheid zu wissen.

F Vorurteile sind oft verletzend. Mit Vorurteilen kann man anderen großen Schaden zufügen.

G Einzelne Beobachtungen und Eigenschaften werden verallgemeinert und übertrieben.

H Wer Vorurteile hat, ist meistens nicht bereit, sie zu überprüfen und zu berichtigen oder aufzugeben. Er behält die Vorurteile auch dann, wenn man ihm das Gegenteil beweist.

(aus: Paul Maar: Dann wird es wohl das Nashorn sein. Weinheim/Basel: Beltz Verlag 1988)

❶ Lies den Text „Typische Kennzeichen des Vorurteils" und beschreibe, was ein Vorurteil ist.
❷ Die Äußerungen in den Sprechblasen sind Vorurteile. Ordne die Sätze in den Sprechblasen den Kennzeichen zu. Manchmal gibt es mehrere Möglichkeiten. Erkläre, warum die Äußerungen Vorurteile sind.
❸ Warum sollte man Vorurteile überwinden?
❹ Betrachte den Cartoon und erkläre, warum die Außerirdischen Vorurteile haben. Wie könnten die Außerirdischen ihre Vorurteile überwinden?

Vorurteile über Kinder und Jugendliche

Schlaffis, Schlaffis, Schlaffis

Wenn ich mir die Zehn- bis Zwölfjährigen heute so ansehe, könnte ich zuviel kriegen. Ich kenne zwar kaum so genannte Kiddies, aber meine Nachbarin hat mir erzählt, dass die Kinder nur faul auf dem Spielplatz und an der Bushaltestelle herumhängen. Selbst die ganz Kleinen sollen schon wie die Schornsteine rauchen und sogar unter der Woche Bier und Alkopops trinken.

Geld wird von diesen Wohlstandskindern in rauen Mengen ausgegeben. Jedes Kaufhaus machen sie unsicher, drängeln sich an den Kassen vor und kaufen immer nur vom Feinsten und Teuersten. Sparen ist für die ein Fremdwort. Dabei tun sie überhaupt nichts für ihr Geld. Immer wollen sie nur Spaß haben. Die wissen gar nicht, was Arbeit ist. Und für die Schule lernen? – Kommt nicht infrage! Kein Wunder, dass so viele sitzenbleiben.

Statt ein gutes Buch zu lesen, hängen sie vor den Blödschirmen, spielen mit ihrer Playstation oder chatten stundenlang mit wildfremden Leuten. Echte Freunde haben die eh nicht mehr. Die Stars in den Fernsehserien kennen die besser als ihre Nachbarn.

Und wie respektlos sich die Kinder heutzutage uns Älteren gegenüber verhalten! Keiner grüßt mehr oder hilft einem beim Tragen der Einkaufstaschen. Ich glaube auch nicht, dass die Jugend von heute noch mit Besteck essen kann. Die Kinder ernähren sich doch nur von Fastfood, und das essen sie mit den bloßen Fingern.

So sind sie – und zwar alle!

Elfriede Sägezahn

❶ Suche die Vorurteile, die in Frau Sägezahns Brief enthalten sind.
❷ Schreibe einen Brief, in dem du die Vorurteile widerlegst.

Methode: Rollenspiel

Thema: Vorurteile

Ein Rollenspiel hilft, sich auf Situationen in der Wirklichkeit vorzubereiten. Man übernimmt dabei eine Rolle und spielt das Verhalten in einer vorgegebenen Situation. Der Rollenspieler muss sich also in die Lage eines anderen versetzen und versuchen, dessen Ansichten und Interessen im Spiel zu verdeutlichen. Wichtig ist, dass die Rollenspiele in der Klasse nicht nur dargestellt, sondern auch beobachtet und anschließend besprochen werden.

Vorbereitung
Zunächst wird die Ausgangslage gemeinsam besprochen, z. B. welche Ansichten, Einstellungen, Wünsche, Ängste die am Rollenspiel beteiligten Personen haben. Dann werden die Rollen verteilt, am besten auf Gruppen in der Klasse. Jede Gruppe überlegt sich für ihre Rolle Argumente und Verhaltensweisen. Die Gruppe wählt dann einen Spieler oder eine Spielerin. Manchmal gibt es auch Rollenkarten mit genauen Hinweisen, wie die jeweilige Rolle zu spielen ist. Die am Rollenspiel nicht als Spieler beteiligten Schülerinnen und Schüler erhalten Beobachtungsaufträge.

Durchführung
Die Szene wird von den Spielern möglichst ohne Unterbrechung gespielt. Die anderen beobachten das Rollenspiel und machen sich Notizen. Beobachtungsaufträge für die zuschauenden Schüler können sein:
– Was war gut am Rollenspiel, was besonders gelungen?
– Haben die Spieler ihre Rollen glaubwürdig gespielt?
– Ist das Rollenspiel so verlaufen, wie es während der Vorbereitung abgesprochen wurde?
– Was könnte das nächste Mal besser gemacht werden?

Auswertung
Bei der Auswertung geht es nicht darum zu diskutieren, wie gut die schauspielerische Leistung war, sondern wie mit dem Problem umgegangen wurde. Zunächst äußern sich die Spieler, wie es ihnen beim Spiel ergangen ist, wie sie sich dabei gefühlt haben, was ihnen Probleme bereitet hat. Dann berichten die Beobachter, was ihnen am Spiel besonders aufgefallen ist. Es kann sinnvoll sein, das Rollenspiel zu wiederholen.

Fall 1

Nach der großen Pause im Klassenraum. Niko ist völlig aufgelöst und ruft ganz aufgeregt: „Mein neues Fotohandy ist weg." Er durchwühlt seine Schultasche, findet aber nichts. „Das muss Martin gewesen sein." Martin, den Niko nicht besonders leiden kann, rührt sich nicht von seinem Platz und wird rot.

Fall 2

Sabrina möchte gerne zur Clique von Hülya, Nadine und Larissa gehören. Sabrina kann sich aber nicht die Markenklamotten wie die Mädchen in der Clique leisten. Als sie mit einem selbst gestrickten Pullover auf einer Klassenfete erscheint, sagt Nadine: „Wie läufst du denn rum? Kaufst du deine Klamotten von der Altkleidersammlung der Caritas? Oder hast du sie aus dem Müllcontainer gefischt?"

❶ *Führt zu den beiden Fällen Rollenspiele durch.*

Das Wichtige in Kürze

Selbstbestimmung
Mit Selbstbestimmung ist gemeint, dass der Einzelne das tut, was er will. Die Freiheit des Einzelnen, über sein Handeln selbst zu bestimmen, hat allerdings Grenzen: Jeder muss die Gesetze und die Rechte der anderen beachten.

Fremdbestimmung
Damit ist gemeint, dass man tut, was andere sagen und wollen. Das kann durch Zwang oder Verbote geschehen, aber auch durch Überredung oder Beeinflussung, die man oft kaum merkt.

Gruppe
Aus drei oder mehr Personen wird dann eine Gruppe, wenn die Mitglieder ein gemeinsames Ziel verfolgen und daraus ein Zusammengehörigkeitsgefühl („Wir-Gefühl") entsteht. In eine Gruppe kann man fest eingebunden sein, weil man in sie hineingeboren wurde (Familie) oder dazu verpflichtet ist (z. B. Schulklasse). Eine Gruppe kann sich aber auch aufgrund gemeinsamer Neigungen bilden. Hier gehört man der Gruppe freiwillig an (z. B. Verein, Clique).

Clique
Gleichaltrige schließen sich in „Cliquen" zusammen. Eine solche Gruppe wird meist zusammengehalten durch gleiche Vorlieben, gleiche Abneigungen und gleiches Verhalten. Für Jugendliche ist die Clique wichtig, weil sie eine gewisse Geborgenheit vermittelt. Außerdem bietet sie die Möglichkeit, die Freizeit mit Gleichaltrigen zu verbringen und sich außerhalb der Familie zu beweisen.

Freundschaft
Menschen schließen Freundschaften, haben also ein engeres, von Vertrauen geprägtes Verhältnis zu einer anderen Person. Gerade in der Jugend sind Freundschaften wichtig. Mit Freunden kann man offen persönliche Dinge besprechen.

Vorurteile
Vorurteile sind verallgemeinernde Meinungen und Vorstellungen über andere Menschen, Gruppen, Gemeinschaften, Völker usw., die nur selten der Wirklichkeit entsprechen. Wenn man beispielsweise behauptet, dass alle Jungen besser rechnen können als Mädchen, so ist das ein Vorurteil. Denn es gibt natürlich Mädchen, die genauso gut oder sogar besser rechnen als viele Jungen. Trotzdem kann es vorkommen, dass ein Junge besser als ein Mädchen rechnet. Vorurteile sind bequem, vorgefasste Meinungen ersparen eigenes Nachdenken.

„Es ist leichter, einen Atomkern zu spalten als ein Vorurteil."
Albert Einstein

Menschen mit besonderen Problemen

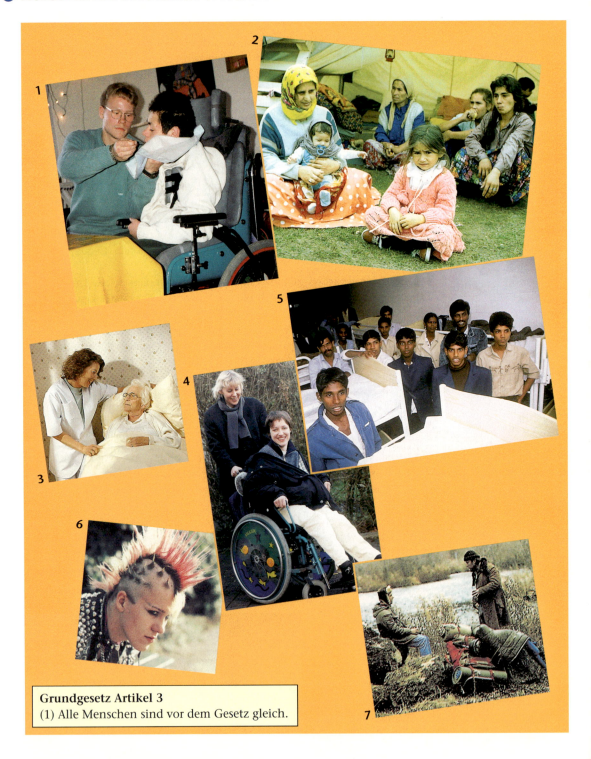

Grundgesetz Artikel 3
(1) Alle Menschen sind vor dem Gesetz gleich.

❶ *Jedes Foto weist auf eine Gruppe von Menschen hin, die besondere Probleme haben könnte. Welche Gruppe ist jeweils gemeint? Um welche Probleme könnte es sich handeln?*

Nichtsesshafte

Beispiel: Walter E.

Walter E. kehrte nach Deutschland zurück. Er arbeitete als Gelegenheitsarbeiter, ohne festes Arbeitsverhältnis. Die Arbeiten waren oft unangenehm und schwer, doch so hatte er wenigstens etwas Geld. Da für Gelegenheitsarbeiten keine Sozialversicherungsbeiträge abgeführt werden, bekam Walter E. auch keine Arbeitslosenunterstützung, als er keine Arbeit mehr fand.

Mit 17 Jahren setzte sich Walter E. nach Frankreich ab und trat in die Fremdenlegion ein. Mit 21 Jahren wurde er wegen Straftaten entlassen.

Da Walter E. die Miete nicht mehr bezahlen konnte, wurde ihm seine kleine Wohnung gekündigt. Nun hatte er keinen festen Wohnsitz mehr.

Walter machte in der Schule viele Schwierigkeiten. Mit 12 Jahren wurde er das erste Mal von der Polizei aufgegriffen. Die Mutter bat schließlich darum, dass die Kinder in ein Heim aufgenommen werden. Dort hatte Walter große Schwierigkeiten, sich einzuleben. Er riss öfters aus und wurde von der Polizei zurückgebracht. Einen Schulabschluss machte er nicht.

Walter E. lebte nun auf der Straße, schlief im Freien und in Übernachtungsheimen. Mittellos wusste er am Morgen meistens noch nicht, wie er den Tag überleben sollte. Für die Gesellschaft war er nun ein Penner, ein Nichtsesshafter, ein Außenseiter.

Walter E. war fünf Jahre alt, als der Vater die Familie verließ. Die Mutter musste ganztags arbeiten und konnte sich um Walter und seine vier Geschwister nur wenig kümmern.

Walter E. hat seine Arbeit und seine Wohnung verloren. Er trifft nur noch Menschen, die in einer ähnlichen Lage sind. Seine sozialen Kontakte hat er verloren. Er lebt am Rande unserer Gesellschaft. Das trostlose Leben zwischen Straße, Obdachlosenasyl und Heim lässt ihn immer häufiger zur Flasche greifen.

Auf der Suche nach einem festen Arbeitsplatz wurde Walter E. immer wieder abgelehnt, weil er keine feste Wohnung hatte. Auf der Suche nach einer Wohnung wurde er immer wieder abgelehnt, weil er keine feste Arbeit hatte.

❶ *Manche sprechen von einem „Teufelskreis", in dem diese Menschen sich befinden. Was meinen sie damit wohl?*

Service für Senioren

Anna besucht regelmäßig Frau Wetzel

Christopher liest Herrn Horn aus der Zeitung vor

> Wir sind mit unserer Klasse in der Adventszeit ins Altenheim gegangen, um dort den Senioren Weihnachtslieder vorzusingen. Die Senioren haben sich sehr über unseren Besuch gefreut und konnten alle Lieder mitsingen. Ich habe mich gewundert, wie gut sie die Texte der Lieder auswendig konnten.

Tobias, 10 Jahre

> Das Altenheim hat neulich mehrere Computer angeschafft, aber nur wenige Bewohner konnten mit dem PC umgehen. Da haben ältere Schüler von unserer Schule einen Internetkurs für die Senioren angeboten und ihnen beigebracht, wie man eine E-Mail-Adresse einrichtet und im Internet surft und sucht. Einige haben sich dann mit einer E-Mail bedankt.

> Einige alte Menschen können nicht mehr aufstehen und müssen den ganzen Tag im Bett liegen. Denen wollten wir helfen. Die Pflege können wir natürlich nicht übernehmen, aber wir haben ihnen vorgelesen. Darüber haben sich die alten Menschen sehr gefreut, zumal viele von ihnen auch nicht mehr so gut sehen können.

Nicola, 10 Jahre

Yvonne, 11 Jahre

> Wir hatten als Unterrichtsthema „Die Schule früher". Um zu erfahren, wie früher unterrichtet wurde, haben wir die Senioren in unserem Altenheim befragt. Die konnten sich noch an viele ihrer Lehrer erinnern und haben von lustigen Streichen erzählt. Selbst ganze Gedichte konnten manche noch aufsagen.

Fabian, 11 Jahre

Das Max-Born Gymnasium […] bietet seinen Schülern eine Menge Möglichkeiten, ihre Ideen zu verwirklichen. Dabei sind für die Schüler schon verschiedene Preise herausgesprungen, zum Beispiel einer von „Jugend forscht" und einer von „Jugend hilft", außerdem ein hauseigenes Biotop, in dem sich gefährdete Tiere ungestört entwickeln können. Was das Gymnasium aber besonders auszeichnet, ist sein „Service für Senioren", den etwa 50 Schüler selbstständig auf die Beine gestellt haben.

Die Kinder hatten erkannt, dass alte Menschen oft mit Dingen Schwierigkeiten haben, die für junge Menschen kein Problem sind: Treppen steigen, den Haushalt erledigen, Müll wegbringen, lesen usw. Besonders wenn sie krank oder behindert sind, sind Senioren auf Hilfe von außen dringend angewiesen. So entstand die Idee, den alten Menschen kostenlos zur Hand zu gehen.

Auf der Service-Liste steht beispielsweise: Einkäufe erledigen, bei der Gartenarbeit helfen, aus einem Buch oder der Zeitung vorlesen, zusammen spazieren gehen, die Katze versorgen, im Haushalt mitarbeiten, die Blumen gießen, gemeinsam spielen, mit dem Hund rausgehen, das Altglas entsorgen. Auch für andere kleinere Arbeiten stehen die Service-Mitarbeiter bereit. Da bei der Arbeit im Haushalt schon mal etwas zu Bruch gehen kann, war es zunächst notwendig, eine Versicherung für die helfenden Schüler abzuschließen. Versicherungen sind bekanntlich teuer, deshalb wurden einige Stellen angeschrieben, ob sie für die Versicherungsprämien aufkommen würden. Von der Stadtverwaltung kam die Zusage, alle anfallenden Kosten zu übernehmen.

Elfriede Jantsch, eine 82-jährige Dame, die allein in ihrer Zwei-Zimmer-Wohnung lebt, freut sich über das Engagement der Kinder: „Das zeigt, dass die Jugend von heute doch nicht so schlecht ist, wie viele sagen", meint sie. Zusammen mit ihrem Dackel Ronny freut sie sich auf den regelmäßigen Besuch „ihres" Service-Mitarbeiters. Der führt den Hund spazieren und geht für die alte Frau einkaufen. Noch wichtiger ist ihr jedoch, dass jemand da ist, mit dem sie sich unterhalten kann.

Das Beispiel zeigt, wie wichtig Projekte wie der „Service für Senioren" sind. Wenn alle Kinder ihre tägliche Fernsehzeit verwenden würden, um alten Menschen zu helfen, gäbe es unter den Senioren keine Einsamkeit mehr. Aber nicht nur das: Kinder können auch eine ganze Menge lernen, denn alte Menschen waren bekanntlich auch mal jung und haben viel zu erzählen …

(aus: Wolfgang Hölker (Hg.): Warte nicht auf andere, mach es selbst! Schieb die Welt an, damit sie sich weiter dreht. Münster: Coppenrath 2004, S. 42 f.)

❶ *Liste auf, vor welchen Schwierigkeiten Senioren stehen können. Beziehe dabei den Text ein.*
❷ *Beschreibe die hier vorgestellten gemeinsamen Aktivitäten von Schülern und Senioren.*
❸ *Überlegt gemeinsam, ob euch weitere Möglichkeiten einfallen, wie man Senioren helfen könnte.*
❹ *Eine Klasse will einen Besuch in einem Altenheim durchführen. Wie sollte sie ihn vorbereiten?*

Behinderte

Was ist Behinderung?

Jeder Mensch ist einzigartig, jeder Mensch verschieden. Deshalb ist es normal, verschieden zu sein. Wo beginnt eine Behinderung? Und wer ist behindert? Die Grenzen zwischen behindert und nicht behindert sind fließend, die unterschiedlichen Arten von Behinderungen sind ebenso vielfältig wie ihre Ursachen.

Gibt es generelle Kriterien für Behinderung? Behinderung bedeutet fast immer auch – durch äußere Bedingungen – eine Begrenzung der eigenen Lebensentfaltung, eine Einschränkung und oftmals Verzicht in vielen Lebensbereichen. Ein weiterer Faktor ist die erhöhte Abhängigkeit von anderen Menschen im Bereich der persönlichen Versorgung. Hinzu kommt die Konfrontation mit negativen Reaktionen der Umwelt, Diskriminierung und Fremdbestimmung. Behinderung bedeutet aber auch das Mitbetroffensein von Familienangehörigen und Betreuerinnen und Betreuern.

Arten der Behinderung

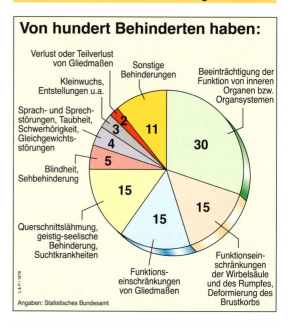

Von hundert Behinderten haben:
- Verlust oder Teilverlust von Gliedmaßen: 2
- Kleinwuchs, Entstellungen u.a.: 3
- Sprach- und Sprechstörungen, Taubheit, Schwerhörigkeit, Gleichgewichtsstörungen: 4
- Blindheit, Sehbehinderung: 5
- Querschnittslähmung, geistig-seelische Behinderung, Suchtkrankheiten: 15
- Funktionseinschränkungen von Gliedmaßen: 15
- Funktionseinschränkungen der Wirbelsäule und des Rumpfes, Deformierung des Brustkorbs: 15
- Beeinträchtigung der Funktion von inneren Organen bzw. Organsystemen: 30
- Sonstige Behinderungen: 11

Angaben: Statistisches Bundesamt

Nicht behinderte und behinderte Schülerinnen und Schüler bei einem integrativen Schulsportfest, das den Zweck verfolgte, Berührungsängste abzubauen

Wer braucht besonderes Verständnis?

	Das sind einige Gründe, warum viele Menschen den Kontakt mit Behinderten meiden:	Und das meinen Behinderte selber zu diesen Ansichten:	
1.	Ich glaube, Behinderte sind krank. Ich könnte mich noch anstecken.	Hast du eine Ahnung! Ich wäre am liebsten daheim und hätte viele Kontakte zu Nichtbehinderten.	A
2.	Ich habe Angst, im Umgang mit Behinderten etwas falsch zu machen.	Geld ist wichtig. Aber vieles ist wichtiger und nicht mit Geld zu kaufen, z. B. Kameradschaft.	B
3.	Ich kann den Anblick von Behinderten nicht ertragen. Mich stößt das einfach ab.	Wenn du dich so komisch benimmst, dann frage ich mich, ob du mich überhaupt als Menschen siehst.	C
4.	Es genügt, wenn wir den Hilfsorganisationen Geld für diese Leute spenden.	Nur nicht so ängstlich! Probier einfach, mit mir zu reden. Ich beiße nämlich nicht!	D
5.	Sicher sind die Behinderten lieber in Spezialheimen unter ihresgleichen.	Falschmeldung! Seit wann sind angeborene Behinderungen, Pannen bei der Geburt oder Folgen von Krankheit und Unfall ansteckend?	E

(aus: Karl Hurschler, Albert Odermatt: Schritte ins Leben. Zug: Klett und Balmer und Co Verlag, 6. Aufl. 1997, S. 27)

„Eigentlich ist es gut, wenn man nicht so ist wie alle …"

Laura und Susanna sind 13 Jahre alt und gehen zur Gesamtschule […]. In eine integrative Klasse. Laura ist von Geburt an körperbehindert und auf den Rollstuhl angewiesen.

Die beiden sind dicke Freundinnen. Das war aber nicht immer so. „Als Laura in unsere Klasse kam, war das komisch. Eine Behinderte in unserer Klasse. Ich hab gedacht: Na toll, jetzt sollen wir also ständig auf die Rücksicht nehmen", erzählt Susanna. Nun, nach eineinhalb Jahren, sind die beiden unzertrennlich. Laura ist wütend, wenn ihre Behinderung im Mittelpunkt steht. „Oft bemerke ich, wie ich angestarrt werde und ich habe die Nase voll davon. Für mich ist es normal, nicht in die Stadt zu gehen, sondern zu rollen. Ich interessiere mich für all das, was meine Freunde auch interessiert. Das, was nervt, das sind die anderen. Manchmal ist es ihr Mitleid. Ich leide ja nicht. Ich kann halt nicht alles machen, aber fast alles. Manchmal sind es auch blöde Sprüche."

„Dabei sind eigentlich alle Menschen in manchen Situationen behindert oder werden behindert", sagt Susanna. „Als ich neulich im Konzert war, hab ich nichts sehen können, weil vor mir nur Große standen." Laura denkt laut nach: „Ich bin schon froh, dass ich hier an der Schule nichts Besonderes mehr bin. Für meine Klasse bin ich Laura und fertig. Manche mögen mich, andere nicht. Ganz normal."
„Eigentlich ist es auch gut, wenn man nicht so ist wie alle. Ich möchte manchmal auch etwas auffallen", widerspricht Susanna. „Du findest es doch auch gut, wenn dich die anderen bemerken, weil du gut aussiehst oder etwas gut kannst." „Das stimmt", gibt Laura zu. „So aufzufallen ist o.k., aber ich falle immer auf. Und das nervt oft."

((Ich, du und die anderen. in-script Die Unit für Bildung und Information der Kohtes Klewes GmbH Bonn 2001, S. 2
http://www.imperfekt.de/ausstellung.html?page=leh_index))

Behinderter Mitschüler in einer Realschulklasse

❶ Informiere dich über die Arten der Behinderung. Wie wirken sich die Behinderungen im Alltag aus?

❷ Welche Antworten der Behinderten passen zu den Aussagen der Nicht-Behinderten? Ordne zu.

❸ Mit welchen Problemen muss Laura wegen ihrer Behinderung fertig werden?

❹ „Dabei sind eigentlich alle Menschen in manchen Situationen behindert oder werden behindert", meint Susanna. Wie verstehst du diese Aussage?

❺ Macht einen Rundgang durch eure Schule. Müsste etwas geändert werden, damit eine Schülerin oder ein Schüler im Rollstuhl eure Schule besuchen kann?

In Nachbarschaft mit Moslems

Wie funktioniert Zusammenleben zwischen Moslems und Christen? Wo sind Berührungspunkte oder lebt doch jeder nur für sich? In Werdohl im Sauerland gibt es den höchsten Ausländeranteil in ganz Nordrhein-Westfalen. Die größte Gruppe stellen Türken. Rund 4 000 Moslems leben in der Stadt. Torsten Dreyer hat sich umgeschaut und mit Christen und Moslems gesprochen.

Gut 21 000 Einwohner hat Werdohl. […] Die Stadt wurde geprägt von der Stahlindustrie. Durch sie kamen auch ausländische Arbeiter mit ihren Familien. […] Die ersten türkischen Arbeiter wurden gemeinsam untergebracht. Auf ihre Religion und ihre Gebete wollten sie natürlich nicht verzichten – weiß Ercan Kaya: „Mein Vater hat mir das immer so erzählt, dass als er hier war, die haben eben mit anderen türkischen Gastarbeitern – das waren eben nur Männer –, die haben eben in Heimen gelebt. Und die haben das immer untereinander organisiert, z.B. die Freitagsgebete. Und später hat man gesehen, dass man eigentlich auch richtige Einrichtungen braucht."

Anfang der 1970er-Jahre entstanden so die ersten Moscheevereine und die Pläne zu Moscheen mit fest angestellten Vorbetern. Heute gibt es in Werdohl drei Moscheen und zehn christliche Kirchen. Der 26-jährige Ercan studiert in Siegen und lebt als gläubiger Moslem bei seinen Eltern: „Ich muss sagen, ich kann eigentlich als Moslem sehr gut hier in Werdohl leben – auch meine Religion frei ausüben, denn das meiste geschieht sowieso privat."

Eine Auffassung, die viele türkische Mitbürger teilen. Religion sei Privatangelegenheit und werde nur in den eigenen vier Wänden und in den Moscheen gelebt. „Es ist so, als Moslem muss man ja fünfmal am Tag beten und das mache ich meistens zu Hause – also in meinem Zimmer – oder eben in der Moschee mit anderen Muslimen zusammen. Und deshalb nimmt die Öffentlichkeit auch davon sehr wenig mit."

[…] Dass es aber auch immer wieder Probleme, zum Beispiel in der Schule gibt, hat Ercan Kaya schon häufiger erlebt […] Da hilft nach Kayas Ansicht nur Aufklärung. Kirchen und Moscheen laden regelmäßig zu Veranstaltungen oder Tagen der offenen Tür ein. Pastor Rüdiger Schmale: „Wenn offene Deutsche da sind und offene Türken da sind, dann kann es ein Miteinander sein, ein Verstehen, ein Grüßen, ja auch Kontakte auf der Straße – manchmal sogar gemeinsame Straßenfeste – das kann es also ohne weiteres geben. Es gibt genauso das Abschotten, dass die Türken neben und faktisch gegen Deutsche leben und Deutsche neben und gegen Türken. Und wir haben auch ein ungeregeltes Nebeneinander, wo man eben gleichgültig aneinander vorbei lebt."

Vor allem der fehlende Ruf des Muezzin und die fehlenden Minarette unterscheiden für die Muslime aber Werdohl und die Türkei. Viele wünschen sich diese Abrundung ihres religiösen Lebens. […]

Moslemische Mitbürger in Werdohl. Oben: Betraum

(http://www.wdr.de/studio/siegen/radio/themanrw/nachbarschaft_moslems/index.jhtml)

❶ Wo gibt es mögliche Berührungspunkte und wo mögliche Auseinandersetzungen zwischen der deutschen Bevölkerungsmehrheit und der großen Gruppe von türkischen Mitbewohnern in Werdohl?
❷ Wie gelingt das Zusammenleben zwischen Moslems und Christen in Werdohl?

Problem Integration

Aus einem Gespräch zwischen Aylin und Emel, Schülerinnen der 6. Klasse einer Realschule

Aylin: Unser Imam meint, dass Frauen ihr Haar nicht offen tragen sollen, meine Mutter findet das auch richtig. Sie sagt, dass wir uns dadurch offen zu unserem Glauben bekennen. Wir sind stolz, Türken zu sein, auch wenn wir in Deutschland leben. Ich will kein „Almanci" sein. Das heißt „Deutschländer", so werden die Türken genannt, die wie die Deutschen sein wollen.

Emel: Aylin, du weißt aber, dass das Kopftuch in Deutschland auch schwierig sein kann. Du hast mir erzählt, dass deine ältere Schwester keine Lehrstelle bei der Bank bekommen hat, weil sie ihr Kopftuch nicht abnehmen wollte. Ich will später aber mal das lernen können, was ich mag.

Aylin: Ja, meine Schwester ist sehr traurig, sie hat jetzt aber eine Stelle als Artzthelferin bei einem türkischen Arzt bekommen, da darf sie das Kopftuch aufbehalten.

Emel: Das weiß ich, der Arzt behandelt aber nur Türken und alle sprechen dort türkisch. Ich möchte in Deutschland deutsch reden können und nicht nur mit Türken zusammen sein. In dem Stadtviertel, in dem der Arzt seine Praxis hat, leben fast nur Türken. Wenn ich dort nach dem Weg frage, muss ich türkisch reden, weil meine Frage auf Deutsch gar nicht verstanden wird.

Aus einem Interview mit dem deutschen Politiker Mehmet Daimagüler

Sie werfen ihren Landsleuten vor, dass sie zu wenig für ihre Integration tun.
In Deutschland gibt es in einigen Städten Viertel, in denen lässt es sich heute leben, ohne Deutsch zu sprechen. Es gibt türkische Geschäfte und Ärzte, türkisches Radio und Fernsehen. Wenn meine Cousine aus Istanbul zu Besuch kommt, ist sie geschockt. In den türkischen Großstädten kennt sie keine verschleierten jungen Frauen auf den Straßen wie hier in Berlin.

Was sind die Gründe dafür?
Viele türkische Männer, die vor 40 Jahren nach Deutschland gekommen sind, leben hier noch wie in der Türkei vor 40 Jahren. Es hat sich dort aber viel geändert.

Muss die Regierung nicht auch etwas ändern?
Es müssen Sprachkurse angeboten und Sprachtests durchgeführt werden. Nur wer gut Deutsch spricht, hat auch Chancen. Wichtig sind auch Integrationskurse, in denen zum Beispiel erklärt wird, dass in Deutschland Männer und Frauen die gleichen Rechte haben.

(Originalinterview, sprachlich vereinfacht)

Deutsch-Pflicht auf dem Schulhof: Mutiger Schritt zur Integration oder Diskriminierung?
Berliner Schüler loben Hausordnung – Bildungssenator erklärt Fremdsprachenverbot zum Vorbild

Deutsch als Pflichtsprache auch im Schulhof, bei Wandertagen oder Klassenfahrten – eine Berliner Realschule führte diese Regel ein, weil die meisten ihrer Schüler nicht deutschstämmig sind. Sie sollen besser integriert werden.

„Es wird bei uns nicht nur Türkisch und Arabisch gesprochen, sondern es sind noch mindestens zehn weitere Sprachen vertreten", sagt Schulleiterin Jutta Steinkamp. Lange hat die Rektorin mit ihren Lehrerkollegen überlegt, wie die überwiegend schlechten Deutschkenntnisse der Schüler verbessert werden könnten, die in ihren Familien nur die jeweilige Muttersprache sprechen. Herausgekommen ist dabei vor gut einem Jahr die Erhöhung der Wochenstunden im Fach Deutsch als Fremdsprache von vier auf sechs Stunden und die generelle Verpflichtung, dass in der Schule bei sämtlichen schulischen Veranstaltungen und auf Klassenfahrten nur noch Deutsch gesprochen werden darf. „Es war der allgemeine Wunsch, dass sich alle sprachlich verstehen, deshalb haben wir dies auch in die Hausordnung aufgenommen", berichtet Steinkamp.

Während Zuwanderungsexperten den Finger heben und die Anweisung kritisieren („Damit wird den Kindern vermittelt, deine Sprache ist nicht erwünscht"), erklärt der Schulsenator die Regelung postwendend zum Vorbild. „Es gibt eine bestimmte Art falsch verstandener Toleranz, die desintegrierend wirkt", sagt Böger. Er ermuntert gar alle Berliner Schulen, ähnliche Regelungen zu treffen. […]

Die Rektorin hält die Sprachregelung an ihrer Schule für eine Selbstverständlichkeit. „Wer einmal einen Sprachkurs besucht hat" sagt sie, „weiß, dass eine Fremdsprache ständig geübt werden muss – eben auch außerhalb des Unterrichts." Außerdem sei diese Verpflichtung ganz im Sinn der Schüler: Die wüssten am besten, dass sie nur dann einen Ausbildungsplatz erhielten, wenn sie die deutsche Sprache gut beherrschten.

Das sieht der Schulsprecher genauso, der der Regelung nach gut einem Jahr ein gutes Zeugnis ausstellt. Die allgemeinen Deutschkenntnisse seien an der Hoover-Schule durch die Maßnahmen „auf jeden Fall besser geworden". Von Seiten der Schüler wird ausdrücklich darauf hingewiesen, dass die Hausordnung von der Schulkonferenz, in der neben Lehrern auch Eltern und Schüler vertreten sind, mitbeschlossen wurde.

(Peter Gärtner, Berlin, in: Marbacher Zeitung, 24. 1. 2006, S. 3)

❶ *Welche Befürchtungen hat Aylin, welche hat Emel?*
❷ *Auf welche Probleme weisen die Äußerungen von Mehmet Daimagüler hin?*
❸ *Deutsch-Pflicht auf dem Schulhof? Wie ist deine Meinung zu dieser Regelung?*

Russlanddeutsche

„Wir sind unser eigenes Volk"
Die Integration der Russlanddeutschen ist oft schwierig

Viele sprechen nur gebrochen Deutsch, finden kaum Arbeit und fühlen sich auch nach Jahren noch fremd – die „Russlanddeutschen". Oft haben sie nur wenig Kontakt zu ihren Nachbarn und ihre einzigen Ansprechpartner sind die Sozialarbeiter.

Konstantin, 17, und Alexander, 16, kommen aus der Kälte in den kleinen Bauwagen gestapft, einer von zwei ausrangierten Anhängern, die den Jugendlichen im Neusser Problemstadtteil Erfttal als Anlaufstelle dienen. Die drei Streetworker Johann, Meggy und Richie kümmern sich dort um russlanddeutsche oder ausländische Jugendliche, die nicht zur Schule gehen oder soziale Probleme haben. Die beiden russlanddeutschen Jungs erzählen: Konstantin kam vor 14 Jahren mit seiner Familie aus Kasachstan, Alexander vor zehn Jahren als Sechsjähriger aus Russland. Sie beide haben einen leichten, typisch russischen Akzent. Zu Hause wird kaum Deutsch gesprochen: „Im Russischen finden wir für alles ein Wort, wir können Gefühle besser ausdrücken", sagt Konstantin. Mit ihren Großfamilien leben sie in dem Stadtteil, wo 20 Prozent der 5800 Bewohner Russlanddeutsche und weitere 29 Prozent Ausländer sind. Der Anteil der Sozialhilfeempfänger ist um ein Vielfaches höher als im Rest der Stadt. Neuss-Erfttal ist das, was man klassischerweise als Problemstadtteil bezeichnet, zumal Ausländer und Russlanddeutsche hier nicht immer miteinander klar kommen.

Die Streetworker haben einiges verbessert
Die einzelnen Bevölkerungsgruppen leben in Erfttal weitgehend getrennt voneinander: Russlanddeutsche, Ausländer und die, die Johann immer die „Bürger" nennt. „Man wird von überall verjagt", sagt Konstantin. Aber zum Glück haben die Streetworker mit den Jungs einen Unterstand auf dem Kirmesplatz bauen können, wo sie sich im Sommer treffen können. „Viele Bürger haben Angst, wenn da eine Clique steht und in einer fremden Sprache spricht." Die Streetworker verstehen sich als Anwälte der Jugendlichen. Seit Sommer 2002 sind die drei hier, und seitdem hat sich einiges verbessert in Erfttal. Sie sprechen mit den Jugendlichen, helfen ihnen bei Behördengängen oder gehen in die Familien, wenn die Kinder die Schule schwänzen. Ihre Arbeit hat sich etabliert, sodass sie seit 2005 neue Räume bekommen haben, die die Jugendlichen nutzen dürfen. Auch die Finanzierung der Streetworker wurde bis 2006 verlängert.

„Ihre Seele ist noch dort"
Streetworker Johann ist selbst ausgesiedelter Russlanddeutscher. Vor 14 Jahren kam er als 30-Jähriger ins Rheinland – ganz allein, nur mit einer Tasche Gepäck. Eigentlich ist Johann Musiker und über viele Umwege wurde er schließlich Sozialarbeiter. Heute leben auch seine vier Brüder und seine Eltern in Neuss-Erfttal. Ein typischer Fall: Wo ein Aussiedler hingeht, kommen oft ganze Großfamilien nach. Das ist auch eine Erklärung dafür, dass es russlanddeutsche Zentren wie Neuss-Erfttal im ganzen Land gibt: Die Mieten sind billig oder die Menschen leben in Sozialwohnungen. Man kommt hier auch ohne Deutschkenntnisse ganz gut zurecht. Erfttal wird deshalb auch „Klein Moskau" genannt.
Und wo schlägt das Herz der Jugendlichen? Sind sie Deutsche oder Russen oder Russlanddeutsche? „Wir sind unser eigenes Volk", sagt Konstantin, „etwas dazwischen: Dort wurden wir Deutsche genannt, hier sind wir die Russen." Am schwierigsten sei es für diejenigen, die als Jugendliche nach Deutschland kommen, Kinder hätten weniger Integrationsprobleme, erklärt Johann: „Die Jugendlichen wurden nicht gefragt, ob sie herkommen wollen und viele von ihnen wollen, wenn möglich auch wieder zurück. Ihre Seele ist noch dort."

Polizei achtet besonders auf Erfttal
Dass sich etwas tut in Erfttal, seit die Streetworker hier sind, bestätigt auch die Neusser Polizei. „Erfttal ist keine heile Welt, aber auch kein Kriminalitätsschwerpunkt", sagt Polizeidirektor Reinhard Lenzen-Fehrenbacher. Dass die Kriminalität in Erfttal inzwischen sogar niedriger ist als im gesamten Neusser Durchschnitt, führt Lenzen-Fehrenbacher auch auf die Polizeiarbeit zurück. [...]

Urs Zietan

(http://www.wdr.de/themen/politik/nrw01/parallelgesellschaft/050303.jhtml?rubrikenstyle=politik 19.11.2005)

In Dormagen-Horrem, ebenfalls im Rhein-Kreis Neuss, sitzen knapp 30 Russlanddeutsche in einem kleinen, schmucklosen Raum zusammen. Hauptsächlich Frauen sind zu dem Treffen gekommen. Lydia Dumler, Neusser Vorsitzende der Landsmannschaft der Deutschen aus Russland, hat das Treffen organisiert, bei dem die Arbeitsagentur über berufliche Möglichkeiten informiert. Die Anwesenden sind alle Sozialhilfeempfänger, wohnen seit mehreren Jahren in Deutschland und wünschen sich vor allem einen Job. Deutsch sprechen sie meist nur gebrochen. Zum Beispiel Tatjana und Alexander, ein Ehepaar mittleren Alters, das vor drei Jahren aus der Nähe von Tschernobyl nach Deutschland kam. Beide sind Ärzte, aber eine Anstellung finden sie nicht. Bereuen sie nicht, dass sie ihre alte Heimat verlassen haben und nun hier arbeitslos sind? „Nein, für die Kinder war die Entscheidung richtig", sagt Tatjana. Eine Antwort, die man häufig hört von russlanddeutschen Eltern. Sie sucht jetzt eine Anstellung als Krankenschwester oder Arzthelferin. Ihr Mann, ein Anästhesist, hat Praktika gemacht und liest aktuelle medizinische Bücher, um sich fit zu halten. „Aber es gibt zu viele Ärzte in Nordrhein-Westfalen und die Krankenhäuser sparen", sagt er. Eine Arbeit würde er sogar in einem ganz anderen Teil Deutschlands annehmen und sich auf eine Wochenend-Ehe einlassen. Der Arzt ist noch gut dran: Angelernte Handwerker ohne Zeugnisse und mit noch schlechteren Deutsch-Kenntnissen, haben auch noch geringere Chancen, sich auf dem ohnehin schwierigen Arbeitsmarkt zu integrieren.

Adelheid Schliwa vom Bund der Vertriebenen NRW, eine der Organisatorinnen des Treffens, hat vor allem einen Tipp für die Anwesenden: „Lernen Sie deutsch." Tatsächlich, das scheint den Nagel auf den Kopf zu treffen. Die Sprache ist der Schlüssel zur Integration. Schliwa fordert die Deutschen aus Russland und Kasachstan auf: „Gehen Sie raus aus ihrer Wohnung. Sprechen Sie Leute an und gehen sie in Vereine. So entstehen viele enge Freundschaften." Auch empfiehlt sie, Weihnachten zu feiern: „Das ist hier die Tradition. Ich weiß, dass sie lieber Neujahr feiern." Es sei die „Pflicht" der Aussiedler, ihre neue Heimat zu gestalten und am Leben in Deutschland teilzunehmen. Sie spricht den Zuhörern Mut zu: „Wer sich bemüht hat, der bekommt meist eine Arbeit, wenn auch unter seinem eigenen Ausbildungsniveau." Skeptische Blicke erntet sie, nachdem Lydia Dumler diese Worte ins Russische übersetzt hat. Trotz aller Probleme: Die Übersiedlung bereuen nur die wenigsten der Russlanddeutschen. In den Nachfolgestaaten der Sowjetunion ist das Leben noch schwieriger. „Der Fisch will immer dorthin, wo es tiefer ist, der Mensch dorthin, wo es besser ist", erklärt Dumler. Zu den Veranstaltungen lädt sie auch immer wieder alteingesessene Deutsche ein. Doch die kommen nur in den seltensten Fällen.

Urs Zietan

(http://www.wdr.de/themen/politik/nrw01/parallelgesellschaft/index2.jhtml?rubrikenstyle=politik 19.11.2005)

Aussagen	richtig	falsch
1. Russlanddeutsche leben häufig in eigenen Stadtvierteln unter sich.	○	○
2. Die Neusser Streetworker verbessern die Lage der russlanddeutschen Jugendlichen.	○	○
3. Russlanddeutsche sind krimineller als andere Deutsche.	○	○
4. Alle Russlanddeutschen können gut deutsch sprechen.	○	○
5. Gefühle drücken Russlanddeutsche am liebsten auf Russisch aus.	○	○
6. Russlanddeutschen fällt es leicht, ihre Heimat zu verlassen.	○	○
7. Die Familien kommen nach Deutschland, damit es ihren Kindern besser geht.	○	○
8. Die Kinder und Jugendlichen können selbst entscheiden, ob sie mit ihrer Familie nach Deutschland übersiedeln wollen.	○	○
9. Viele Jugendliche haben große Schwierigkeiten, sich in Deutschland einzuleben.	○	○
10. In Neuss gelingt die Integration der Russlanddeutschen ohne Probleme.	○	○

❶ *Lies den Text und entscheide, welche Aussagen zutreffen und welche nicht. Benutze dazu das Arbeitsblatt oder notiere zu den Ziffern 1 bis 10 in deinem Heft.*
❷ *Wie wird versucht, den Russlanddeutschen bei der Integration in Deutschland zu helfen?*
❸ *Überlegt gemeinsam Möglichkeiten, wie man das Zusammenleben verbessern könnte.*

Straßenkinder in NRW

Ein Bett vielleicht Von Thomas Rünker

Die Bezeichnung „Haus" wäre für Raum 58 zu viel des Guten. Ohne Umwege steht man im „Wohnzimmer", wenn man die Tür des altmodischen Flachbaus öffnet. Ein großer Tisch, Stapelstühle, Industrie-Spinde und eine IKEA-Couch verbreiten hier den Charme von Wohngemeinschaft und Jugendherberge. Doch den Kids ist das egal. Sie wollen ein Bett – mehr nicht. Und das bekommen sie in Essens einziger Notschlafstelle für Minderjährige.

Vielleicht 30 oder 40, vielleicht 70 Straßenkinder gibt es in Essen. Kinder und Jugendliche, die manchmal erst zwölf, manchmal schon 20 Jahre alt sind und deren Lebensmittelpunkt die Straßen und Fußgängerzonen der Essener City sind. Sie haben kein festes Zuhause mehr. Oft sind sie bei den Eltern rausgeflogen, haben nach Randale, Diebstahl oder Drogen manchmal sogar in Kinderheimen Hausverbot oder wollen dorthin nicht zurück. Es sind Teenager, die durch die meisten Maschen des sozialen Netzes geschlüpft oder gefallen sind und denen der Sozialdienst katholischer Frauen (SkF) zusammen mit dem CVJM seit Juli letzten Jahres zumindest ein nächtliches Dach über dem Kopf anbietet. Sabine* kommt seit einer Woche in den Raum 58. Mit zehn Jahren kam die jetzt 15-Jährige das erste Mal ins Heim. Da ist sie irgendwann abgehauen. „Ich kam mit den festen Regeln nicht klar." [...]

Um 20 Uhr öffnet der Raum 58, und die ersten Besucher stehen pünktlich auf der Matte. Acht Betten stehen für sie an sechs Tagen pro Woche zur Verfügung. [...]. Natürlich geht um acht noch niemand ins Bett. Da wird gequatscht, geraucht, und wer kein Geld für eine Pizza hat, für den steht ein Topf Grünkohl von der „Essener Tafel" auf dem Tisch. Heute Abend ist die Atmosphäre am Gruppentisch locker, friedlich, fröhlich. Aber auch Spannungen sind nicht selten in der Notschlafstelle. Kein Wunder bei dem Sozialverhalten der Übernachtungsgäste. Die Aufsicht während der Nacht führen zwei Honorarkräfte – Studenten, die oft allein aufgrund ihres Alters einen ganz anderen Zugang zu den Jugendlichen haben als die Sozialarbeiter. Ihnen steht eine dürftige, aber wirkungsvolle Hausordnung zur Verfügung: Verboten sind Alkohol- und Drogenkonsum, Dealen, schwere Diebstähle und körperliche oder verbale Gewalt. Wer dagegen verstößt, wird verwarnt und bei gravierenden Fällen vor die Tür gesetzt. [...] Ganz bewusst verzichtet das Team vom Raum 58 auf ein zu starres Regelwerk, um überhaupt wieder Zugang zu finden zu Kindern, die gerade wegen der Regeln den Kontakt zu Institutionen, die sie erziehen möchten, abgebrochen haben.

Spätestens um neun Uhr morgens entlässt Raum 58 seine Gäste, gestärkt mit einem Frühstück. Die meisten gehen nun wieder ihrem Alltag auf der Straße nach. Wer aber möchte, findet in den Sozialarbeiterinnen hilfreiche Ansprechpartner bei allen Problemen, sei es bei Konflikten mit Polizei und Gerichten, sei es beim gemeinsamen Gang zum Arbeitsamt.

Nur bei Minderjährigen ist das Team spätestens nach der vierten Nacht verpflichtet, die Anonymität zu lüften und nachzuforschen, ob das Kind nicht vielleicht als vermisst gemeldet wurde. Ansonsten darf jeder kommen „der (r)ausgeflogen ist und sicher zwischenlanden will", wie es in der Visitenkarte der Notschlafstelle heißt. Jeder, der nur ein Bett sucht – und nicht mehr.

* Name geändert

(http://www.caritas-nrw.de/cgi-bin/showcontent.asp?ThemaID=512)

❶ Informiere dich in dem Zeitungsartikel, welche Kinder in Essens Notschlafstelle Unterschlupf finden.

❷ Welche Angebote bietet Raum 58 in Essens Notschlafstelle? Was bietet Sie nicht, was für „normale" Kinder selbstverständlich sein mag?

❸ Sabine sagt über das Kinderheim: „Ich kam mit den festen Regeln nicht klar." – Überlege, welche Regeln sie wohl meint.

Das Wichtige in Kürze

Gleichheit — Der Gleichheitsgrundsatz im Artikel 3 des Grundgesetzes gilt für die Gesetzgebung und das staatliche Handeln: Jeder soll gleich behandelt, keiner benachteiligt oder bevorzugt werden. In Wirklichkeit gibt es jedoch Ungleichheiten, die vom Gesetz allein nicht beseitigt werden können. So gibt es viele Menschen, die durch besondere Probleme belastet sind und daher Hilfe brauchen.

Integration — Viele Randgruppen und Minderheiten stehen oft außerhalb der Gesellschaft. Unter Integration versteht man den Versuch, Menschen dieser Randgruppen in die Gesellschaft einzugliedern.

Senioren — Durch die steigende Lebenserwartung gibt es immer mehr alte Menschen. Viele von ihnen fühlen sich an den Rand der Gesellschaft gedrängt, weil die jüngeren Generationen sich wenig um sie kümmern und sich nicht für ihre Lebenserfahrungen interessieren.

Behinderte — In der Bundesrepublik gibt es einige Millionen Menschen, die infolge körperlicher, geistiger oder seelischer Behinderung auf die Hilfe anderer angewiesen sind. Wichtig ist dabei die persönliche Zuwendung, die durch technische Hilfe nicht ersetzt werden kann.

Muslime — In Deutschland leben ungefähr 3,3 Millionen Muslime, von denen 700 000 einen deutschen Pass besitzen. Viele von ihnen wurden in den vergangenen Jahrzehnten als „Gastarbeiter" für schwere oder unangenehme Tätigkeiten nach Deutschland geholt. Viele muslimische Familien leben schon seit mehreren Generationen bei uns. Ein Problem des Zusammenlebens besteht unter anderem darin, dass Deutsche und Muslime manchmal getrennt voneinander leben und zu wenig aufeinander zugehen.

Russlanddeutsche — Vor ungefähr 250 Jahren wanderten Deutsche nach Russland aus, um dort zu leben. Nach russischen Angaben lebten dort 1989 ungefähr 2 Millionen Personen deutscher Herkunft. Seit einigen Jahren siedeln einige Russlanddeutsche wieder nach Deutschland über. Viele fürchten sich vor einer Verschlechterung der wirtschaftlichen Lage in Russland und hoffen auf eine bessere Zukunft in Deutschland, vor allem für ihre Kinder. Weil sich das Leben in Russland stark von dem Leben in Deutschland unterscheidet, haben viele Russlanddeutsche Probleme sich zu integrieren. Das größte Problem sind mangelnde deutsche Sprachkenntnisse.

Randgruppen — Menschen, die wie zum Beispiel Obdachlose ein ungewohntes, von den allgemeinen Normen der Gesellschaft abweichendes Verhalten zeigen, stoßen häufig auf Ablehnung und Vorurteile. So geraten sie an den „Rand" der Gesellschaft.

Schulkinder nehmen an einer Menschenkette gegen Fremdenhass teil. Stellung beziehen können schon die Jüngsten, und Toleranz zu üben, kann nicht früh genug beginnen.

Bedeutung der Familie

Was ist eine Familie?

Familie bedeutet für mich …

Julia, 11 Jahre

Bei Familie denke ich …

Robert, 18 Jahre

Für mich ist Familie …

Frau Schubert, 27 Jahre

Familie ist …

Herr Klein, 41 Jahre

Für mich ist Familie …

Frau Schneider, 50 Jahre

Für uns bedeutet Familie …

Antje Hild und Alex Dogan, beide 20 Jahre

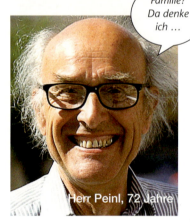

Familie? Da denke ich …

Herr Peinl, 72 Jahre

❶ Die Einstellung zur Familie hängt auch vom Alter und den Lebensumständen ab. Überlegt, was die abgebildeten Personen wohl zum Thema „Familie" sagen würden. Ergänzt die Satzanfänge in den Sprechblasen entsprechend.

❷ Vergleicht eure Sätze untereinander. Gibt es Gemeinsamkeiten? Wo gibt es erhebliche Unterschiede?

❸ In Umfragen wird immer wieder die Familie als Voraussetzung für ein glückliches Leben genannt. Suche nach Erklärungen und berichte.

Methode: Erstellen einer Mind Map

Thema: Was ist eine Familie?

„Mind Map" heißt frei übersetzt „Ideen-Landkarte". Mit einer Mind Map könnt ihr Ideen zu einem Thema übersichtlich notieren und darstellen.

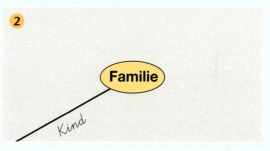

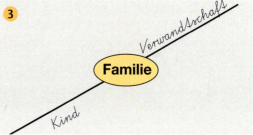

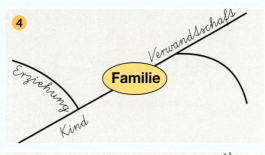

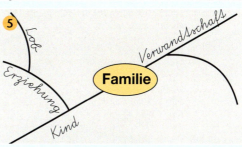

1. Auf einem großen Bogen Papier wird in der Mitte in einen Kreis oder ein Oval stichwortartig das Thema geschrieben, um das es geht. Dieser Kreis ist der zentrale Platz der „Ideen-Landkarte".

2. Ein Gedanke, der sich mit dem Thema verbindet, wird als „Hauptstraße" eingezeichnet, die vom zentralen Platz wegführt. Dazu wird ein entsprechendes Stichwort notiert.

3. Jeder neue Gedanke wird als neue „Hauptstraße" eingezeichnet und ebenfalls beschriftet.

4. Fällt euch etwas ein, was zu einer bereits eingezeichneten „Hauptstraße" gehört, so wird dieser Gedanke als abzweigende „Nebenstraße" eingezeichnet.

5. Mit einer „Nebenstraße" kann sich ein neuer Gedanke verbinden. Er wird als weitere Abzweigung in die „Ideen-Landkarte" eingezeichnet.

Eure Mind Map entwickelt sich während des Überlegens ständig weiter. Die bereits notierten Stichwörter und Gedankenverbindungen können zu immer neuen Ideen führen.

1. *Erstelle eine Mind Map zum Thema „Familie". Übernimm dazu die Vorlage auf ein größeres Blatt Papier (A4, besser A3) und arbeite sie weiter aus.*
2. *Vergleicht eure Mind Maps: Wo ähneln, wo unterscheiden sie sich?*
3. *Erstellt dann an der Tafel eine gemeinsame Mind Map der Klasse zum Thema „Familie".*

Familie – früher und heute

Großfamilie früher

Kleinfamilie heute

Familie Wagner 1840/Familie Wagner heute

1 Frau Wagner ist gelernte Bürokauffrau, arbeitet allerdings nur vormittags.

2 Wagners haben fünf Kinder – zwei Mädchen und drei Buben.

3 Der Großvater und die Großmutter leben in einer kleinen Stube des Bauernhauses.

4 Sport ist das Lieblingsfach der Tochter, aber auch Englisch gefällt ihr.

5 Wagners sehen abends gerne fern, vor allem Spielfilme und Serien.

6 Wagners haben ein Kind, die 12-jährige Yvonne.

7 Schule ist meist nur in den Wintermonaten. Die Kinder lernen dann vor allem Religionslehre, Lesen, Schreiben und Rechnen.

8 Der unverheiratete Bruder Gottlieb arbeitet und wohnt auf dem Hof.

9 Die Bäuerin Karoline Elisabeth Wagner hat von morgens bis abends viel zu tun, z. B. Vieh füttern, Hausarbeiten erledigen, Wolle spinnen.

10 Herr Wagner hat eine ältere Schwester, die in Hamburg lebt.

11 Gemeinsam planen Wagners ihren Urlaub. Dieses Jahr soll es auf Vorschlag der Mutter nach Italien gehen.

12 Der kurze gemeinsame Feierabend wird für handwerkliche Arbeiten genutzt, z. B. Besen binden, Werkzeuge reparieren, stricken.

13 Sonntags besuchen Wagners immer wieder die Großmutter, die in einem Altersheim wohnt.

14 Die Tochter weiß nicht so recht, was ihr Vater arbeitet – nur dass er bei einer Versicherung ist und es viel mit Zahlen zu tun hat.

15 Der lungenkranke Großvater Jeremias wird oft wochenlang von seiner Frau und der Bäuerin im Krankenbett gepflegt.

16 Die Buben helfen dem Vater bei der Feldarbeit und lernen so die Arbeit des Bauern.

17 In Haus und Hof gilt Herrn Wagners Wort. Er allein entscheidet alle wichtigen Angelegenheiten.

18 Herr Wagner hat sich beim Skifahren im Winterurlaub den Fuß gebrochen und muss einige Wochen im Krankenhaus bleiben.

Familie im Wandel | **199**

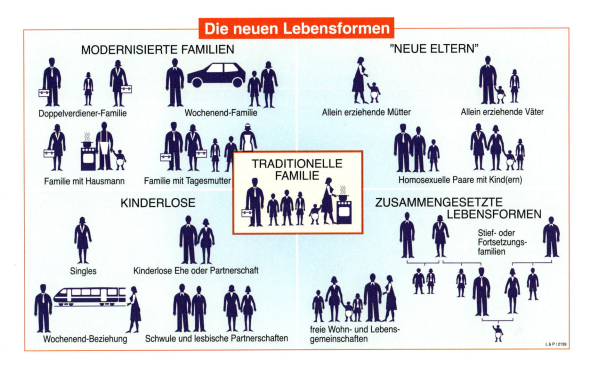

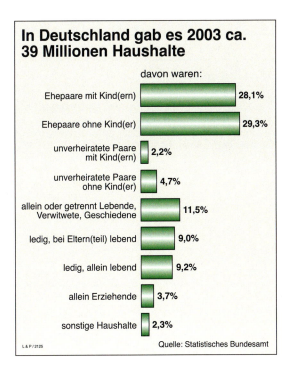

Veränderungen im Familienbild

- In unserer Gesellschaft wachsen immer weniger Kinder auf.
- Immer mehr Ehen bleiben kinderlos. Nur in etwa jedem vierten Haushalt leben heute Kinder.
- Die Zahl der Ein-Personen-Haushalte ist stark angestiegen, vor allem, weil immer mehr Menschen freiwillig als Single leben.
- Verglichen mit früher gibt es heute deutlich weniger Kinder aus großen Familien.
- Immer mehr Familien gehen auseinander. Wurde 1960 nicht einmal jede zehnte Ehe geschieden, so ist es heute mehr als jede dritte.
- Der Anteil der allein Erziehenden hat sich in den letzten dreißig Jahren mehr als verdoppelt. Neun von zehn allein Erziehenden sind Frauen.
- Die Zahl unehelicher Geburten nimmt zu. Auch der Anteil nichtehelicher Lebensgemeinschaften steigt seit Jahrzehnten stark an. Nichteheliche Lebensgemeinschaften und allein Erziehende genießen heute ein höheres gesellschaftliches Ansehen als früher.

❶ *Ordne zu: Welche neun Aussagen auf Seite 198 gehören zur Familie Wagner des Jahres 1840, welche neun Aussagen zur Familie Wagner heute?*
❷ *Welche Vorteile oder Probleme können sich aus den verschiedenen Lebensformen ergeben? Nenne einige Beispiele.*
❸ *Welche Form des Zusammenlebens würdest du als Familie bezeichnen?*

Allein erziehende Mütter und Väter

Allein Erziehende betreuen und erziehen Kinder allein. Diese Mütter oder Väter können ledig, verwitwet, dauernd getrennt lebend oder geschieden sein; sie leben nicht mit einem anderen Partner zusammen. Etwa ein Drittel der allein erziehenden Mütter arbeitet nach der Trennung mehr als vorher; andere würden gern mehr arbeiten, können dies aber nicht, weil die Kinder noch zu betreuen sind.

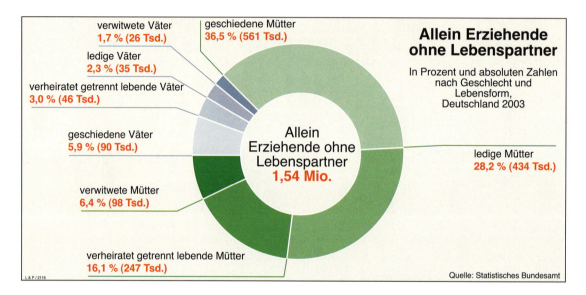

Armut macht erfinderisch

Wie eine allein erziehende Mutter spart
„Wenn ich mit allen fünf Kindern Schuhe kaufen gehe und die sind nicht heruntergesetzt, dann muss ich 200 Euro mitnehmen. Und wenn die Kinder dann noch schnell wachsen, dann passen sie vielleicht nur zwei Monate – das tut richtig weh." Anita Behr möchte ordentliche Schuhe aus echtem Leder, die nicht so schnell auseinander fallen. Ohne Sonderangebote geht da gar nichts. Aber wenn die reduzierten Schuhe einigermaßen bezahlbar sind, gefallen sie den heranwachsenden Töchtern oft nicht. „Und dann will ich sie auch nicht quälen", sagt Anita. Billig und schön – das ist ein seltener Glücksfall. Aber auch die Kinder wissen – ganz ohne Kompromisse geht es nie.

Alle in die gleiche Wanne
Anita spart, wo sie kann. Die allein Erziehende käme sonst nicht über die Runden. Sohn Ferdi bekommt die Haare von der Mutter geschnitten – ohne Spiegel. „Dann kannst du nicht protestieren zwischendurch", lacht die Mutter. Alle Kinder baden im selben Wasser – und am Ende wischt Anita mit dem Wasser aus der Wanne noch den Boden. […]

Fastfood ist zu teuer
Beim Einkaufen im Shopping-Paradies sind die vielen Versuchungen fast unwiderstehlich. Doch Anita bleibt hart, auch wenn das Fast-Food-Restaurant mit Billigpreisen lockt. Selber machen spart noch mehr. Kein Fastfood, keine Fertigpizzen – alles, was das Leben leichter macht, ist schlicht zu teuer.
Im Lebensmittelladen schaut die Hausfrau genau auf den Preis. Am liebsten geht sie sonnabends einkaufen, dann ist die frische Ware billiger, damit sie nicht über das Wochenende vergammelt. „Das Kilo Hackfleisch zwei Euro neunzig – das ist okay."

(http://www.zdf.de/ZDFde/druckansicht/1/0,1986,2254689,00.html)

❶ Untersuche das Schaubild. Erkläre, welche verschiedenen Gruppen zu den allein Erziehenden gehören.
❷ Mit welchen Problemen hat die allein erziehende Anita Behr zu kämpfen? Wie versucht sie die Probleme zu lösen?
❸ Warum steigt das Armutsrisiko besonders für allein erziehende Frauen? Warum betrifft dieses Problem auch die Gesellschaft insgesamt?

Gleichgeschlechtliche Partnerschaften

Gleich am ersten Geltungstag des neuen Gesetzes wurden in Saarbrücken drei gleichgeschlechtliche Lebenspartnerschaften beurkundet. Ein Paar beim Tausch der Ringe im Rathausfestsaal.

Erster Eintrag einer gleichgeschlechtlichen Lebenspartnerschaft in Hessen am 30. 8. 2001. Das Ja-Wort gaben sich die beiden Frauen im Trausaal des Frankfurter Römer.

Gleichgeschlechtliche Beziehungen waren in Deutschland bis vor wenigen Jahren noch gesellschaftlich geächtet und sogar unter Strafe gestellt. Von dort war es ein weiter Weg bis zur rechtlichen Anerkennung homosexueller Partnerschaften, wie sie der Gesetzgeber 2001 beschlossen hat. Seit dem 1. August 2001 können gleichgeschlechtliche Paare in Deutschland ähnlich wie Ehepaare einen Bund für das Leben schließen und zwar in Form der „eingetragenen Lebenspartnerschaft". Zuständig für die Registrierung der Lebenspartnerschaften sind je nach Bundesland die Standesämter, die Gemeinde- und Kreisverwaltungen oder die Notare. Zur Begründung der Lebenspartnerschaft müssen die beiden Partner oder Partnerinnen persönlich erklären, dass sie miteinander eine Partnerschaft auf Lebenszeit führen wollen.

A „Ich kümmere mich um den Haushalt und bin nicht erwerbstätig. Daher ist es gut, dass ich bei meinem Partner versichert bin."

B „Wenn meine Partnerin später nicht mehr arbeiten kann, werde ich für sie sorgen."

C „Wenn es mit unserer Beziehung nicht mehr klappen sollte, können wir uns auch wieder trennen."

D „Wir beide sind nun eine Familie."

E „Man muss ja an die Zukunft denken. Da beruhigt es mich, dass unser Haus nach meinem Tod meinem Partner gehören wird."

F „Meine Partnerin hat aus einer früheren Beziehung ein Kind. Ich darf für den 8-jährigen Julian in Angelegenheiten des täglichen Lebens mitentscheiden."

G „Es freut mich, dass wir nun auch den gleichen Namen haben."

H „Wir haben in einem Vertrag festgelegt, dass meine Eigentumswohnung ab jetzt auch meinem Partner gehört."

❶ Welche Aussage hat mit welcher der in der Grafik genannten Rechtsfolgen zu tun?

Aufgabenverteilung in der Familie

1 „Es ist doch klar, dass Kinder und Jugendliche ihren Eltern im Haushalt helfen müssen."

2 „Schüler sollen ihr Zimmer aufräumen, mehr brauchen sie aber nicht zu tun."

3 „Beim Geschirrspülen, beim Kochen und beim Wäschebügeln sollen nur Mädchen helfen. Die können das besser."

4 „Kinder und Jugendliche sollen zu Hause nicht mithelfen, sonst haben sie ja keine Freizeit."

5 „Autowaschen und Rasenmähen – das würde ich erledigen. Aber nur, wenn es dafür ein Extra-Taschengeld gibt."

❶ Mann oder Frau? Wer wird deiner Meinung nach die vier Tätigkeiten auf den Fotos in der Regel erledigen? Notiere deine Einschätzungen.
❷ Jeder notiert zu den fünf Meinungen in den Sprechblasen, ob er zustimmt oder nicht. Diskutiert dann über eure Einschätzungen.

Konflikte in der Familie

(Zeichnungen: Erich Rauschenbach / CCC)

„Es ist schon ein Kreuz mit unseren Eltern"

(AP/ikw). Streitende Eltern sind oft ein Alptraum für die Kinder. [...]

Grund für Elternzank gibt es reichlich. „Bei uns streiten sich unsere Eltern hauptsächlich um ihre Kinder" meint ein 16-jähriger Gymnasiast. [...] „Sie meinen, es wären die Erbanlagen bei uns, wenn wir Fehler oder Schrott machen. Aber von wem kommen die Erbanlagen? Darüber bekeilen sie sich. Es gibt dann bei uns Wortgefechte, die sind wirklich hörenswert." Auch die Eltern eines 12-jährigen Realschülers streiten wegen der Kinder: „Sie werfen sich vor, uns nicht richtig zu erziehen. Aber wenn die Eltern nicht einige Fehler machen würden, könnten wir gleich einpacken. Das wäre kein Leben mehr." [...]

Auch Geld ist bei den Großen ein Streitthema, wie eine zwölfjährige Schülerin der Orientierungsstufe feststellt: „Vater ist sparsam. Mutter gibt gern aus. Wenn mein Bruder und ich dann noch mit Taschengeldforderungen kommen, ist es ganz aus. Es ist schon ein Kreuz mit unseren Eltern."

(aus: Sächsische Zeitung, 12./13. 04. 1996, S. 7)

❶ Warum entstehen Konflikte in Familien? Die Karikaturen und der Text geben dir Hinweise.
❷ Man hat festgestellt, dass an Sonn- und Feiertagen Konflikte in Familien häufiger auftreten als sonst. Warum wohl?
❸ In der Pubertät kommt es öfters zu Konflikten zwischen Jugendlichen und Eltern. Notiere einige typische Beispiele.

Lösung von Familienkonflikten

Beispiel 1

Vater: Peter, mache dich bitte fertig. Wir gehen gleich spazieren.
Peter: Was? Muss ich da mit?
Vater: Hast du keine Lust zu einem Sonntagsspaziergang?
Peter: Überhaupt nicht! Ich finde Sonntagsspaziergänge schrecklich!
Vater: Spaziergänge gefallen dir nicht?
Peter: Na ja, ich gehe schon gern raus – aber es ist doch langweilig, wenn wir jeden Sonntag am Friedhof vorbei hinauf zum Buchenwäldchen gehen, um von dort die Aussicht ins Tal zu genießen.
Vater: Deine Mutter freut sich, wenn die Familie gemeinsam etwas unternimmt – und für einen Spaziergang bleibt meist nur der Sonntag.
Peter: Ich sehe ja ein, dass Mutter gern mit uns beiden etwas unternimmt, aber muss es denn immer ein Sonntagsspaziergang sein? Lars hat mich zufällig die letzten beiden Male dabei gesehen und jetzt zieht er mich damit in der Schule auf – ob ich denn schon mein „Verdauungsspaziergängchen" unternommen hätte und so …
Vater: Dir kommt ein Sonntagsspaziergang mit der Familie altmodisch vor?
Peter: Ja, ganz genau!
Vater: Du hast aber nichts dagegen, mit uns am Sonntagnachmittag etwas gemeinsam zu unternehmen, nur eben nicht gerade einen Spaziergang zum Buchenwäldchen?
Peter: Ja, das ist es.
Vater: Na, da wird sich sicher eine Lösung finden lassen. Hm – wir könnten ja heute Nachmittag in den Stadtpark gehen, dort ist eine Boule-Bahn. Mutter, du und ich könnten ein Boule-Turnier veranstalten.
Peter: Hört sich nicht schlecht an. Und am nächsten Sonntag fahren wir alle drei mit den Fahrrädern zum Silbersee.
Vater: Okay, hoffentlich ist mein Fahrrad nicht eingerostet.
Peter: Und wenn ihr wieder einmal hinauf zum Buchenwäldchen wollt – meinetwegen.

Familie im Wandel **205**

Beispiel 2

Vater: Peter, mache dich bitte fertig. Wir gehen gleich spazieren.
Peter: Was? Muss ich da mit?
Vater: Na hör' mal, spazieren gehen ist doch schön.
Peter: Ich habe aber keine Lust dazu!
Vater: An die frische Luft zu gehen, ist gut für die Gesundheit.
Peter: Ich bin doch gesund, warum soll ich dann noch raus?
Vater: Deine Mutter würde sich aber freuen, wenn die Familie wenigstens am Sonntag einmal gemeinsam etwas unternimmt.
Peter: Diese langweiligen Sonntagsspaziergänge: Am Friedhof vorbei hinauf zum Buchenwäldchen, um von dort hinab ins Tal zu schauen – ohne mich!
Vater: (ärgerlich) Ach, ich geb's auf – dann bleibst du eben zu Hause. Ich habe keine Lust, mich am Sonntag wegen eines Spaziergangs rumzustreiten.

Beispiel 3

Vater: Peter, mache dich bitte fertig. Wir gehen gleich spazieren.
Peter: Was? Muss ich da mit?
Vater: Na, hör' mal, was heißt denn „müssen"? Als ich in deinem Alter war, galt es als selbstverständlich, mit der Familie am Sonntagnachmittag spazieren zu gehen.
Peter: Spazieren gehen ist doch doof.
Vater: Doof? Du hast überhaupt keinen Familiensinn!
Peter: Wir gehen immer den gleichen Weg – das ist doch langweilig.
Vater: Du willst hier ja nur ewig vor deinem Computer sitzen!
Peter: Will ich gar nicht …
Vater: Keine Debatte, ich will nichts mehr hören! Du gehst beim Spaziergang mit und damit basta!
Peter: (wütend) Schon gut, dann gehe ich halt bei diesem blöden Spaziergang mit.

(aus: Thomas Gordon:
Familienkonferenz in der Praxis.
Wie Konflikte mit Kindern gelöst werden.
Rowohlt, Reinbek 1981, S. 164 f.)

Drei Methoden zur Konfliktbewältigung

Methode 1

Kommt es zu einem Konflikt zwischen Eltern und Kind, entscheiden die Eltern, wie die Lösung auszusehen hat. Sie gehen davon aus, dass das Kind ihre Lösung schon hinnehmen wird. Widersetzt sich das Kind, setzen die Eltern ihre Macht und Autorität ein, um das Kind zum Gehorsam zu zwingen.

Methode 2

Kommt es zu einem Konflikt zwischen Eltern und Kind, machen die Eltern einen Versuch, das Kind zu überreden, die Lösung der Eltern anzunehmen. Widersetzt sich das Kind, geben die Eltern nach und erlauben dem Kind, nach seinem Willen zu verfahren.

Methode 3

Kommt es zu einem Konflikt zwischen Eltern und Kind, fordern die Eltern das Kind auf, mit ihnen gemeinsam nach einer Lösung zu suchen, die für beide akzeptabel ist. Beide können Lösungen vorschlagen, die dann im Gespräch beurteilt werden. Schließlich entscheidet man, welches die beste Lösung ist. Dann überlegen sie, wie sie umgesetzt werden kann.

❶ Welches Gespräch und welche Methode zur Konfliktbewältigung gehören zusammen?
❷ Was ist das Entscheidende bei der Methode 3?

Das Wichtige in Kürze

Familie
Die Familie ist die Grundlage der menschlichen Gesellschaft. Nach allgemeinem Verständnis umfasst eine Familie verheiratete Eltern und ein oder mehrere Kinder. Zur Familie im weiteren Sinne gehören auch die Verwandten. Die Vorstellung, was unter einer Familie zu verstehen ist, hat sich in den letzten Jahren mehr und mehr gewandelt.

Familienleben
Die Mitglieder einer Familie sollen sich mit gegenseitigem Verständnis und Vertrauen begegnen. So kann die Familie dem Einzelnen Schutz und Geborgenheit bieten, gerade auch in schwierigen Lebenssituationen.
In jeder Familie treffen immer wieder unterschiedliche Wünsche, Interessen oder Meinungen aufeinander. Aus solchen Situationen entstehen Konflikte, wenn ein Beteiligter seine Absicht durchsetzen will, ohne auf die anderen Rücksicht zu nehmen. Wenn sich alle Familienmitglieder bemühen, die Meinung der anderen zu verstehen, können solche Meinungsverschiedenheiten durch Kompromisse gelöst werden.

Lebensformen im Wandel
Seit der Industrialisierung haben sich die Formen, wie Familien zusammenleben, stark verändert. Früher gab es vor allem die Großfamilie: Eltern, zahlreiche Kinder, Großeltern und unverheiratete Verwandte lebten und arbeiteten gemeinsam in einem Haushalt. Heute gibt es vor allem die Kleinfamilie (Kernfamilie). Eine Kleinfamilie besteht aus zwei Generationen: Eltern und Kindern.
In den letzten Jahrzehnten hat die Zahl der Scheidungen zugenommen: Viele Kernfamilien brechen auseinander und so genannte Fortsetzungsfamilien entstehen. Zugleich nimmt die Zahl der allein Erziehenden zu. Darüber hinaus ziehen immer mehr junge Leute zusammen, ohne zu heiraten. Als nichteheliches Kind auf die Welt zu kommen, ist heute Normalität; früher war dies ein Makel. Immer mehr Männer und Frauen entscheiden sich auch bewusst gegen eine partnerschaftliche Lebensform und leben allein.
Seit 2001 können auch gleichgeschlechtliche Paare vor einem Standesbeamten oder einem Notar erklären, dass sie miteinander eine Partnerschaft auf Lebenszeit führen wollen.

Alleinerziehende Mütter und Väter
Viele Kinder werden heute von nur einem Elternteil betreut und erzogen. Ihre Mütter und Väter können ledig, verwitwet, dauernd getrennt lebend oder geschieden sein. Diese allein Erziehenden stehen vor der Herausforderung, Familie, Beruf und Haushalt allein zu bewältigen.

Aufgabenverteilung
Wenn mehrere Personen gemeinsam in einem Haushalt leben, fallen vielfältige Aufgaben an. Bei der Bewältigung dieser Aufgaben müssen alle helfen. Jedes Familienmitglied sollte seinen Beitrag leisten, damit nach getaner Arbeit Zeit für gemeinsame Unternehmungen bleibt. Berufstätige Mütter und Väter sind durch Erwerbstätigkeit und Haushalt doppelt belastet.

Konflikte
Innerhalb von Familien treten auch Spannungen und Konflikte auf. Diese können z. B. dadurch ausgelöst werden, dass sich die Familienmitglieder nicht auf einer gemeinsame Gestaltung der Freizeit einigen können. Kompromissbereitschaft und Toleranz sind wichtige Voraussetzungen für die Lösung von Konflikten in der Familie.

Zeige deine Kompetenzen!

Sachkompetenz

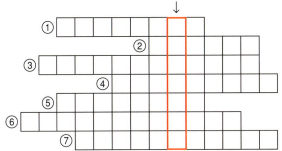

1. Von Kindern und Jugendlichen wird die … im elterlichen Haushalt erwartet.
2. In der Auffassung, was eine Familie ist, hat sich ein starker … vollzogen.
3. In der früheren … lebten Eltern, zahlreiche Kinder, Großeltern und unverheiratete Verwandte zusammen.
4. Eine … ist eine Zeichnung, in der durch Übertreibung auf ein Problem aufmerksam gemacht werden soll.
5. Die Arbeiten im … werden auch heute noch überwiegend von den Frauen erledigt.
6. Die heutige Familie aus Eltern und wenigen Kindern wird auch … genannt.
7. Früher lebten die … meistens daheim bei ihren Kindern; heute sind sie sehr oft im Altersheim untergebracht.

Löse das Rätsel. Benutze dazu das Arbeitsblatt oder notiere in deinem Heft die Lösungen von 1 bis 7. Die Buchstaben in der hervorgehobenen Spalte ergeben das Lösungswort.

Methodenkompetenz

Erstelle eine Mind Map zum Thema „Randgruppen in unserer Gesellschaft".

Zeige deine Kompetenzen!

Urteilskompetenz

Aussagen über Vorurteile	richtig	falsch
1. Meinungen von anderen werden ohne eigene Erfahrungen übernommen.		
2. Vorurteile sind immer mit Gefühlen verbunden.		
3. Vorurteile treffen immer zu.		
4. Vorurteile sind immer falsch.		
5. Vorurteile lassen sich schwer abbauen.		
6. Menschen mit Vorurteilen überprüfen ihre eigenen Urteile nicht.		
7. Einzelne Beobachtungen werden auf alle bezogen.		
8. Vorurteile können gefährlich sein, sobald man anderen damit schadet.		
9. Vorurteile sind lebenswichtig.		
10. Vorurteile haben immer nur die anderen.		
11. Nur „dumme" Menschen haben Vorurteile.		

1. Richtig oder falsch? Lies die Aussagen über Vorurteile und entscheide. Notiere in deinem Heft oder kreuze auf deinem Arbeitsblatt an.
2. „Dein Christus ein Jude …" Erläutere die Absicht, die das Plakat verfolgt.
3. Worauf weist das Plakat des DGB hin?
4. Was fällt dir zu dem Foto ein? Worauf soll das „Puzzlenetz" hinweisen?

Medien

Der eine hört Radio, der andere liest die Zeitung, ein Dritter schaut Fernsehen. Sie alle nutzen Medien. Medien sind aus unserer Gesellschaft nicht mehr wegzudenken. Tagtäglich werden wir von ihnen mit einer Vielzahl von Informationen versorgt. Man muss lernen, mit den Medien umzugehen und wissen, welchen Einfluss sie auf uns haben können. Ihr erfahrt vieles zum Thema „Medien" auf den folgenden Seiten. Dabei geht es um Fragen wie:

- Welche Medien gibt es? Was versteht man unter Printmedien?
- Wie kommen die Nachrichten in die Zeitung? Wie arbeiten Redakteure?
- Was bringt das Fernsehen? Wie kommt eine Nachrichtensendung im Fernsehen zustande?
- Wie sind unsere Fernsehgewohnheiten?
- Welchen Einfluss haben Medien auf uns als Mediennutzer?
- Wie nutzen wir neue Medien wie Handy und Internet?

Welche Medien gibt es?

▶ Arten von Medien

Woher weißt du denn das alles?

Ganz einfach: aus den Medien.

Medien? Was ist denn das genau?

Zeitung und Fernsehen zum Beispiel. Genau genommen alle Einrichtungen und Mittel, mit denen man anderen etwas mitteilen, ihnen Informationen zukommen lassen kann.

Dann gehört mein Handy auch dazu? Und der Computer, wenn man eine E-Mail verschickt?

Ja, beides gehört zu den elektronischen Medien.

Wie Fernsehen und Radio.

Stimmt! Das sind Massenmedien, weil man damit eine große Zahl von Leuten erreichen kann. Zu den Massenmedien zählen aber auch Printmedien.

Printmedien? Hat das was mit dem englischen Wort „print" zu tun?

Ja, da kommt der Begriff her.

Welche Medien würdest du nutzen, wenn du dich informieren willst über …

… das Wetter von morgen?
… den Vulkanausbruch in Japan?
… den Besuch des französischen Präsidenten in Berlin?
… den Unfall vor der Schule?
… die aktuelle Verkehrslage?
… die neuesten Nachrichten?
… den Termin, an dem ein bestimmter Film im Kino läuft?

Z	E	I	T	S	C	H	R	I	F	T	A
E	F	N	Z	C	O	M	P	U	T	E	R
I	O	T	S	I	R	O	D	X	Y	L	R
T	G	E	F	E	R	N	S	E	H	E	N
U	R	R	B	I	D	U	A	L	C	F	A
N	O	N	U	A	F	D	V	D	E	O	K
G	E	E	C	H	H	Ö	R	F	U	N	K
M	G	T	H	A	N	D	Y	A	N	I	N

1. Berichtet in erster Linie über aktuelle Ereignisse, stellt sie mehr oder weniger ausführlich dar; schreibt auch die Meinung dazu.

2. Fest angebrachtes Gerät, das Gespräche mit anderen ermöglicht.

3. Hat das Leben in den Familien am stärksten verändert; verführt zu allzu langer Nutzung an jedem Tag und verhindert dann eigene Aktivitäten.

4. Viele hören damit im Alltag Musik. Bietet auch Informationen.

5. Bietet einzelnen Themen meist größeren Raum, Texte sind durch viele Bilder illustriert; legt auf attraktive Aufmachung großen Wert.

6. Sehr altes Medium; verlangt Vorstellungskraft; eine längere und immer wieder vertiefte Auseinandersetzung damit ist möglich.

7. Wurde eigentlich dafür entwickelt, Arbeiten zu erleichtern; ist aber auch ein beliebtes Medium zur Freizeitgestaltung geworden.

8. Möglichkeit, z. B. Filme auch über den Computer abzuspielen und zu bearbeiten.

9. Einrichtung, die es ermöglicht, weltweit Informationen einzuholen und Nachrichten auszutauschen.

10. Kleines Gerät, durch das an jedem beliebigen Ort Verbindung mit anderen aufgenommen werden kann.

❶ Die Abbildungen zeigen verschiedene Medien. Welche davon hast du schon genutzt?
❷ Notiere Antworten auf die Fragen in dem Kasten „Welche Medien würdest du nutzen, wenn du dich informieren willst über …". Begründe deine Wahl jeweils.
❸ In dem Buchstabenfeld oben sind waagerecht und senkrecht zehn wichtige Medien versteckt. Finde sie und schreibe sie in dein Heft oder markiere sie auf deinem Arbeitsblatt. Notiere dann zu jedem Begriff die Nummer der Erklärung, die dazugehört.
❹ Welche Printmedien und welche elektronischen Medien kennst du? Richte eine Tabelle mit zwei Spalten ein und notiere.

▶ Printmedien

Printmedien sind gedruckte Informationsquellen. Neben den Büchern kann man die Printmedien im Wesentlichen in die Massenmedien Zeitungen und Zeitschriften unterteilen.

Die **Zeitung** ist das klassische Massenmedium. Sie erscheint regelmäßig (täglich oder wöchentlich). Ihre Leserinnen und Leser werden über aktuelle Geschehnisse aus der Region und/oder der ganzen Welt und viele Themen informiert.

Eine **Zeitschrift** bringt weniger Nachrichten, dafür mehr Hintergrundinformationen. Meist konzentriert sie sich auf einen bestimmten Themenbereich (z. B. Lifestyle, Mode) oder eine bestimmte Zielgruppe (z. B. Jugendliche).

Tageszeitungen (lokale) berichten über Politik, Wirtschaft, Kultur und Sport. Sie behandeln dabei viele regionale Themen.

Tageszeitungen (überregionale/nationale) berichten ausführlich über Politik, Wirtschaft, Kultur und Sport. Sie werden in der Regel in ganz Deutschland gelesen.

Wochenzeitungen schreiben aufgrund ihres wöchentlichen Erscheinungstermins mehr zu den Hintergründen und ordnen aktuelle Themen in größere Zusammenhänge ein.

Sonntagszeitungen erscheinen nur sonntags. Sie beschäftigen sich mit aktuellen Themen und Hintergründen.

Boulevardzeitungen sind auffällig und mit großen Überschriften gestaltet. Sie enthalten zwar Nachrichten, berichten aber bevorzugt über Skandale, Klatsch und Tragödien. Sie haben eher einen unterhaltenden als einen informativen Charakter.

Nachrichtenmagazine illustrieren lebendig geschriebene Berichte und Kommentare mit vielen Fotos. Sie bringen Hintergrundinformationen und Reportagen.

Fachzeitschriften setzen sich detailliert mit einem fest umrissenen Thema auseinander, sei es eine Sportart wie Fußball, eine Fachwissenschaft wie die Biologie oder der Computer.

Publikumszeitschriften richten sich an ein bestimmtes Publikum und sind überwiegend unterhaltend. Jugendzeitschriften z. B. sind poppig aufgemacht und bieten alles, was die Jugendlichen über ihre Stars wissen wollen. Sie gehen auf die Themen ein, die ihre jugendlichen Leserinnen und Leser interessieren.

Welche Medien gibt es? : **213**

Titelseiten von „Bild" und „Westfälische Rundschau" vom gleichen Tag (10. 12. 2007)

> Die **Boulevardzeitung** kann in der Regel nur auf der Straße (französisch: Boulevard) und am Kiosk gekauft werden. Die Leserin und der Leser müssen somit jeden Tag aufs Neue zum Kauf angeregt werden. Dazu soll eine reißerische Aufmachung mit großen, oft farbigen Überschriften und Fotos beitragen.

> Die **Abonnementzeitung** wird ins Haus geliefert, kann aber auch im Laden gekauft werden. Wer eine Zeitung abonniert, findet sie jeden Tag im Briefkasten und bekommt sie günstiger als im freien Verkauf. Die Zeitungsverlage können dank der langfristigen Abo-Verträge mit festen Einnahmen kalkulieren.

❶ Wie kann man Zeitungen und Zeitschriften genauer unterteilen?
❷ Welche Printmedien lest ihr? Ordnet sie den genannten Kategorien zu.
❸ Warum zählen Bücher nicht zu den Massenmedien?
❹ Worin unterscheiden sich die Titelseiten von „Bild" und „Westfälische Rundschau" auf den ersten Blick? Vergleiche dann die Meldungen.
❺ Sammelt mehrere regionale und überregionale Tageszeitungen und Boulevardzeitungen vom selben Tag. Vergleicht die Überschriften, die enthaltenen Themen und die Bilder.

3 x Information, 2 x Meinung

In der Zeitung steht viel drin – und alles sieht zunächst gleich aus. Bei genauerer Betrachtung lassen sich jedoch zwei Arten von Texten unterscheiden: Texte, die informieren, und Texte, in denen eine Meinung geäußert wird. Und zu jeder der beiden Arten gibt es unterschiedliche Darstellungsformen.

Fünf Schüler haben im Lexikon nachgeschlagen und fünf Darstellungsformen als Rätsel für ihre Mitschüler formuliert. Auch ihr könnt versuchen, die Rätsel zu knacken: Welcher Begriff gehört zu welchem Text?

1 *Eine … ist eine sachliche und möglichst objektive Mitteilung über ein Ereignis. Die Kurzform der … heißt Meldung, die Langform Bericht. Eine … sollte die so genannten „W-Fragen" beantworten:*
- *Was ist geschehen?*
- *Wer war beteiligt?*
- *Wann ist es geschehen?*
- *Wo ist es geschehen?*
- *Wie ist es geschehen?*
- *Warum ist es geschehen?*

2 *Ein … gibt ein Gespräch wieder. Das Gespräch kann mit einer Person oder auch mit mehreren Personen geführt worden sein.*

3 *Ein … ist eine wertende, von der Meinung des Schreibers bestimmte Anmerkung zu einem bestimmten Thema über das in der Zeitung berichtet wurde oder gerade wird.*

4 *Eine … gibt die Meinung des Kritikers oder der Kritikerin wieder. Gegenstand einer … können sein: Filme, Konzerte, Fernsehsendungen, CDs, Bücher, Theateraufführungen usw. Eine … wird sich also meistens im Kulturteil der Zeitung finden lassen.*

5 *Die … gibt neben den Tatsachen auch die Empfindungen und Einschätzungen des Reporters wieder. Die Leser können den Eindruck gewinnen, „beim Geschehen dabei gewesen zu sein".*

Nachricht **Kommentar** **Reportage** **Kritik** **Interview**

❶ Welcher Begriff gehört zu welchem Text? Notiere zu der Nummer des Textes den Begriff.
❷ Welche Darstellungsformen gehören zu den informierenden Texten, welche zu den meinungsäußernden Texten?
❸ Bildet Gruppen. Jede Gruppe sucht in der Tageszeitung Beispiele für die fünf genannten Darstellungsformen.
❹ Überprüft bei den Nachrichten, ob jeweils alle „W-Fragen" beantwortet werden.

Wie kommt die Nachricht in die Zeitung?

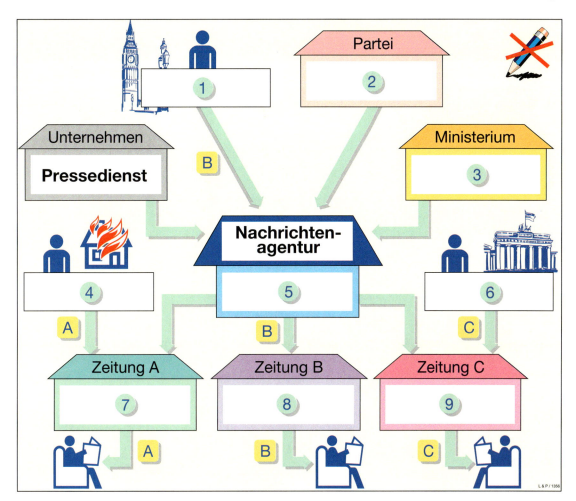

Redaktion	**Korrespondent/ Korrespondentin**	**Nachrichtenagenturen**
In ihr werden von Journalistinnen und Journalisten Meldungen ausgewertet, gekürzt, zusammengefasst, Fakten recherchiert, Artikel geschrieben, Kommentare verfasst, usw.	Auswärtiger Berichterstatter/ auswärtige Berichterstatterin, z. B. in Berlin oder im Ausland.	Sie liefern Nachrichten, Berichte und Bilder zu allen Themen und Lebensbereichen aus aller Welt. Wichtige Nachrichtenagenturen sind:
Reporter/Reporterin	**Pressedienst**	– dpa (Deutsche Presse-Agentur)
Berichterstatter/Berichterstatterin	Unternehmen, Parteien, Ministerien usw. geben in Pressediensten Mitteilungen über ihre Aufgaben und ihre Arbeit heraus.	– AFP (Agence France Press, Frankreich) – rtr (Reuters, Großbritannien) – AP (Associated Press, USA)

❶ Das Schaubild hat neun Leerstellen, in die diese Begriffe gehören: *Reporter/in, Korrespondent/in, Korrespondent/in, Pressedienst, Pressedienst, Redaktion, Redaktion, Redaktion, Redaktion.* Schreibe die jeweilige Nummer in dein Heft und notiere dahinter den Begriff oder trage auf deinem Arbeitsblatt ein.

❷ Alle Pfeile im Schaubild zeigen Wege von Nachrichten. Beschreibe für die Pfeile A, B und C den Weg der Nachricht bis zum Leser, der Leserin genauer.

Methode: Projekt

Thema: Eine Seite für die Schülerzeitung

Ein Projekt ist eine gemeinsame Aktion einer Klasse, die ein sichtbares Ergebnis zum Ziel hat. Die Schülerinnen und Schüler lernen dabei durch praktische Arbeit. Eine Klasse nahm sich vor, selbst einmal eine Zeitungsseite zu gestalten und nannte ihr Projekt „Klassenseite in der Schülerzeitung". Die Schülerinnen und Schüler gingen so vor:

- Bei der Schülerzeitung wurde die Zustimmung eingeholt, eine solche Seite zu veröffentlichen.
- Bei der Themenfindung waren folgende Gesichtspunkte maßgebend: Das Thema soll für die Mitschüler interessant sein. Die Klasse muss es bewältigen und jeder aus der Klasse etwas dazu beitragen können.

Jede Schülerin und jeder Schüler notierte zunächst für sich auf einem Kärtchen einen Vorschlag und begründete ihn mit einer kurzen Erklärung beim Befestigen des Kärtchens an der Pinnwand. Dann wurde abgestimmt. Die Klasse entschied sich für das Thema „Haustiere".

- In Gruppen wurden dann zunächst Vorschläge für einzelne Inhalte und das Konzept für die Zeitungsseite erarbeitet.
- Aus zwei Schülerinnen und zwei Schülern wurde ein „Zeitungsteam" gebildet. Das Team stellte der Schülerzeitung die Ideen der Klasse vor.
- Die Klasse erarbeitete in Einzel- und Gruppenarbeit „Rohmanuskripte". Dabei galt: Jede Schülerin und jeder Schüler trägt etwas zur Klassenseite bei.
- Das „Zeitungsteam" traf sich mit einer für die Schülerzeitung verantwortlichen älteren Schülerin und gestaltete mit ihr aus dem Rohmaterial die Seite für die Schülerzeitung. Das Team fertigte auch passende Fotos an.

Jugend zum Thema Haustiere

Sogar zum Hasen nett

Beatrice Müser und Laila

Die eineinhalbjährige Hündin von Beatrice Müser ist ein Golden Retriever. Laila hat sich trotz ihres Jagdinstinkts so an die Familie gewöhnt, dass sie selbst den Haus-Hasen am Leben lässt. Die Hündin nimmt sich stattdessen öfters Papier und Bälle vor. Angst hat Laila nur vor Meereswellen – wie der letzte Urlaub der Familie Müser in Holland zeigte.

Putenherz als Kraftfutter

Andreas Bsdureck und Felix

Felix gewinnt immer, wenn er sein Revier verteidigen muss. Das könnte auch daran liegen, dass der achtjährige Kater, den Andreas Bsdureck von einer verstorbenen Frau übernommen hat, sich tagsüber so richtig ausschläft. Außerdem gibt's regelmäßig Kraftfutter für den Revierkämpfer. Jeden Samstag bekommt der graue Kater mit den grünen Augen nämlich Putenherzen.

❶ *Führt das Projekt „Eine Seite für die Schülerzeitung" durch.*

Eine Nachrichtensendung entsteht: Beispiel Tagesschau

Nachricht ist Nachricht! Eigentlich müssten die Nachrichtensendungen auf den verschiedenen Sendern gleich oder ganz ähnlich sein. Ist das wirklich so?

1 Rund um die Uhr gehen Meldungen von Agenturen ein.

2 *9.00 Uhr:* In der Textredaktion werden die Meldungen laufend bearbeitet.

3 *14.00 Uhr:* In der ARD-Schaltkonferenz werden Absprachen über Themen getroffen.

4 *16.00 Uhr:* In der Textredaktion bearbeiten die Redakteure seit Stunden Beiträge und aktualisieren Material.

5 *19.00 Uhr:* Am Grafik-Computer werden die letzten Schaubilder und -tafeln entworfen.

19.55 Uhr: Im Regieraum der Tagesschau werden die letzten Vorbereitungen getroffen.

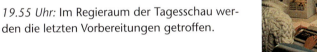

6 *20.00 Uhr:* Die Erkennungsfanfare erklingt, die Sendung beginnt.

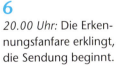

❶ Wer bestimmt, welche Nachrichten in der Tagesschau gesendet werden?

▶ Fernsehen

Rundfunkanstalten

Die Zuschauer können zwischen zahlreichen Sendern wählen

Fernsehsendungen werden wie der Hörfunk von Rundfunkanstalten produziert und ausgestrahlt. Bei den Rundfunkanstalten muss zwischen den öffentlich-rechtlichen und den privaten Anbietern unterschieden werden. Die öffentlich-rechtlichen Sendeanstalten haben sich zur „Arbeitsgemeinschaft der öffentlich-rechtlichen Rundfunkanstalten Deutschlands" (ARD) zusammengeschlossen. Ihr gemeinsames Fernsehprogramm ist das 1. Programm. Die ARD-Sendeanstalten strahlen auch die regionalen „Dritten Programme" aus. Neben der ARD gibt es das „Zweite Deutsche Fernsehen" (ZDF), das seinen Sitz in Mainz hat.

ARD und ZDF sind zur so genannten „Grundversorgung" verpflichtet. Das bedeutet, dass sie auch Sendungen zu Politik, Kultur und Bildung bringen müssen. Solche Sendungen sind mit Blick auf Information und Meinungsbildung in einer demokratischen Gesellschaft wichtig, auch wenn sie bei vielen Zuschauern weniger beliebt sind als Unterhaltungssendungen.

Die privaten Fernsehsender runden das Angebot für die Fernsehnutzer ab. Sie sind meist nur über Satellit oder Kabel zu empfangen und in ihrer Programmgestaltung stärker auf den Geschmack des breiten Publikums zugeschnitten.

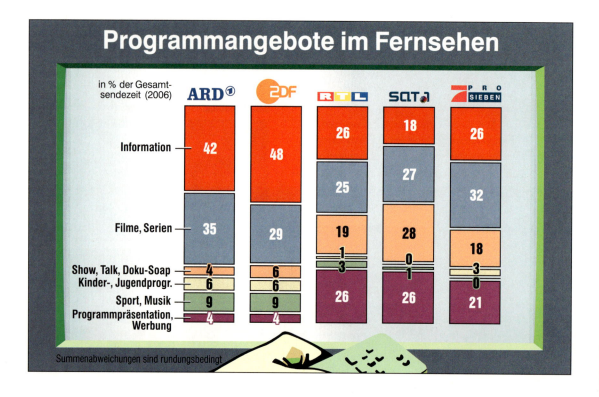

Einschaltquoten

Um neun Uhr morgens weiß man bei den Fernsehanstalten bereits, wer am Abend zuvor das Rennen um die Zuschauergunst gewonnen hat. Für alle Sendungen werden Einschaltquoten ermittelt: Wie viele Haushalte hatten eingeschaltet, wie viele Personen haben die Sendung gesehen? Schalteten Zuschauer während der Sendung ab, oder stieg die Einschaltquote? Waren die Zuschauer eher jünger oder eher älter? Diese und weitere Daten werden erhoben. Für die Gestaltung der Programme sind sie unentbehrlich. Ohne ausgeklügelte Marktforschung kann ein Fernsehsender heute kaum mehr überleben, denn „die Quote zählt". Damit ist gemeint, dass hohe Einschaltquoten viele Werbekunden anlocken und damit den Sendern hohe Einnahmen für die Ausstrahlung von Werbespots verschaffen.

Ermittelt werden die Einschaltquoten von der Gesellschaft für Konsum-, Markt- und Absatzforschung (GfK) in Nürnberg. Sie beruhen auf sekundengenauen Messungen in 2 800 ausgewählten Haushalten mit 6 500 Personen. An die Fernsehgeräte in diesen Haushalten sind Kleincomputer in Größe eines Radioweckers angeschlossen, um die Einschaltdaten festzuhalten. Diese so genannten GfK-Meter sind mit einer speziellen Fernbedienung gekoppelt. So werden die Ein-, Um- und Abschaltzeiten sekundengenau registriert. Die An- und Abmeldungen ruft der Zentralcomputer in Nürnberg dann nachts per Telefonleitung automatisch ab und erstellt aufgrund der Daten die Liste mit den Einschaltquoten für alle ausgestrahlten Sendungen.

Einschaltquoten am 07. 02. 2006 (20.00–23.00 Uhr): Zuschauer in Millionen / Einschaltquote in %

ARD	ZDF	RTL	SAT.1
20:00 Tagesschau 6,42 Mio. / *19,2 %*	19:25 Die Rosenheim-Cops 4,53 Mio. / *14,2 %*	19:40 Gute Zeiten, schlechte Zeiten 4,79 Mio. / *14,8 %*	19:45 K 11 – Kommissare im Einsatz 4,42 Mio. / *13,6 %*
20:15 Um Himmels willen 7,48 Mio. / *21,4 %*	20:15 Die Kennedys – Triumph und Tragödie 3,63 Mio. / *10,4 %*	20:15 CSI: Miami 5,26 Mio. / *15,1 %*	20:15 Nette Nachbarn küsst man nicht 3,46 Mio. / *10,2 %*
21:05 In aller Freundschaft 6,69 Mio. / *19,6 %*	21:00 Frontal 21 4,10 Mio. / *11,9 %*	21:15 Im Namen des Gesetzes 5,20 Mio. / *15,8 %*	22:15 Navy CIS 2,56 Mio. / *11,0 %*
21:50 Plusminus 4,61 Mio. / *14,9 %*	21:45 heute-journal 4,03 Mio. / *12,9 %*	22:15 Monk 3,11 Mio. / *13,3 %*	
22:15 Tagesthemen 3,12 Mio. / *12,4 %*	22:12 Wetter 3,56 Mio. / *12,4 %*	**PRO SIEBEN**	20:16 Emergency Room 1,71 Mio. / *4,9 %*
22:45 Das Wetter im Ersten 2,81 Mio. / *12,5 %*	22:15 Lesen! 1,64 Mio. / *6,6 %*	20:00 Newstime 1,48 Mio. / *4,4 %*	21:15 Medical Investigation 1,81 Mio. / *5,5 %*
22:45 Menschen bei Maischberger 1,69 Mio. / *10,4 %*	22:50 37 Grad: Eltern allein zu Haus! 1,34 Mio. / *6,9 %*	20:15 Pro Sieben Wetter 1,65 Mio. / *4,8 %*	22:05 TV Total 0,97 Mio. / *4,0 %*

(Quelle: AGF/GfK-Fernsehforschung/PC TV/Media Control)

❶ Welche Unterschiede bestehen zwischen dem öffentlich-rechtlichen und dem privaten Fernsehen?
❷ Vergleiche in der Grafik auf Seite 218 die Programmangebote im Fernsehen:
  Welche Unterschiede fallen auf? Wie können sie erklärt werden?
❸ Woher weiß ein Fernsehsender, wie viele Zuschauer eine Sendung hatte?
❹ Betrachte die Auswahl an Einschaltquoten: Was hättest du erwartet, was nicht?

Aufgaben der Medien

Tages- und Wochenzeitungen informieren umfassend über das politische Geschehen

Der Ministerpräsident von Nordrhein-Westfallen wird vor einer Bundesratssitzung von Pressevertretern umringt

Aufgaben der Medien

- Kontrolle
- Meinungsbildung
- Unterhaltung
- Information

1 Streit zwischen den Parteien um Tempolimit für Kleinlaster auf deutschen Autobahnen

2 Konzert der neuen Girl-Group war ein Riesenerfolg

3 Anzahl der Verkehrsunfälle in Nordrhein-Westfalen deutlich zurückgegangen

4 Stadtrat Meier muss wegen Unterschlagung zurücktreten

A Medien decken politische, gesellschaftliche und wirtschaftliche Missstände auf. Dadurch tragen sie dazu bei, dass die Verantwortlichen ausfindig gemacht und belangt werden.

B In einer Demokratie gibt es unterschiedliche Ansichten, Interessen und Vorstellungen. Die Probleme sollen in freier und offener Diskussion erörtert werden. So besteht die Chance, dass sich jeder eine eigene Meinung bilden kann. Den Medien kommt bei diesem Meinungsbildungsprozess eine große Bedeutung zu.

C Die Massenmedien sollen sachlich, vollständig und so verständlich wie möglich informieren. Die Mediennutzer können so das öffentliche Geschehen verfolgen und die Zusammenhänge erkennen.

D Die Medien sollen auf vielfältige Art und Weise zur Unterhaltung beitragen. Jeder hat so die Möglichkeit, aus dem Angebot das Gewünschte auszuwählen.

❶ Die beiden Abbildungen haben mit Medien zu tun. Erläutere in diesem Zusammenhang den Begriff „Massenmedien".
❷ Erstelle eine Übersicht mit den Massenmedien, die dir bekannt sind.
❸ Zu jeder Aufgabe der Medien gehört eine Erklärung (A bis D). Ordne die Erklärungen zu.
❹ Jede Schlagzeile (1 bis 4) spricht eine der vier Aufgaben von Medien an. Ordne zu.

Das Wichtige in Kürze

Medien
Medien sind Mittel, mit denen anderen etwas mitgeteilt oder gezeigt werden kann. Medien dienen also der Verständigung untereinander ebenso wie der Informationsgewinnung. Wenn die Informationen gedruckt sind, spricht man von Druckmedien oder Printmedien.

Neue Medien
Medien sind so alt wie die Menschheit. Abhängig vom Entwicklungsstand der Technik ändert sich ihre Form. In unserer Zeit spielt als neue Technologie die Elektronik eine große Rolle. Wenn man heute von „neuen Medien" spricht, meint man meist elektronische Medien wie Internet, Handy, DVD.

Massenmedien
Von besonderer Bedeutung sind die Medien, mit denen einer großen Zahl von Menschen etwas mitgeteilt oder gezeigt werden kann. Solche Medien nennt man Massenmedien. Dazu gehören z. B. Fernsehen, Hörfunk, Zeitungen.

Zeitungen
Zeitungen kann man danach unterscheiden, wie sie vertrieben werden. Abonnentenzeitungen werden ihren Leserinnen und Lesern jeden Tag durch Austräger oder durch die Post zugestellt, aber auch im Zeitschriftenhandel angeboten. Boulevardzeitungen werden auf der Straße, in Kiosken oder Läden verkauft.

Redaktion
Die Gestaltung von Zeitungsausgaben oder Sendungen im Fernsehen und im Radio ist die Aufgabe von Redaktionen. Eine Redaktion bekommt laufend Berichte von ihren Reportern und Reporterinnen, von Nachrichtenagenturen oder Pressediensten, unter denen sie auswählt. Die Berichte werden dann redigiert, d. h. bearbeitet, gekürzt und zusammengefasst.

Fernsehen
Das Fernsehen wird wie der Hörfunk von Rundfunkanstalten gemacht und ausgestrahlt. Bei den Rundfunkanstalten muss man zwischen den öffentlich-rechtlichen und den privaten unterscheiden. Für die öffentlich-rechtlichen Sendeanstalten müssen die Zuschauer und Zuhörer monatliche Gebühren bezahlen. Die Privatsender finanzieren sich nur durch Einnahmen aus der Werbung. Daher ist es ihnen wichtig, dass ihre Sendungen hohe Einschaltquoten erzielen.

Aufgaben der Medien
Die Massenmedien haben neben der Aufgabe der Unterhaltung drei politische Aufgaben: informieren, zur Meinungsbildung beitragen, kontrollieren. Die Medien sollen so vollständig, sachlich und verständlich wie möglich informieren, damit die Bürger in der Lage sind, das öffentliche Geschehen zu verfolgen. Für die Meinungsbildung sind die Medien wichtig, weil in einer Demokratie politische Fragen in freier und öffentlicher Diskussion erörtert werden sollen. Die Medien bringen Missstände, Fehler und Fehlverhalten in Politik und Wirtschaft an die Öffentlichkeit; dadurch üben sie eine Kontrollfunktion in der Gesellschaft aus.

Methode: Selbsterkundung

Thema: Wir führen ein Medientagebuch

Jeder von uns nutzt Medien und hat seine eigenen Mediengewohnheiten. Um genauer zu erfahren, welche Medien ihr wie häufig nutzt, könnt ihr ein Medientagebuch erstellen.

Vorbereitung
Besprecht in eurer Klasse, welche Medien ihr nutzt. Ihr könnt euch an dem Medientagebuch auf dieser Seite orientieren.

Durchführung
Jeder von euch legt ein Medientagebuch an, in dem er alle Medien einträgt, die er normalerweise nutzt. Notiert dort für jeden Tag die Nutzungsdauer, die ihr mit dem betreffenden Medium pro Tag verbringt.

Auswertung
Erstellt eine gemeinsame Tabelle mit allen Medien, die von den Schülerinnen und Schülern eurer Klasse genutzt werden. Notiert darin, wie viele Schüler welches Medium überhaupt nutzen.
Errechnet anschließend die durchschnittliche Nutzungszeit für ein Medium. Addiert dazu die Zeiten aller Schüler eines Mediums und teilt diese durch die Gesamtschülerzahl. Formuliert eure Ergebnisse, z. B.: *Die Schüler unserer Klasse schauen im Durchschnitt ... Minuten pro Tag Fernsehen.*

Medientagebuch von ....

(Angaben in Minuten)	Montag	Dienstag	Mittwoch	...	
Fernsehen	90 Min.				
CDs/Musikkassetten hören	60 Min.				
Radio hören	–				
PC/Computer benutzen	37 Min.				
Zeitung lesen	–				
Zeitschriften/Magazine lesen	23 Min.				
Bücher lesen	20 Min.				
Videos ansehen	–				
Hörspielkassetten hören	–				
Comics lesen	40 Min.				
Ins Kino gehen	–				
Telefonieren	20 Min.				
SMS lesen oder versenden	15 Min.				

Medium	Anzahl der Schüler
Fernseher	₩₩ ₩₩ ₩₩ II
Zeitschriften	₩₩ ₩₩ II
Radio	₩₩ ₩₩ ₩₩

Fernsehserien

Fragen zur Beobachtung einer Serie

1. Wer sind die Hauptpersonen der Serie?
2. Schätzt das Alter der Hauptpersonen ein.
3. Wo, in welchem Umfeld spielt die Serie?
4. Welche Schwierigkeiten, Probleme und Konflikte tauchen immer wieder auf?
5. Welche Berufe üben die Darsteller aus?
6. Welche Werbespots werden vor, während und nach der Folge eingeblendet?

Fragen zur Auswertung einer Serie

1. Wird in der Serie das tägliche Leben treffend oder verzerrt dargestellt?
2. Wie werden die Schwierigkeiten, Probleme und Konflikte gelöst?
3. Welche Szenen sprechen euch besonders an?
4. Welche Personen gefallen euch besonders, welche nicht?
5. Warum ist diese Serie bei vielen Jugendlichen beliebt?
6. Untersucht die Werbespots: Wofür wird geworben? An wen richtet sich die Werbung?

> Ich bin dafür, dass die Kinder fernsehen. Dann treiben sie sich wenigstens nicht auf der Straße herum.

> Das Fernsehen ist schuld daran, dass sich Kinder heute kaum noch etwas zu sagen haben.

> Das Fernsehen lässt den Kindern zu wenig Zeit zum Spielen.

❶ Bildet Gruppen. Jede Gruppe untersucht eine der täglichen Fernsehserien. Die Fragen zur Beobachtung und zur Auswertung helfen euch dabei.
❷ Welchen Aussagen in den Sprechblasen stimmst du zu, welchen nicht? Begründe.

Meine Fernsehgewohnheiten

Wenn ich von der Schule nach Hause komme, schalte ich gleich meinen Fernseher ein. Ich schaue dann, bis es Mittagessen gibt. Danach läuft er die ganze Zeit, ein bisschen so wie bei meiner Mutter das Radio in der Küche. Abends schaue ich dann meist, bis ich einschlafe. Die Kiste stellt sich um 0.30 Uhr selbst ab.

Timo

Na ja, wenn ich ehrlich bin, schaue ich doch regelmäßig Fernsehen, eigentlich täglich. Oft schaue ich mehrere Sendungen gleichzeitig, z. B. einen Spielfilm und eine Sendung über Stars. Oft zappe ich zwischen den Sendern. Manchmal finde ich so auch spannende Reportagen.

Lisa

Amelie

Eigentlich schaue ich recht wenig Fernsehen. Ich habe dreimal die Woche Volleyballtraining, und vorher muss ich lernen. Danach bin ich kaputt. An den anderen Tagen und am Wochenende bespreche ich mit meinen Geschwistern und Eltern, was wir anschauen wollen. Und wenn das mich nicht interessiert, dann mach ich halt etwas anderes.

Fernsehen tu ich meistens aus Langeweile. Wenn meine Freunde da sind, schaue ich gar nicht. Wenn ich ein spannendes Buch lese, habe ich auch keine Lust auf Fernsehen. Aber wenn ich nicht weiß, was ich tun soll, mach ich halt den Fernseher an und die Langeweile ist weg.

Okan

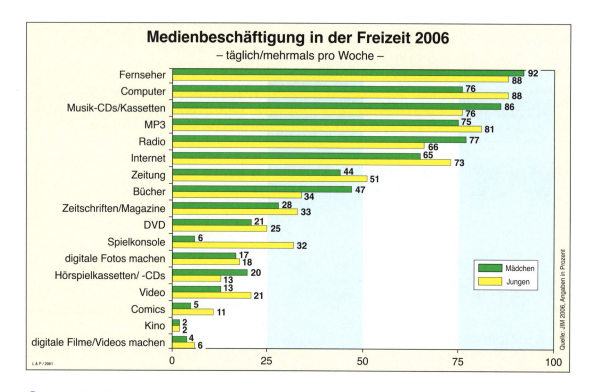

Medienbeschäftigung in der Freizeit 2006
– täglich/mehrmals pro Woche –

Medium	Mädchen	Jungen
Fernseher	92	88
Computer	76	88
Musik-CDs/Kassetten	86	76
MP3	75	81
Radio	77	66
Internet	65	73
Zeitung	44	51
Bücher	47	34
Zeitschriften/Magazine	28	33
DVD	21	25
Spielkonsole	6	32
digitale Fotos machen	17	18
Hörspielkassetten/ -CDs	20	13
Video	13	21
Comics	5	11
Kino	2	2
digitale Filme/Videos machen	4	6

Quelle: JIM 2006, Angaben in Prozent

❶ *Beschreibe dein Fernsehverhalten.*
❷ *Zu welchem Typ von Fernsehnutzer würdest du dich zählen?*
❸ *Werte die Grafik aus. Notiere vier bis fünf wichtige Erkenntnisse.*

Medien beeinflussen uns

Wer wäre nicht gern so attraktiv und umworben wie ein Filmstar? Für Filmhelden gibt es keine unlösbaren Probleme und meist endet der Film mit einem Happy End. Viele Jugendliche orientieren sich an ihren Stars, ohne es zu bemerken. Sie kleiden sich wie populäre Musiker oder lassen sich Frisuren ihrer Stars verpassen. So versuchen sie ein bisschen von der Attraktivität der Stars abzubekommen.

Andere Jugendliche haben Probleme, die Wirklichkeit in der sie leben und die Filmgeschichte zu trennen. Manche werden brutal und versuchen sich in Szene zu setzen wie die Figur in einem Horrorfilm oder einem Computerspiel. Es gibt immer wieder Fälle, wo Jugendliche Gewaltverbrechen begehen, nachdem sie sich brutale Filme angesehen haben. Oft werden in der Gruppe auch gewalttätige Filme als Mutprobe angeschaut. Wer hält es am längsten aus, bevor er den Raum verlassen muss?

Gestern habe ich mir eine Jeans gekauft, wie sie Senna von Monrose sie trägt.

Modisch gekleidete Jugendliche

Monrose

Kinder und Fernsehen – Ergebnisse einer Studie

„Angesichts des großen Angebots an verschiedenen Mediengeräten und den vielseitigen Interessen der Kinder fällt die Frage nach der Bindung an ein Medium überraschenderweise immer noch eindeutig zugunsten des Fernsehens aus. Sieben von zehn Kindern möchten aus einer Reihe vorgegebener Medien am wenigsten auf den Fernseher verzichten. […] Die starke Bindung an das Fernsehen zeigt, dass für Kinder der Fernseher noch immer das Medium Nummer eins ist. Fast in jedem zweiten Kinderzimmer steht ein Fernseher. Etwa vier Fünftel der Kinder sehen jeden oder fast jeden Tag fern. Auch die Vorbilder, die Kinder im Fernsehen finden, belegen den hohen Stellenwert für die Sechs- bis 13-Jährigen. […]
Knapp die Hälfte der Kinder verabredet sich zumindest einmal pro Woche zum gemeinsamen Fernsehen. 16 Prozent sitzen fast täglich zusammen mit Freunden vor dem Bildschirm. […]"

(in: KIM-Studie 2006, Kinder + Medien, Computer + Internet, Medienpädagogischer Forschungsverbund Südwest, S. 17 ff.)

❶ Welcher Trend in Mode oder Outfit wird zurzeit durch einen Film oder einen Star gepuscht?
❷ Warum gibt es eine Altersbegrenzung für Filme und Computerspiele?
❸ Welche Bedeutung hat das Fernsehen für Kinder? Erläutere, was die Studie dazu sagt.

Fallbeispiel: Handy

Jan

Es ist erst Mitte des Monats und Jan ist schon wieder pleite. „Mein größtes Problem ist das Handy", gibt Jan zu. Eine Rechnung von 50 Euro im Monat ist bei ihm nicht selten. „Hinterher ist alles doch teurer geworden, als ich dachte."

Zusätzlich kommen noch 25 Euro für Klamotten dazu. „75 Euro an Ausgaben sind doch keine Ausnahme bei Jugendlichen", meint Jan. Bei 60 Euro Taschengeld wird schnell klar, dass die Ausgaben höher liegen als die Einnahmen. „Auf mein Handy verzichte ich auf keinen Fall! Und wer keine Markenklamotten trägt, ist doch in der Schule ein Outsider!", entgegnet Jan.

Natürlich ist er sich auch darüber klar, dass es so nicht weitergehen kann. Ausgaben für Kino oder Zeitschriften liegen erst einmal auf Eis. „Ich werde versuchen, weniger zu telefonieren. Nicht sofort drauflossimsen. Mit den Klamotten, die meine Eltern für mich kaufen, versuche ich auszukommen. Die geben mir keinen Cent für mein Handy dazu." Auf jeden Fall will er in den Ferien jobben, damit er seine Schulden zurückzahlen kann. „Meine Eltern wegen meiner Schulden ansprechen? Niemals! Das kriege ich schon alleine hin."

Manche Eltern klingeln ihren Kindern hinterher, auch wenn es gar nicht notwendig ist. In Wahrheit wollen sie nur wissen, was diese gerade machen oder mit wem sie zusammen sind.

Nadine

Anne

Viele Mädchen behaupten, dass sie das Handy für Notfälle brauchen oder damit sie anrufen können, wenn sie sich verspäten. In Wirklichkeit führen sie aber meist endlose Bla-bla-Gespräche.

Gerade in der Gruppe wird mit dem Handy viel angegeben: Wer hat das neueste Modell? Wer das beste Farbdisplay? Wer die coolsten Klingeltöne? Wer überhaupt kein Handy besitzt, ist in der Clique schnell unten durch.

Marcel

Herr Schaub

Jugendliche verwenden das Handy mehr zur SMS-Übermittlung als zum Telefonieren. Wegen der begrenzten Zeichenzahl wird dabei die Sprache verknappt. Rechtschreibung spielt keine Rolle mehr. Statt „Wir sehen uns nächstes Wochenende. Danke und liebe Grüße" wird gesimst: nxt WoEn thx&lieGrü. Das schadet auf Dauer der Sprachentwicklung!

❶ Die meisten Jugendlichen haben ein Handy. Welche Vorteile bietet es?
❷ „Schuldenfalle Handy" – was sagt Jans Bericht dazu?
❸ Die Aussagen nennen weitere Probleme im Zusammenhang mit dem Handy. Setze dich damit auseinander. Notiere deine Meinung dazu stichwortartig.

Methode: Umfrage

Thema: Handy

Bei einer Umfrage geht es darum, von einer größeren Anzahl von Personen Informationen zu einem bestimmten Thema zu erhalten oder deren Meinung dazu zu erfragen.

Vorbereitung
Ihr müsst genau überlegen, welche Fragen ihr stellen wollt. Dabei gibt es zwei Möglichkeiten:

1. Man kann die Fragen so stellen, dass nur mit „ja" oder „nein" geantwortet werden kann. Beispiel: „Soll es in diesem Jahr ein Schulfest geben?"
Vorteil: Man kann nachher leicht auszählen, wer dafür und wer dagegen ist.
Nachteil: Jeder Befragte kann nur zu den vorgegebenen Meinungen Stellung nehmen. Vielleicht hätte er jedoch etwas anderes zum Thema sagen wollen.

2. Man kann die Fragen so stellen, dass jeder seine eigene Antwort geben kann. Beispiel: „Wie soll das Schulfest gestaltet werden?"
Vorteil: Die Befragten können ihre individuelle Meinung äußern.
Nachteil: Es ist schwierig, die Antworten auszuwerten. Man kann nicht einfach auszählen, wie viele der Befragten für eine bestimmte Meinung oder Maßnahme sind und wie viele dagegen.

Vor einer Umfrage müsst ihr außerdem überlegen, wie ihr diese organisiert: Sollen Einzelne fragen oder soll die Umfrage von Zweier- oder Dreiergruppen durchgeführt werden? Sollen die Antworten auf einem Fragebogen oder mittels Tonband festgehalten werden?

Durchführung
Führt die Umfrage anonym durch, also ohne nach dem Namen zu fragen. Wenn es für die spätere Auswertung eine Rolle spielt, sollten Alter und/oder Geschlecht der Befragten festgehalten werden.

Auswertung
Die Antworten werden durchgesehen. Dabei solltet ihr darauf achten, ob sich deutliche Häufungen bzw. Unterschiede in den Einschätzungen ergeben. Die Ergebnisse der Umfrage werden dann zusammengefasst. Wenn es für das Thema interessant ist, könnt ihr eine zusätzliche Auswertung nach Alter und/oder Geschlecht der Befragten vornehmen.

Ihr müsst auch überlegen, wie ihr die Ergebnisse eurer Umfrage präsentieren wollt. Ihr könnt zum Beispiel eine Wandzeitung gestalten oder einen Bericht für die Schülerzeitung verfassen.

Mein neues Foto-Handy ist cool! Am häufigsten benutze ich es, um SMS und MMS zu versenden. Telefonate führe ich eher selten.

In unserer Clique hat jeder ein eigenes Handy. Das gehört heute einfach dazu.

Ohne mein Handy gehe ich nicht aus dem Haus.

Jugendliche und ihre Handys

❶ Ein Handy bietet verschiedene Nutzungsmöglichkeiten. Stellt in der Klasse fest, wofür ihr es am häufigsten verwendet.
❷ Führt eine Umfrage bei Jugendlichen zum Thema „Handy" durch.
❸ Überlegt euch, wie und wo ihr die Ergebnisse eurer Umfrage präsentieren könnt.

Internetnutzung

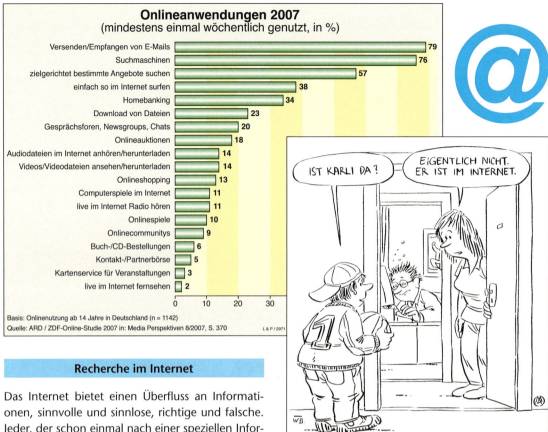

(Zeichnung: M. Ammann/W. Baaske Cartoon)

Recherche im Internet

Das Internet bietet einen Überfluss an Informationen, sinnvolle und sinnlose, richtige und falsche. Jeder, der schon einmal nach einer speziellen Information im Internet gesucht hat, weiß, wie schwer die Auswahl der angezeigten Seiten ist. Das bedeutet, die Suche nach Informationen muss sinnvoll erfolgen. Dazu benutzt man die Suchmaschinen im Internet. Je mehr ihr den Suchbegriff eingrenzt, desto enger ist die Auswahl der Seiten. Wenn ihr nur ein Wort eingebt, zum Beispiel „Fußball", bekommt ihr Hunderte von Seiten angezeigt. Wenn ihr aber „Fußball + Weltmeisterschaftsendspiel + 2002" eingebt, wird die Auswahl schon übersichtlicher. Ausschlaggebend ist auch die Auswahl der Suchmaschine, die für euch das Netz durchforstet. Am wichtigsten bleibt aber immer noch der eigene Kopf und das Wissen, das drin ist. Wenn ihr zu einem Thema etwas sucht, von dem ihr überhaupt keine Ahnung habt, ist es natürlich unmöglich, die sinnvollen und richtigen Informationen von den sinnlosen und falschen zu unterscheiden. Wenn ihr euch also vor der Recherche nicht über die wichtigsten Grundlagen informiert, nutzt euch das Internet nichts. Das gilt auch für Internetseiten, die zwar zum Thema passen, aber vom Inhalt zu schwierig für Schülerinnen und Schüler eures Alters sind.

❶ Werte das Schaubild aus: Notiere zwei, drei Sätze zu den wichtigsten Aussagen.
❷ Das Schaubild nennt verschiedene Nutzungsmöglichkeiten des Internets. Welche Möglichkeiten hast du schon genutzt? Notiere.
❸ Worauf will die Karikatur hinweisen?
❹ Einigt euch in der Klasse auf ein Recherche-Thema. Sucht dann – jeder für sich – dazu im Internet Informationen. Vergleicht in der Gruppe, welche Seiten ihr gefunden habt. Fasst anschließend die gefundenen Informationen mit eigenen Worten zusammen.

Gefahren des Internets

Im Internet ist niemand sicher. Hier einige wichtige Verhaltensregeln:

- Gebt Fremden in Chats keine Telefonnummern, sonst droht Telefonterror oder ihr werdet mit SMS zugemüllt.
- Seid vorsichtig, wenn ihr E-Mails bekommt, deren Absender ihr nicht kennt. In den Anhängen können Viren oder Würmer stecken, die euren Computer zusammenbrechen lassen. Davor kann ein Virenscanner schützen.
- Über Suchmaschinen oder auch nur durch Tippfehler kann man schnell auf Seiten gelangen, die für Kinder und Jugendliche nicht geeignet sind. Gegen Seiten mit pornografischen oder rechtsradikalen Inhalten usw. gibt es Filterprogramme, die eure Eltern auf dem Rechner installieren sollten. Oft warten gerade auf solchen Seiten „Dialer-Programme". Diese laden sich automatisch auf den Rechner herunter, tragen sich ins System ein und wählen sich eigenständig ins Internet ein, zu hohen Preisen, z. B. pro Wählvorgang 40 Euro. Ihr wärt nicht die Ersten, deren Eltern eine vierstellige Telefonrechnung präsentiert bekommen. Achtet also immer darauf, was ihr macht, und nutzt keine Dienste von Anbietern, denen ihr nicht trauen könnt.
- Installiert ein Antivirenprogramm auf dem Rechner und sprecht mit euren Eltern wegen möglicher Filtersoftware.

> *Hände weg! Das Herunterladen von Musiktiteln, Computerspielen und Filmen von so genannten Tauschbörsen ist verboten und steht unter Strafe. Es ist kein Kavaliersdelikt, sondern kann mit Strafen bis zu einigen tausend Euro geahndet werden. Das Urheberrecht enthält entsprechende Bestimmungen.*

> *Das Internet ist ein Medium, mit dem der richtige Umgang gelernt sein will. Es ist nicht nur wichtig, wie man technisch damit umgeht, sondern auch, wie man es persönlich nutzt. Hier ist Eigenverantwortung gefordert.*

Böse Überraschung

Von wegen „Lachen, bis der Arzt kommt". Der kleinen Antonia R. ist der Spaß gründlich vergangen. Ihre Mutter bekam Post von der Schmidtlein GbR: 84 Euro, weil die Tochter sich auf www.witze-heute.com eingeloggt hatte. Der Preis stand dort so unauffällig, dass die 13-Jährige ihn glatt übersah. Viel heller leuchtete der Button „Anmelden und Spaß haben". Doch stattdessen bekam das Mädchen einen Riesenschreck.

Dabei passierte ihr dasselbe wie zigtausend anderen Surfern: Völlig unerwartet landen sie auf teuren Seiten. Wer eine Wohnung, einen Studentenjob oder eine Lehrstelle sucht, wer Sudokus lösen oder einfach nur seinen IQ testen will, erhält später die Rechnung. Die Fallen zielen vor allem auf Kinder und Jugendliche. Gratis-SMS, Musik-Downloads, Hausaufgabenhilfe: Alles scheint gratis – aber nur auf den ersten Blick. Versteckt im Kleingedruckten lauern saftige Preise. Der Normalnutzer merkt das erst, wenn es zu spät ist.

Zum Beispiel www.dein-fuehrerschein.com. Da können Jugendliche für die Theorieprüfung üben – von Kosten keine Spur. Aber wer sich auf die nächsten Seiten durchklickt, dann ganz nach unten scrollt und das Kleingedruckte akribisch liest, stößt auf den Preis: 69,80 Euro. [...]
Die Seiten bieten vor allem Kinkerlitzchen, die es sonst im Internet massenweise gratis gibt. Für Rezepte oder Routenplaner muss niemand Geld ausgeben. Auch Basteltipps und Gedichte stehen dort ohne Ende. Hilfe bei Musik-Downloads bieten zahllose Foren, oft in exzellenter Qualität. Wie soll da jemand erwarten, dass ein paar Allerwelts-Links zu Tierlexika exorbitante 168 Euro kosten? Und gibt es wirklich Leute, die Tattoovorlagen im Zweijahresabo auswählen? Noch dazu ist vieles sein Geld nicht wert. So stehen auf www.tiere-heute.com Texte aus dem Onlinelexikon Wikipedia. Die gibt es bei www.wikipedia.de gratis. [...]
Schon die schiere Zahl der Verbraucher, die ohne Absicht in ein Abo rutschen, spricht für sich.

(in: Test 5/2007, S. 12 f.)

❶ Welche Gefahren lauern bei der Benutzung des Internets? Wie kann man ihnen begegnen?
❷ Erläutere, was ist mit „Eigenverantwortung" bei der Nutzung des Internets gemeint ist.
❸ Auf welches Problem weist der Zeitungsartikel hin? Erkläre.

Methode: Karikaturenrallye

Thema: „Neue Medien"

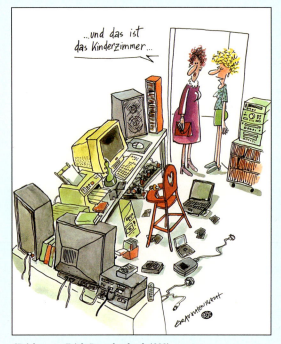

(Zeichnung: Erich Rauschenbach/CCC)

(Zeichnung: Jan Tomaschoff/CCC)

(Zeichnung: Markus Grolik/CCC)

Eine Karikatur ist ein zeichnerisch gestalteter Kommentar zu einem politischen oder gesellschaftlichen Thema. Dabei versucht der Zeichner durch eine übertreibende Darstellung auf ein Problem hinzuweisen oder es zu kritisieren.
Ihr sollt zum Thema „Neue Medien" verschiedene Karikaturen untersuchen, indem ihr eine sogenannte „Karikaturen-Rallye" durchführt.

Vorbereitung
Die Karikaturen werden vergrößert und an verschiedenen Stellen im Klassenzimmer aufgehängt. Bildet so viele Gruppen, wie ihr Karikaturen ausgewählt habt.

Durchführung
Jede Gruppe untersucht eine Karikatur:
– Um welches Problem geht es?
– Mit welchen zeichnerischen und textlichen Mitteln stellt der Karikaturist das Problem dar?
– Was bringt die Karikatur zum Ausdruck?
Jede Gruppe notiert die Ergebnisse in Stichpunkten und geht zur nächsten Karikatur.

Auswertung
Tragt eure Ergebnisse in der Klasse vor. Vergleicht, wie die verschiedenen Gruppen die jeweilige Karikatur gedeutet haben.

Was bedeuten Medien für uns? **231**

Das Wichtige in Kürze

Mediennutzung Die Mediennutzung ist abhängig vom Alter und vom Interesse der Nutzer. Die tägliche Nutzungsdauer hat in den letzten Jahrzehnten zugenommen. Im Durchschnitt wird die meiste Zeit für den Hörfunk und das Fernsehen aufgewendet. Das Lesen von Zeitungen, Zeitschriften oder Büchern spielt im Vergleich dazu eine erheblich geringere Rolle.

Medienkonsum Kinder schauen im Fernsehen vor allem Spielfilme und Serien. Das Fernsehen bietet ihnen Gesprächsstoff, Vorlagen für ihr Spiel oder liefert Rollenvorbilder. Viele Jugendliche orientieren sich – oft ohne es zu merken – an den Stars, die ihnen das Fernsehen bietet, z. B. in den täglichen Serien. Für andere können brutale Filme zur Gefahr werden. Viele Fernsehfilme zeigen Gewaltdarstellungen. Dabei wird Gewalt oft verharmlost. Dies kann zu einer falschen Vorstellung von den schlimmen Folgen von Gewalt führen. Verrohung und Nachahmung sind weitere mögliche Folgen.

Handy Das Mobiltelefon ist ein modernes Massenkommunikationsmittel, das in wenigen Jahren weite Verbreitung gefunden hat. Vier von fünf Einwohnern nutzen heute die Möglichkeit, von jedem Ort aus Verbindung mit anderen aufnehmen zu können. Bei Jugendlichen sind Handys besonders beliebt, manchmal so sehr, dass dadurch finanzielle Probleme entstehen.

Internet Das Internet ermöglicht weltweit den sekundenschnellen Austausch von Informationen. Seine Nutzung im privaten wie im geschäftlichen Bereich hat sprunghaft zugenommen. Vor allem Jüngere nutzen die vielfältigen Möglichkeiten des Internets wie E-Mail versenden, nach Informationen suchen, Bankgeschäfte online erledigen usw. Allerdings muss man auch darauf achten, mögliche Gefahren des Internets – zum Beispiel die Bekanntgabe persönlicher Daten beim Chatten – zu umgehen. Wer regelmäßig surft, sollte unbedingt ein Virenschutzprogramm installieren. Besonders gefährlich kann es sein, harmlos erscheinende Angebote einfach anzuklicken. Schon mancher Nutzer erhält danach per Post eine Rechnung zugeschickt.

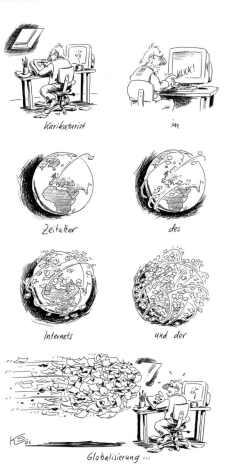

(Zeichnung: Klaus Stuttmann)

Zeige deine Kompetenzen!

Sachkompetenz

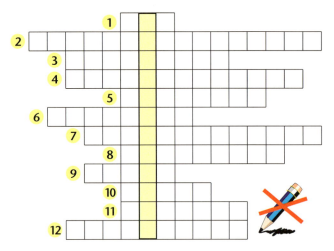

1. Die Kurzmitteilungen per Handy werden abgekürzt … genannt.
2. Eine Zeitung, die vor allem auf der Straße verkauft wird, nennt man … .
3. Das … ist ein Massenmedium, das vor allem am Abend genutzt wird.
4. Unternehmen, Parteien und Ministerien unterhalten …, die die Medien über ihre Arbeit informieren.
5. Ein … ist ein Journalist, der direkt vom Ereignis berichtet.
6. Das … macht es möglich, sekundenschnell weltweit Informationen einzuholen und Nachrichten auszutauschen.
7. Die Verständigung untereinander wird auch als … bezeichnet.
8. Die Gestaltung einer Zeitung oder einer Fernsehsendung ist die Aufgabe der … .
9. Das … ist ein kleines Gerät, mit dessen Hilfe von jedem Ort aus Verbindung mit anderen aufgenommen werden kann.
10. Ein … ist ein auf Kassette aufgenommener Spielfilm oder eine aufgezeichnete Fernsehsendung.
11. Die … ist das am stärksten genutzte Printmedium.
12. … ist die Berufsbezeichnung für jemanden, der Zeitungsartikel verfasst.

Löse das Rätsel. Benutze dazu das Arbeitsblatt oder notiere von ① bis ⑫ in deinem Heft. Das Lösungswort in der hervorgehobenen Spalte nennt den Oberbegriff für Fernsehen, Hörfunk, Zeitungen und Zeitschriften.

Methodenkompetenz

Führt unter Gleichaltrigen eine Umfrage zum Thema „Medienkonsum" durch. Verfasst dann über die Ergebnisse eurer Umfrage einen Text für eure Schülerzeitung.

Redaktionsteam einer Schülerzeitung

Zeige deine Kompetenzen!

Urteilskompetenz

Was wollen die drei Karikaturen jeweils ausdrücken?
Wie ist deine Meinung zu den Karikaturen?

(Zeichnung: Nik Ebert/Rheinische Post)

(Zeichnung: Lothar Schneider)

Handlungskompetenz

(Zeichnung: Jupp Wolter/CCC)

„Dabei zeigt er andererseits oft eine erstaunliche Intelligenz. Zum Beispiel kann er sämtliche TV-Werbespots auswendig!"

Versuche doch einmal selbst, eine Karikatur zum Thema „Neue Medien" zu zeichnen. Vielleicht diskutiert ihr auch gemeinsam in der Klasse, wie die Karikatur aussehen sollte und die beste Zeichnerin bzw. der beste Zeichner der Klasse setzt eure Idee dann um.

▶ Stichwortverzeichnis / Begriffserklärungen

A

Abfall 108 ff., 130, 138 f.
Abfälle entstehen, wenn Sachgüter nicht mehr genutzt werden. Entweder werden sie aufbereitet und wiederverwertet (recycelt) oder sie verbleiben als nicht verwertbarer Restmüll, der auf Deponien abgelagert oder in Müllverbrennungsanlagen verbrannt wird. Verwertbarer Abfall sind z.B. Glasflaschen, Papier, Aluminiumdosen und Plastikverpackungen. Bauschutt und Chemikalien zählen hingegen zu den Abfällen, die beseitigt werden müssen.

Abfallentsorgung 112 f.

Abonnementzeitung 213
Eine Zeitung, die den Lesern, den Abonnenten jeden Tag per Zeitungszusteller oder Post geliefert wird.

Allein erziehend 200

Aufgaben der Medien 220 f.
Medien sollen unterhalten, informieren, zur Meinungsbildung beitragen und die Mächtigen kontrollieren.

Ausschüsse 46
Der Gemeinderat bildet Ausschüsse, z.B. den Bildungsausschuss oder den Jugendhilfeausschuss. Die Ausschüsse bereiten die Entscheidungen des Gemeinderats vor.

B

bargeldlose Zahlung 101 f.
Zahlung, bei der man ein Konto haben muss, z.B. durch Überweisung, Einzugsermächtigung, Electronic-cash, Kreditkarte.

Bedarf 56 ff., 63

Bedürfnisbefriedigung 61

Bedürfnisse 53 ff., 63, 65
Jeder Mensch hat Wünsche, die er sich erfüllen möchte. Diese so genannten Bedürfnisse werden in Existenz-, Kultur- und Luxusbedürfnisse unterteilt.

Befragung 69

Behinderte 188 f., 195
Menschen, die infolge körperlicher, geistiger oder seelischer Behinderung auf die Hilfe anderer angewiesen sind.

Bezirksvertretung 46
Eine größere Stadt besteht oft aus mehreren Bezirken. Die Bezirksvertretung ist das „Parlament" eines solchen Bezirks und fällt wichtige politische Entscheidungen für den Bezirk.

Bioabfall 116

Boulevardzeitung 213
Eine Zeitung, die vor allem an Kiosks, auf der Straße (franz. boulevard) verkauft wird.

Brainstorming 55
Methode, um in einer Gruppe neue Ideen zu entwickeln. Wörtlich übersetzt bedeutet Brainstorming „Gehirnsturm". Es geht beim B. darum, der Fantasie freien Lauf zu lassen, jede Kritik zu vermeiden und andere Ideen weiterzuentwickeln.

Bürgerinitiative 45, 48 ff.

Bürgermeister/in 40 ff., 46 f., 50
Der Bürgermeister ist der Leiter der Gemeindeverwaltung. Er vertritt die Gemeinde nach außen.

C

Carsharing 107
Organisation, deren Mitglieder sich mehrere Autos teilen. Dadurch muss sich nicht jeder ein Auto kaufen und bezahlt nur für die tatsächliche Nutzung. Die Umwelt wird entlastet, weil insgesamt weniger Autos gebaut werden müssen.

D

Dauerauftrag 101 f.

Demokratie 17, 46
Dieses Wort stammt aus dem Griechischen und bedeutet „Volksherrschaft".

Dienstleistungen 61 ff., 65, 78 f, 82

Duales System 105, 110 f., 119
Das Duale System organisiert die Sammlung und Wiederverwertung von Verkaufsverpackungen.

E

Ehrenamt 45, 48

Einschaltquote 219

Einzugsermächtigung 101 f.

Electronic-cash 101 f.

„Elektroschrottverordnung" 135, 138
Die Elektroschrottverordnung der Europäischen Union fordert von den Mitgliedstaaten der EU, dass sie Maßnahmen treffen, elektrische Altgeräte wie Computer, Waschmaschinen und Toaster kostenlos einzusammeln und umweltgerecht zu entsorgen bzw. wiederzuverwerten.

Elterngeld 33, 38

Elternzeit 33, 38

Erkundung 89

Erziehung 31 ff., 38
Darunter versteht man die bewusste Beeinflussung des Verhaltens und Denkens von

Kindern. Durch Lob und Tadel, aber auch durch ihr Vorbild zeigen die Eltern ihrem Kind, welches Verhalten sie für richtig und welches Verhalten sie für falsch halten.

Europäische Union 44, 135
Verbund von 27 europäischen Staaten, der aus der Europäischen Gemeinschaft (EG) hervorgegangen ist. Die Mitgliedstaaten haben sich sowohl wirtschaftlich als auch politisch gemeinsame Ziele gesetzt. Die Europäische Union soll insbesondere dauerhaften Frieden und Freiheit in Europa gewährleisten.

Expertenbefragung 42
Die Expertenbefragung ist eine Methode, bei der man fachkundige Personen zu ihrer Tätigkeit, ihren Erfahrungen usw. befragt, um Informationen zu einem bestimmten Thema oder Sachverhalt zu erhalten.

F

Familie 8, 11, 29, 31, 33, 38, 51, 57, 64, 171, 182, 196 ff., 202 ff.
Soziale Gruppe, die nach allgemeinem Verständnis verheiratete Eltern und ein oder mehrere Kinder umfasst. Oft wird auch die Verwandtschaft als Familie bezeichnet.

Familienkonflikte 203 ff.
Fernsehen 80, 209 f., 218 f., 221 ff., 231
Fernsehgewohnheiten 224
Fernsehserien 223
Flugblatt verfassen 137
Fotostreifzug 39
Fraktion 43, 46
Zusammenschluss von Mitgliedern eines Parlaments, die der gleichen Partei angehören oder die gleichen politischen Ziele verfolgen.

freie Güter 62
Fremdbestimmung 174 f., 182, 188
Freundschaft 176, 182

G

Garantie 53, 97, 102
Geld 100, 102
Geldkarte 101 f.
Gemeinde 8, 11, 39, 41, 43, 46, 48 ff., 118, 159
Jeder lebt in einer Gemeinde, sei es eine Stadt oder ein Dorf. Das Wort Gemeinde stammt von „gemein" im Sinne von „gemeinsam" ab.

Gemeinderat 43 ff., 50
Die gewählten Gemeinderäte bilden den Gemeinderat. Er ist das Parlament der Gemeinde und trifft die wichtigen politischen Entscheidungen. Dabei muss er sich an die Gemeindeordnung halten.

Gemeindeverwaltung 42 f., 46, 50
Die Gemeinde erfüllt für ihre Einwohner vielfältige Aufgaben. Dafür benötigt sie eine Verwaltung. Das Rathaus ist der Sitz der Gemeindeverwaltung, der Bürgermeister oder die Bürgermeisterin ihr Chef bzw. ihre Chefin.

Gewährleistung 97 f.
Gleichgeschlechtliche Partnerschaften 201
Grafiken auswerten 121 ff.
Grundbedürfnisse 56 ff.
Bedürfnisse, die erfüllt werden müssen, damit der Mensch überleben kann.

Grundgesetz 8, 17, 33, 184
So bezeichnet man die Verfassung der Bundesrepublik Deutschland.

„Grüner Punkt" 110 f., 119, 139
Aus zwei Pfeilen bestehendes kreisförmiges Zeichen (Symbol), das auf allen Verkaufsverpackungen zu finden ist, die im Rahmen des Dualen Systems zur Wiederverwertung durch Recycling vorgesehen sind.

Gruppenpuzzle 143
Güter 53, 59, 61 ff.
Güter dienen der Bedürfnisbefriedigung.

H

Handy 85, 96, 209 f., 226 f., 231
Haushaltsbuch 53, 67
Haushaltsplan 64, 67, 78
Plan, in dem die Einnahmen und Ausgaben gegenübergestellt werden. Mit einem Haushaltsplan kann man seine eigenen Einnahmen und Ausgaben planen und überwachen. Auch die Gemeinde stellt einen Haushaltsplan auf.

Hausmüll 105
„Haustürgeschäfte" 95
Homebanking 101 f.

I

Individualbedürfnisse 58, 63
informative Werbung 84, 92
Integration 191 f., 195
Internet 68, 93 f., 209, 228 f., 231
Weltweites, vernetztes Computersystem, bei dem die Teilnehmer miteinander kommunizieren können.

Internet-Recherche 71, 75, 125
Interview 214

J

Jugendamt 43
Jugendschutzgesetz 36 ff.

K

Karikaturen verstehen 60
Eine Karikatur ist eine Zeichnung, in der Personen oder Sachverhalte übertrieben komisch oder verzerrt dargestellt werden. Der Zeichner will damit auf ein Problem aufmerksam machen bzw. seine Meinung dazu ausdrücken.
Karikaturen-Rallye 230
Käuferrechte 97, 102
Kaufvertrag 93f., 96, 102
Ein Rechtsgeschäft, bei dem sich der Verkäufer zur Übergabe einer Sache und der Käufer zur Bezahlung des Kaufpreises verpflichtet. Kaufverträge werden oft schriftlich, können z.B. aber auch mündlich abgeschlossen werden.
Kinderarbeit 128, 141, 154, 157, 160f.
Kinderarmut 141ff., 151, 154
Kindergeld 33, 38
Kinderhandel 150, 160
Kinderkommission 10
Kinderrechte 10, 141, 147, 155
Kinderrechtskonvention 10, 155, 162
Internationaler Vertrag, in dem die besonderen Rechte, die jedem Menschen bis zur Vollendung des 18. Lebensjahres zustehen, zusammengefasst sind.
Klassenordnung 14f.
Klassensprecher/in 10, 23ff., 28f., 40, 45
Klimawandel 126
Kollektivbedürfnisse 58, 63
Kommentar 214
Kommunalwahl 49f., 52
Kommune 50
Dieses Wort stammt aus dem Lateinischen und bedeutet „Örtliches Gemeinwesen". Es wird oft als Bezeichnung für Gemeinde verwendet.
Konsument 79
Konsumgüter 62, 63
Kontrolle 220
Kreditkarte 101f.
Kulturbedürfnisse 56ff.

L

Luxusbedürfnisse 56ff.

M

Markt 9, 79
Marktforschung 81, 92
Massenmedien 220f.
Medien, mit denen einer großen Zahl von Menschen etwas mitgeteilt oder gezeigt wird. Zu den Massenmedien gehören Fernsehen, Hörfunk und Zeitung. Massenmedien berichten über Ereignisse und beeinflussen die öffentliche Meinung durch ihre Berichterstattung.
Maximalprinzip 65, 78
Medien 17, 209ff., 221
Mittel zur Information und Kommunikation. Wenn der Empfänger etwas hören und sehen kann, spricht man von audiovisuellen Medien (lat. audire, hören). Wenn die Informationen gedruckt sind, spricht man von Printmedien (engl. the print, der Druck). Durch die Verbindung von Fernsehen, Telefon und Computer entstehen multimediale Möglichkeiten.
Mediennutzung 224, 231
Medientagebuch 222
Meinungsbildung 220
Menschenrechte 141, 155
Jeder Mensch hat Rechte, die ihm von Natur aus zustehen, die ihm angeboren sind, z.B. das Recht auf Leben und das Recht auf Glaubens- und Gewissensfreiheit. Menschenrechte sind unantastbar, d.h. keine Regierung darf einem Menschen diese Rechte absprechen.
Mind Map 197
Minimalprinzip 65, 78
Moslems 190f., 195
Müllentsorgung 105, 107
Müllexport 105, 114f.
Mülldeponie 108f., 111ff., 118f.
Müllverbrennungsanlage 111ff., 119
Müllvermeidung 107, 117, 119
Muslime → Moslems
Mutterschutz 38

N

Nacherfüllung 97, 102
Nachhaltigkeit 128f., 137f.
Unter Nachhaltigkeit versteht man die sparsame Verwendung von Rohstoffen, so dass tatsächlich nie mehr Rohstoffe aus der Natur entnommen werden als sich innerhalb einer gewissen Zeit neu bilden können. Ein Baumbestand etwa wird bei nachhaltiger Bewirtschaftung nicht schneller abgeholzt, als er nachwachsen kann.
Nachrichtenagenturen 215
Sie liefern Nachrichten, Berichte und Bilder zu allen Themen aus aller Welt.
Neue Medien 221, 230, 232
Darunter werden heute vor allem elektronische Medien wie Internet und Handy verstanden.
Nichtsesshafte 185
Personen, die aufgrund wirtschaftlicher Armut oder aus anderen Gründen ohne festen Wohnsitz sind. Nichtsesshafte zählen zu den Obdachlosen.

O

Obdachlose 148
Menschen, die gezwungen sind, ohne eine menschenwürdige Unterkunft zu leben und im Freien oder in Notunterkünften zu übernachten.

ökonomisches Prinzip 65, 78
Grundsatz, mit den zur Verfügung stehenden Mitteln möglichst wirtschaftlich umzugehen. Entweder versucht man, ein gegebenes Ziel mit möglichst wenig Mitteln zu erreichen (Minimalprinzip) oder man versucht, mit den gegebenen Mitteln einen möglichst großen Nutzen zu erzielen (Maximalprinzip).

P

Partei 9, 46ff.
Die Parteien haben den Auftrag, bei der politischen Willensbildung des Volkes mitzuwirken. Sie legen ihre politischen Zielsetzungen in Grundsatzprogrammen fest. Eine Demokratie kann ohne Parteien nicht funktionieren.

Politik 8ff.
Im engeren Sinne versteht man darunter die Ordnung und Führung eines Staates im Inneren und die Gestaltung seiner Beziehungen zu anderen Staaten. Im weiteren Sinn ist mit Politik jedes Verhalten und Handeln von Einzelnen, Gruppen, Organisationen usw. mit dem Ziel gemeint, innerhalb eines Gemeinwesens Macht zu erwerben, um die eigenen Interessen durchsetzen zu können.

Printmedien 209ff.
Dazu zählen Zeitungen, Zeitschriften und Bücher.

Pro- und Kontra-Diskussion 87
Gespräch, in dem es um eine Streitfrage geht, z. B. um eine bestimmte Maßnahme. Die eine Seite ist dafür, argumentiert also „pro", die andere Seite ist dagegen, argumentiert also „kontra".

Product Placement 86
Produktinformationen 70, 78
Produktionsgüter 62f.
Projekt 152f., 216
Damit meint man eine umfangreiche Arbeit über einen längeren Zeitraum. In der Schule werden Projekte meist selbstständig von Arbeitsgruppen durchgeführt.

R

Recycling 105, 109ff., 117, 119, 130, 134f., 138
Recycling kommt aus dem Englischen und beschreibt die Widereinbringung eines bereits verwendeten Stoffes in einen Wirtschaftskreislauf („cycle"). So können verwendete Materialien wie Papier zur Herstellung von neuen Kartons verwendet werden.

Redaktion 215, 221
Reklamation 99, 102
Reportage 214
Repräsentative Demokratie 46
In der repräsentativen Demokratie entscheiden die Bürgerinnen und Bürger durch Wahlen, welche Abgeordneten sie in den Parlamenten auf Zeit repräsentieren, also vertreten.

Rollenspiel 64, 91, 99, 182
Spiel, bei dem die Mitspieler in die Situation anderer Personen schlüpfen, um so eine Sache besser zu verstehen.

Rundfunkanstalten 218
Russlanddeutsche 192f., 195

S

Sachgüter 62f., 65, 78
Schülerrat 26, 29
Alle Klassensprecher und ihre Stellvertreter bilden zusammen den Schülerrat einer Schule. Im Schülerrat wird alles besprochen, was mit der Schülervertretung (SV) zu tun hat.

Schülersprecher/in 26, 29, 45
Der Schülersprecher ist der Vorsitzende des Schülerrates und leitet dessen Sitzungen. Seine Aufgabe ist es, die Interessen der Schülerschaft gegenüber den Lehrkräften und der Schulleitung zu vertreten.

Schülervertretung (SV) 11, 24, 26f., 29, 130
Sie bietet den Schülerinnen und Schülern einer Schule die Möglichkeit, sich an der Gestaltung des Schullebens zu beteiligen und ihre Interessen zu vertreten.

Schulgesetz 17, 20f., 26f.
Das Schulgesetz enthält die grundlegenden Bestimmungen über die Schule.

Selbstbestimmung 174f., 183
Selbsterkundung 222
Senioren 186f., 195
Ältere Menschen, die nicht mehr oder zumindest nicht mehr im vollen Umfang in einem Arbeitsverhältnis stehen, in Westeuropa also vor allem die Gruppe der über 60-Jährigen.

Simulation 76, 85
Vortäuschung, Nachahmung, Nachbildung wirklicher Vorgänge.

Sozialhilfe 58
Sponsoring 86
Stand-by-Schaltung 132, 134, 137f.
Die Stand-by-Schaltung eines elektrischen Gerätes schaltet

das Gerät nicht aus, sondern versetzt es in die so genannte „Betriebsbereitschaft". Das Gerät bleibt beispielsweise in Empfangsbereitschaft für eine Fernbedienung und verbraucht somit auch Strom.

Strafmündigkeit 34
Bestraft wird nur, wer bei der Tat erkennen konnte, dass er Unrecht tut. Deswegen werden u. a. Kinder unter 14 Jahren nicht bestraft, d. h. sie sind nicht strafmündig.

Straßenkinder 147 f., 156, 162, 194

Streetworker 192 f.

Streitschlichter/in 18 f., 29
Streitschlichtung ist ein Verfahren zur Beilegung von Konflikten durch Gespräche und Vorschläge zur Verständigung.

suggestive Werbung 84, 92

Supermarkt 88

T

Tagesschau 217

Taschengeld 31, 35, 66, 79, 96, 102
Geld, das ein Kind oder Jugendlicher in regelmäßigen Abständen von den Eltern, meist zur freien Verfügung, erhält.

„Taschengeldparagraph" 96, 102
Minderjährige (Personen zwischen 7 und 18 Jahren) können rechtsgültige Kaufverträge auch ohne Zustimmung des gesetzlichen Vertreters abschließen, wenn ihnen Geld zur freien Verfügung steht.

„test" 68, 70, 72 f., 78

Tortendiagramm 122, 159
Andere Bezeichnung für Kreisdiagramm.

Trend 143
Grundrichtung einer Entwicklung, Modeerscheinung.

Trinkwasser 120 f., 124 f., 127, 139, 149, 156

Trinkwasserknappheit 121, 124, 127

U

Überweisung 101 f.

Umfrage 227, 232

Umweltgüter 62

UNICEF 142, 146 ff., 152, 154, 156, 161 f.

Unternehmen 8 f., 42, 92, 109

V

Verbindungslehrer 26 f., 29

Verbraucherberatung 69, 74 f., 78, 97, 137

Verbraucherrecht 95

Vereinte Nationen 10, 142, 155 f., 162
Weltweite Organisation, der fast alle Staaten der Erde angehören. Ziel der Vereinten Nationen ist es, den Weltfrieden zu sichern.

Verkaufsförderung 88 f.

Verkaufsgespräch 90 ff.
Das Gespräch zwischen Verkäufer und Käufer.

Verkaufsstrategien 53, 89, 92

Vorurteile 180 ff.
Einstellungen oder Bewertungen, die auf einem im Voraus gebildeten, verallgemeinernden oder unbegründeten Urteil über eine Person, eine Gruppe, einen Zusammenhang usw. beruhen. Häufig werden Vorurteile aufrecht erhalten, obwohl sie längst widerlegt oder als unzutreffend erkannt worden sind.

W

Wahlgrundsätze 44
Grundsätze, nach denen in unserer Demokratie die Wahlen durchzuführen sind: allgemein, unmittelbar, gleich, frei, geheim.

Waren 8, 61, 79, 82, 92 ff.

Wasserknappheit 121, 123 f., 126

Weltkindergipfel 159

Werbung 8, 53, 59, 63, 68, 80 ff., 87, 92
Alle Maßnahmen, die dazu dienen, die Bekanntheit und den Absatz einer Ware oder Dienstleistung zu erhöhen.

Widerrufsrecht 94 f., 102
Recht des Käufers einen abgeschlossenen Vertrag innerhalb einer Frist widerrufen zu können.

Wirtschaft 8 ff., 62, 79 f., 119

Wirtschaften 53 ff.

wirtschaftliche Güter 62

Wünsche 55

Z

Zeitung 209, 212 ff., 221, 231
Zu den Darstellungsformen der Zeitung gehören Nachricht, Reportage, Kommentar, Kritik und Interview.

Zielgruppe 80, 92
Genau bestimmte Personengruppe, die durch Werbung erreicht werden soll.

Bildquellenverzeichnis

Umschlagfoto o.: iStockphoto; Umschlagfoto u. li.: Wefringhaus, Braunschweig; Umschlagfotos u. Mi. li. (F. Vogt), u. Mi. re.: CORBIS, Düsseldorf; Umschlagfoto u. re.: Kindernothilfe e.V., Duisburg; 7 Mi. re.: (Archiv Gerstenberg) ullstein-bild, Berlin; 7 u. re.: Beltz: 8: Foddanu, Düsseldorf; 9 A+C: Deiseroth, Niederaula; 9 B: picture-alliance/dpa; 9 D: Bayer AG, Leverkusen; 11 o.: Big Shots, Aalen; 11 li. o.: Zubieta, Seeheim-Jugenheim; 11 li. Mi.: (A. Trautmann) adpic; 11 li. u.: Stadt Oer-Erkenschwick; 12: Wolf, Steinheim; 15: Grosser, Wilhelmsdorf; 18, 19 o., Mi., u., 23 o. li., Mi. li., Mi. re., o. re.: Wolf, Steinheim; 24: Foddanu, Düsseldorf; 26 re.: Wolf, Steinheim; 26 Mi., li.: Foddanu, Düsseldorf; 32 li.: Deiseroth, Niederaula; 34 li. o.: Wagner, Amberg; 34 li. Mi.: Fochler, Braunschweig; 34 li. u.: Fabian, Hannover; 34 re. Mi.: Köcher, Hannover; 34 re. u.: Bundesbildstelle, Berlin; 38: dpa-Infografik, Hamburg; 39: Foddanu, Düsseldorf; 41 Mi., u.: Deiseroth, Niederaula; 42: Foddanu, Düsseldorf; 43 li., re., Schroedel Archiv; 45 re.: Deiseroth, Niederaula; 46: Otto, Wiesbaden; 47 u.: Wolf, Steinheim; 49 li.: (J. Carstensen) picture-alliance/dpa; 49 re.: (H. Spies) picture-alliance/dpa; 53 o.: Fabian, Hannover; 53 li. o.: Minkus, Isernhagen; 53 li. Mi.: Deiseroth, Niederaula; 53 li. u.: Fabian, Hannover; 56 li.: Wolf, Steinheim; 56 Mi.: picture-alliance/dpa/epa; 57 o. li.: Wolf, Steinheim; 57 o. Mi.: Minkus, Isernhagen; 57 re. Sp.: Deiseroth, Niederaula; 60 o., u.: CCC, www.c5.net, Pfaffenhofen; 61.1: Foddanu, Düsseldorf; 61.2: Fochler, Braunschweig; 61.3/.4/.5/.6: Deiseroth, Niederaula; 63: adpic; 66 o.: Druwe & Polastri, Weddel; 68 u. li.: Patner, Hannover; 68 u. Mi., u. re.: Wolf, Steinheim; 72 u. 73: Stiftung Warentest; 74 o.: Deiseroth, Niederaula; 74 u., 75: Verbraucherzentrale NRW; 77 li. o.: Stiftung Warentest; 77 li. Mi., re. o.: Hoffmann, Hannover; 77 li. u.: Cannondale; 77 re. o.: Stevens Vertrieb, Hamburg; 77 re. Mi.: www.fahrrad.de; 78: Stiftung Warentest; 79 o.: Dägling, Wardenburg; 79 u.: dpa-Infografik, Hamburg; 82 o. Mi.: (Teschner) ullstein-bild, Berlin; 82 o. li.: Hoffmann, Hannover; 82 li. o.: Deutsche Post AG, Frankfurt/Main; 82 li. Mi.: t-online International AG, Weiterstadt; 82 li. u.: (Rolf Haid) picture-alliance/dpa; 82 o. re.: Hoffmann, Hannover; 83 li.: Deutsche Post AG, Frankfurt/Main; 83 re., 85 re. o.: Motorola; 85 li.: Fabian, Hannover; 85 re. Mi.: Apple; 85 re. u.: NOKIA; 86 u.: picture-alliance/ASA; 89 li. o.: Deiseroth, Niederaula; 89 re. o.: Druwe & Polastri, Weddel; 89 re. Mi.: Hoffmann, Hannover; 89 re. u.: R. F. Streuszloff/Joker, Bonn; 92: Dägling, Wardenburg; 93.1/.2/.4/.5: Fabian, Hannover; 93.3/.6: Deiseroth, Niederaula; 94 o.: Hoffmann, Hannover; 95 o.: Wolf, Steinheim; 96: ullstein-bild, Berlin; 99: Foddanu, Düsseldorf; 100 B, C, D: Deiseroth, Niederaula; 100 E, 101: Schroedel Archiv; 103 li., re.: CCC, www.c5.net, Pfaffenhofen; 105 o.: (Otto) picture-alliance/dpa; 105 li. o., Mi. o.: Duales System Deutschland AG; 106 o. li.: Mauritius, Mittenwald; 106 o. re. Mi. li.: Deiseroth, Niederaula; 106 Mi. re. (Otto), u. li.: picture-alliance; 106 u. re.: Deiseroth, Niederaula; 107: aus: IWZ, Nr. 7/1996; 108 o. li.: ESV, Berlin; 108 o. re., u. re.: Deiseroth, Niederaula; 108 u. li.: ESV, Berlin; 109: dpa-Infografik, Hamburg; 110 o.: Duales System Deutschland AG; 110 li.: Deiseroth, Niederaula; 111 re.: Fochler, Braunschweig; 112 o.: picture-alliance/dpa; 112 Mi.: (S. Plick) picture-alliance/dpa; 115: (Issouf Sanogo), AFP/Getty Images; 116 o. li., o. Mi.: Wolf, Steinheim; 116 o. re., re. Mi. o., re. Mi. u., re. u., 117 o.: Deiseroth, Niederaula; 122 u.: Mauritius, Mittenwald; 122 u. li.: Christoph & Friends, Das Fotoarchiv; 122 u. re.: afp; 126: dpa-Infografik, Hamburg; 127: Schroedel Archiv; 129: Haus der Geschichte, Bonn; 130.1: Wolf, Steinheim; 131.1, 132.1/.2/.3/.4: gfu, Nürnberg; 133.1: Foddanu, Düsseldorf; 134 li.: RAL Deutsches Institut für Gütesicherung und Kennzeichnung e.V., Sankt Augustin; 134 o.: Berliner Energieagentur GmbH; 134 u.: Öko-Institut e.V., Freiburg; 135 li.: Deutsche Umwelthilfe; 135 re. (B. Thiessen), 136.1, 138 li. (J. Büttner), 138 re. (W. Thieme): picture-alliance; 139.1: Klaus Stuttmann; 141 o.: Storm, Stuttgart; 141 li. o.: picture-alliance/dpa; 141 li. Mi.: Deiseroth, Niederaula; 141 li. u.: (Imaginechina Gao) picture-alliance; 142: dpa-Infografik, Hamburg; 144 re.: Magoley, N., Köln; 146 o., 146 Mi., 147: UNICEF Deutschland; 148 li.: (J. Kalaene) picture-alliance; 149.1: (J. Schytte) Still Pictures; 150 o.: (S. Trappe), Caro Fotoagentur, Berlin; 151 re. o., u.: UNICEF Deutschland; 152 u. 153: Schroedel Archiv; 154 o. (Ph. Lissac), 154 u. (M. Führer): picture-alliance; 155 li. Mi.: Offroad Kids; 155 li. u.: picture-alliance/dpa; 155 re. o.: Bundesministerium der Verteidigung; 155 re. Mi.: Welfs, M.; 155 re. u.: picture-alliance/dpa; 156, 157 o., 159 li.: (C. Engel), Kindernothilfe e.V., Duisburg; 160 o.: Langbein, Freiburg; 160 u., 161: Rugmark, Göttingen; 162: UNICEF Deutschland; 165: (Imaginechina Gao) picture-alliance; 166: TRANSFAIR e.V., Köln; 167 o., Mi., u.: Foddanu, Düsseldorf; 168: (Wagner), picture-alliance; 169: Plassmann, Th.; 171 o.: SV Bilderdienst, München; 171 li. o.: Wessel-Schulze, Hemmingen; 171 li. u.: Bundesanstalt für Zivildienst, Bonn; 172: Schroedel Archiv; 173 li. o.: akg-images, Berlin; 175: CCC, www.c5.net, Pfaffenhofen; 176: Wolf, Steinheim; 177 A: ullstein-bild, Berlin; 177 B, C, D, E: Dägling, Wardenburg; 177 F: Klüppel, Hechingen; 178.1: Minkus, Isernhagen; 178.2: (A. Rentz) Bongarts; 178.3: Letsch, Barsinghausen; 178.5: Köcher, Hannover; 178.6: (R. Wittek) picture-alliance; 180: aus: Paul Maar: Dann wird es wohl das Nashorn sein. Weinheim/Basel: Beltz Verlag 1988; 184.1: Bundesanstalt für Zivildienst, Bonn; 184.2: picture-alliance/dpa; 184.3: WDV Wirtschaftsdienst, Bad Homburg; 184.4: Kuhnle, Freiberg; 184.5: picture-alliance/dpa; 184.6: Mauritius, Mittenwald; 184.7: Fabian, Hannover; 186 li. o.: Richter, Ettlingen; 186 re. o., 186 Mi., u.: Wolf, Steinheim; 188 li. u.: Kuhnle, Freiberg; 189: Schuster, Bad Münder; 190 li. Mi., li. u.: Integrationsbeauftragter, Werdohl; 195: picture-alliance/dpa; 196 o. Mi., Mi. re, u. re: Wolf, Steinheim; 196 o. re.: Fabian,

Hannover; 196 Mi. li., 196 u. li.: Schroedel Archiv; 196 u. Mi.: Meinel, Hannover; 198 o. li.: Reinhart, Wendelstein; 198 o. re.: Deiseroth, Niederaula; 201 o. re.: picture-alliance/dpa; 201 u. li.: ESV, Berlin; 202 o. li.: Mühlberger, Ermerkingen; 202 o. re., u. re.: Fabian, Hannover; 202 u. li.: Horvath, Hannover; 203: CCC, www.c5.net, Pfaffenhofen; 207: Foddanu, Düsseldorf; 208 li.: Deutscher Gewerkschaftsbund; 209 o.: Focus, Hamburg; 209 li. Mi.: CCC, www.c5.net, Pfaffenhofen; 209 li. u.: (M. Baumann) adpic; 210.1/.2: Bredol, M., Seeheim-Jugenheim; 210.3: Köcher, Hannover; 210.4/.6/.8: Deiseroth, Niederaula; 211 o.: Fochler, Braunschweig; 211.9: Samsung Electronics GmbH, Schwalbach/Ts.; 211.10/.11/.12: Schroedel Archiv; 212.1: Siegener Zeitung; 212.2: Express; 212.5: Frankfurter Allgemeine; 213 o.: Bildzeitung; 213 u.: Westfälische Rundschau; 216 li., re.: Foddanu, Düsseldorf; 217 re. Bildleiste: Argus Foto, Hamburg; 217 u. li.: Bredol, Seeheim-Jugenheim; 218 o.: Schroedel Archiv; 218 u.: ESV, Berlin; 219: AGF/GfK-Fernsehforschung/PC TV/Media Control; 220 re.: picture-alliance/dpa; 221: Bredol, Seeheim-Jugenheim; 223 li., re.: Cinetext, Frankfurt; 224: Wolf, Steinheim; 225 li.: (Reporters) laif, Köln; 225 re.: (M. Ossowski) picture-alliance; 226 o., Mi.: Meier, Ditzingen; 227.1: Foddanu, Düsseldorf; 228 re.: Baaske Cartoons, Müllheim; 230 o., 230 Mi., 230 u.: CCC, www.c5.net, Pfaffenhofen; 231: Klaus Stuttmann; 232 u.: (U. Pschewoschniy) picture-alliance; 233 li. o.: Schneider, Lübben; 233 li. u.: HDG, Bonn; 233 re. o.: (Nik Ebert), Rheinische Post.

o. = oben, u. = unten, li. = links, Mi. = Mitte, re. = rechts

Trotz entsprechender Bemühungen ist es nicht in allen Fällen gelungen, die Rechteinhaber zu erreichen. Gegen Nachweis der Rechte zahlt der Verlag für die Abdruckgenehmigung die gesetzlich geschuldete Vergütung.